21 世 纪 高 等 院 校 创 新 课 程 规 划 教 材
国家社会科学基金资助项目（编号：18BJY148）成果

农产品物流与供应链管理

綦方中　编著

中国财经出版传媒集团
经济科学出版社
Economic Science Press

图书在版编目（CIP）数据

农产品物流与供应链管理 / 綦方中编著. --北京：
经济科学出版社，2022.12
21 世纪高等院校创新课程规划教材
ISBN 978 -7 -5218 -4075 -9

Ⅰ.①农… Ⅱ.①綦… Ⅲ.①农产品 - 物流 - 高等学
校 - 教材 ②农产品 - 供应链管理 - 高等学校 - 教材 Ⅳ.
①F304.3

中国版本图书馆 CIP 数据核字（2022）第 183053 号

责任编辑：周胜婷
责任校对：隗立娜
责任印制：张佳裕

农产品物流与供应链管理
綦方中　编著
经济科学出版社出版、发行　新华书店经销
社址：北京市海淀区阜成路甲 28 号　邮编：100142
总编部电话：010 - 88191217　发行部电话：010 - 88191522
网址：www.esp.com.cn
电子邮箱：esp@esp.com.cn
天猫网店：经济科学出版社旗舰店
网址：http：//jjkxcbs.tmall.com
固安华明印业有限公司印装
787×1092　16 开　15.75 印张　360000 字
2022 年 12 月第 1 版　2022 年 12 月第 1 次印刷
ISBN 978 -7 -5218 -4075 -9　定价：48.00 元
（图书出现印装问题，本社负责调换。电话：010 - 88191510）

前言

QIANYAN

近年来，农业现代化快速发展和乡村振兴全面推进对农产品物流与供应链管理提出了更高的要求。农产品从“农田到餐桌”涉及大量种植或养殖生产、加工和流通实体或个人，也涉及各级政府监管部门，整个过程包括了运作、管理与决策等诸多问题。“民以食为天，食以安为先”，消费者对于农产品的质量安全也越来越重视。在面对一个具有动态性和不确定性的市场环境时，如何寻求新的运作模式、组织方式和管理策略，为消费者提供快捷、安全和可靠的产品与服务，是农产品物流与供应链管理领域面临的重要挑战。

本书的目的就是向读者介绍农产品物流与供应链管理领域的最新知识体系。全书主要分为两大部分，分别对应两个应用领域：农产品物流与供应链运作过程中的关键决策问题；农产品物流与供应链中农产品的质量安全与可追溯问题。第一部分是关于农产品物流与供应链运作和管理过程中的几个关键决策问题，分别就农产品物流的运作模式、农产品物流与供应链中的风险管理与评价、农产品物流过程中的成本管理与利益分配、农产品供应链绩效评价和物流服务质量评价等问题进行讨论，为建立现代农产品物流与供应链管理决策体系奠定基础。第二部分重点介绍农产品流通中的质量安全与可追溯体系构建问题，包括：农产品流通中的质量安全与检测体系、农产品质量安全可追溯体系、农产品检测体系的信息公开与共享机制、农产品供应链信息服务平台的构建策略等；对于具有可追溯、基于大数据的农产品供应链服务平台的设计、构建与实施提供理论与方法论指导。

本书可作为相关专业高年级本科生和研究生的教材或参考资料，也可供有关科研与管理人员阅读和参考。与国内外现有相关著作相比，本书有两大显著特点：一是从运作过程以及运作过程中的质量安全体系两个维度较为全面地阐述和介绍农产品物流与供应链管理领域的知识体系；二是从信息共享与公开机制探讨农产品质量安全可追溯体系和农产品供应链信息服务平台的构建。

本课题的筹划始于2012年国家社科基金项目的研究。随着研究、教学和实践活动的持续深入与积累，逐步扩充、更新形成本书的框架和内容。全书的研究成果离不开刘敏、郑婷婷、汪俊枫、薛佳琳、杨柳东、姚斌、陈秀秀、沈超和华帅等研究生同学的贡献；本书的编写也参考了一些咨询机构、行业企业和政府组织等公开发布或提供的资料，引用了国外有关专家的研究成果；本书编写和定稿过程中，得到了浙江工业大学资深教授周根贵博士的大力指导和帮助，在此表示衷心的感谢。由于笔者水平有限，书中可能存在疏漏之处，恳请读者批评指正。

目录

MULU

第1章　农产品物流与供应链管理导论

1.1　农产品及其生命周期管理

1.1.1　农产品定义与分类

明确农产品的定义与分类是进行农产品物流与供应链管理的前提。目前，关于农产品的定义有很多，且国内外对农产品的定义呈现一定差异。

1.1.1.1　国内对于农产品的定义

《中华人民共和国农产品质量安全法》中第一章第二条将农产品内涵定义为“来源于农业的初级产品，即在农业活动中获得的植物、动物、微生物及其产品”。

国内部分学者认为农产品的定义可以分为狭义和广义两种。狭义的农产品是指由种植而获得的产品，包括粮食作物种植与经济作物种植产生的产品；广义的农产品除了狭义农产品外，还包括其他农业生产所产生的动植物产品，如林业产品、水产品、养殖产品等[1]。

另外一个针对农产品定义的关注点是农产品外延，主要体现在农产品是否包含不可食用的产品。结合农产品贸易现状和相关文献，将不可食用部分划入农产品含义之内更符合现实情况。因此，农产品主要指满足人类生存和生产需求的第一产业产物，包含可食用部分和不可食用部分[2]。

1.1.1.2　国外对于农产品的定义

对于农产品的定义，在国际上也存在较大的差异。如美国农业部认为，来源于耕作、放牧及任何同类或类似活动的产品均属于农产品。加拿大在《加拿大农产品法》第二条第二款中将农产品定义为动植物及其产品，包括饮料、食品等加工产品。该定义几乎包含了自然界中所有生物及其产品，较为宽泛，且把食品、饮料这些需经加工的产品也归于农产品一类。日本在《农林产品标准和正确标识法》中结合农产品基本特征与产业来源，对农产品含义进行了阐述，认为农产品既包括食物、饮料等经过加工的农产品，也包括直接来源于农业的产品或以其为原料、成分的产品。

在国际上，对农产品内涵的界定主要依据产品来源与其物理特性。而在农产品外延的讨论上，主流的界定方法是将不可食用农产品也包含在内，这与中国对于农产品外延的描述情况类似。

从农产品的定义可知，农产品来源广泛、种类繁多且用途各异。参考国内农产品的主要分类方式，根据国际主流的产品分类体系，国家标准《全国主要产品分类与代码》中对农产品进行了分类，如表 1 – 1 所示。

表 1 – 1　　农产品分类

分类标准	类别
《全国主要产品分类与代码》	（1）种植业产品
	（2）活的动物和动物产品
	（3）森林产品和森林采伐产品
	（4）鱼和其他渔业产品
	（5）鱼、肉、果蔬、油脂等类的加工品
	（6）乳制品
	（7）谷物加工品、淀粉及淀粉制品、其他食品
	（8）饮料
	（9）烟草制品

注：国家标准《全国主要产品分类与代码》（GB/T 7635—2002）由中国标准化研究院归口上报及执行，主管部门为国家市场监督管理总局。

1.1.2　农产品特点

农产品与其他产品特别是工业品相比，除了具备一般工业品所具有的一些特点外，还带有一些独有的特性。这些特性主要体现在农产品特别是生鲜农产品的生命特性上，具体表现为生鲜易腐性、季节性和地域性且受气候环境影响大、不可分割性与难以标准化、质量安全性与隐匿性、效用滞后性、测定毁灭性等六个方面，如图 1 – 1 所示。

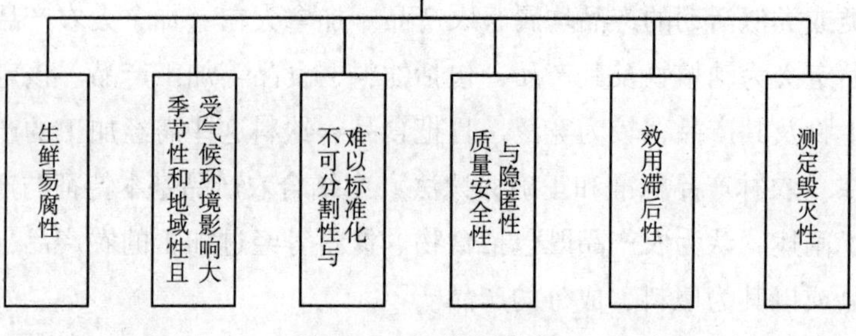

图 1 – 1　农产品特点

1.1.2.1　生鲜易腐性

农产品最主要的一个特点就是新鲜，这使得其具有易腐败、不易保存的特点。农产品采摘后不能长时间保存，具有较短的生命周期。为了使农产品保持足够的新鲜度及相当的质量安全水平，需要很高要求的物流运输技术对农产品的运输、存储、搬运、流通加工等提供支持。大多数农产品都需要提供良好的保鲜技术，有的甚至要求在农产品的运输以及存储过程中必须使用冷藏车、冷库等冷链技术进行支持。

1.1.2.2　季节性和地域性且受气候环境影响大

农产品容易受到风霜雨雪等自然环境变化的影响，无法像车间里生产的工业品一样取得均衡稳定的产出。农产品的生产地域分布在世界的各个地方，范围十分广泛，其生长具有很强的周期性和季节性。农产品是人们保证日常生活最基本的必需品，每日的吃喝用度具有一定的稳定性，而且一年之中需求相对均衡，消费弹性小。为了调节农产品需求的普遍性和稳定性与其季节性和产量不稳定性之间的矛盾，对应的物流服务需要具备良好的仓储和运输技术。

1.1.2.3　不可分割性与难以标准化

工业品可以根据标准化的设计方案，并通过标准化与系列化的模具、夹具等定型而成，因此工业产品一般都具有标准化、系列化的特征。而农产品的生产依赖于自然的光照、土壤条件、养分以及养分在整个木本（草本）中的分布，并且农产品都来自有生命的动植物，其生长、成熟过程需要一定的时间和空间，无法像工业品那样完全控制它的生长（生产、加工）过程，也无法做到使农产品保持相同的规格（大小、尺寸、质量等）。因此它的制成品，从客观上相对工业品难以标准化，有大小、长短、轻重之分，存在成分、色泽、质地的不同。同时，由于农产品的生产过程标准化程度低，产品质量也就更加难以控制[3]。

1.1.2.4　质量安全性与隐匿性

农产品的质量安全关系到人民生活的点点滴滴，质量有保障、可以放心食用的安全农产品是人们对农产品的最基本要求。而且加工生产出来的食品也是以原始的农产品为原料，作为原材料的农产品对加工后的产品质量安全水平起着决定性的作用。这些都对农产品整个供应链的质量安全保障措施提出了更高的要求。与工业产品不同，农产品除了外观品质（如大小、颜色、新鲜度等）可以直接观察到以外，有关营养品质与卫生品质的信息都不能直接获得。尽管化学分析手段可以满足这一需求，但消费者支付这种分析成本昂贵且不便捷。农产品质量的这种隐匿性一方面使消费者不能获得有关产品质量的完全信息，如果消费者要获得完全信息，必须支付高昂的成本；另一方面，使生产者容易产生“偷懒”行为，在为确保产品质量而必需的投入上打折扣。

1.1.2.5 效用滞后性

普通商品的使用效果大多可以迅速显现，但农产品食用后的营养或保健效果往往需要若干年才可能显现。一般认为，食用被有毒物质或致癌物质污染的食品会产生慢性致病效果，这种致病效果有相当的滞后期，以至于消费者不能确认是否是食品污染所致。即使是有些食品传播的急性疾病发作，一些消费者也难以确认这种疾病真的与食品污染有关。安全农产品食用效果的滞后性和不确定性，导致消费者对安全农产品的偏好降低，影响消费者行为；同时，也可能会使生产者放松对农产品有害物和污染物的控制。

1.1.2.6 测定毁灭性

如要确切了解农产品某方面的特性，需要对其进行物理化学分析。而农产品的取样分析不同于工业产品，农产品的取样都是毁灭性取样。也就是说，当测定完成以后，样品也就失去了其使用价值。

1.1.3 农产品生命周期

产品生命周期是指一种产品从进入市场到退出市场的整个周期变化过程。一般地，产品生命周期可分为导入（进入）期、成长期、成熟期（饱和期）、衰退（衰落）期四个阶段。农产品生命周期是指农产品从产地开始一直到消费者的全过程，这个过程构成了一个农产品完整的生命周期。

根据农产品生长与消费的特点，农产品生命周期可以分为生产、加工、运输与销售四个阶段，如图 1-2 所示。

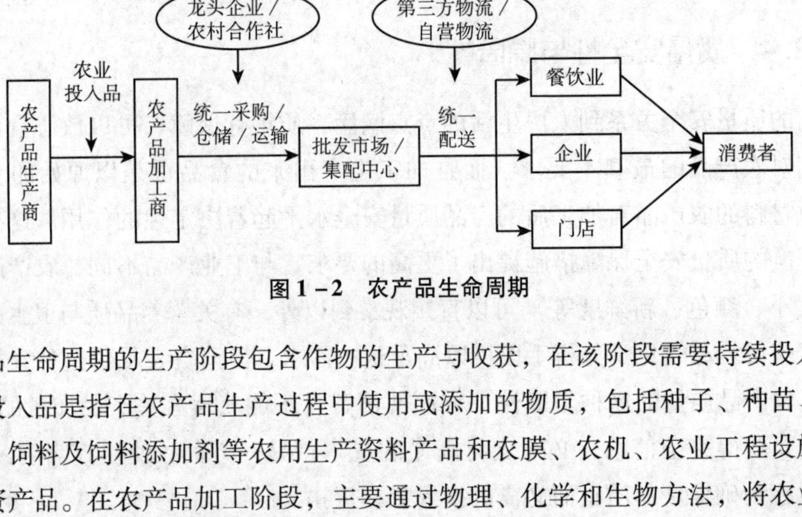

图 1-2 农产品生命周期

农产品生命周期的生产阶段包含作物的生产与收获，在该阶段需要持续投入农业投入品。农业投入品是指在农产品生产过程中使用或添加的物质，包括种子、种苗、肥料、农药、兽药、饲料及饲料添加剂等农用生产资料产品和农膜、农机、农业工程设施设备等农用工程物资产品。在农产品加工阶段，主要通过物理、化学和生物方法，将农业的主、副产品制成各种食品或其他用品的一种生产活动，是农产品由生产领域进入消费领域的一个重要环节。运输阶段是完成农产品空间转移的环节，是实现农产品从产地送到分销商与零售商手中的过程。而在农产品的销售阶段，农产品最后通过餐饮业、企业和门店进入消费者领域[4]。

1.2　农产品物流与供应链

1.2.1　农产品物流的定义

国家质量技术监督局将农产品物流定义为：以农产品为主题，实现农产品的使用价值和价值，将农产品从生产者向消费者或者从产地向消费地输出的农产品转移过程，主要包括生产、收购、运输、储藏、配送和信息化处理等过程[5]。

农产品物流可以分为传统农产品物流和现代农产品物流。传统农产品物流是农产品的存储与运输及其附属业务而形成的物流活动模式，主要侧重于物质移动的各项机能，即：发生在农产品流通领域中的，在一定劳动组织条件下，借助运载工具从农产品生产者向需求方的定向移动，是在流通中发生的所有农产品实体的实际流动。显而易见，这种物流属于商业物流或销售物流的范畴。

现代农产品物流则是指以现代信息技术为基础，整合运输、包装、装卸搬运、存储、流通加工、配送、信息处理等各种功能而形成的综合性农产品物流活动模式。它是一个相对全新的系统概念，包含农产品生命周期的整个物理性位移的全过程。总而言之，现代农产品物流与传统农产品物流的最大区别之一，就是有了计算机网络和信息技术的支撑，将原本分离的物流、商流、信息流和采购、运输、仓储、配送等环节紧密联系起来，形成了一条完整的供应链，从而能有效地降低物流成本、提高流通的效率和效益，进而增强农产品的市场竞争力[6]。

1.2.2　农产品物流的特点

工业品物流一般以集中采购为主，具有价格变化波动小、订单数量相对较为稳定等特点；商业流通领域中的物流具有物流节点普遍采用信息化管理、具有明显的规模优势等特点。农产品本身有其鲜明的特色，以农产品为服务对象的农产品物流与一般工业品物流相比同样有其显著的特点，主要体现在以下几个方面。

1.2.2.1　农产品物流量大且品种多

根据《中国统计年鉴 2021》中公布的我国主要农产品产量数据，2020 年粮食总产量为66949.2万吨，水果总产量为28692.4万吨；2020年全年使用铁路运输的粮食总量达7573万吨，沿海港口和内河港口的粮食吞吐量分别为21946万吨和10817万吨[7]。

农产品种类繁多，涉及的范围不仅包括种植业，还包括林业、畜牧业、副业、渔业水产类等。其中，无论是粮食、经济作物还是畜牧产品及水产品，都会大量地转化为商品，大大提高了商品率。常见的经济作物、粮食作物等农产品就有数千种之多，包括居民日常消费的新鲜果蔬品种非常丰富。这些品种各异的农产品因种植地域不同、产量不同，其物流种类也呈现多种多样的特点[8]。

1.2.2.2 农产品物流运输范围广且具有分散性

我国农产品的供应主体数量多、规模小，各地的气候、土壤、降水等也有极大差别，各个地域不同的自然条件决定了农产品的生产具有显著的地域性。如果不顾外部环境，盲目种植，它的产量和质量都要大量低于适宜地区。尤其是植物性产品，农户只能根据当地的自然条件有选择地种植，并且只能在某一个特定的时间采摘收获。比如，南方很多应季水果，只能在热带或亚热带地区生长，一旦挪到北方地区，即使运用大棚种植方式，口感也会发生变化[9]。农产品生长与地理环境的差异带来农产品物流运输范围的扩大。

此外，由于农业生产点多面广，消费农产品的地点也很分散。因此，农产品的运输和装卸比多数工业品要复杂得多，常常需要两个以上的储存点和两次以上的装卸工作，单位产品运输的社会劳动消耗大。只有科学规划农产品物流流向，才能有效避免对流、倒流、迂回等不合理的运输现象。其次，由于农业生产的季节性，在农业运输上，无论是农用生产资料的运输还是农产品的运输都具有时间性强和不均衡的特点，因此要求采用与之相适应的运输工具和运输方式。

1.2.2.3 农产品物流难度大且要求高

由于农产品种类丰富，不同种类的农产品所需运输装备条件也不相同，不同农产品在运输过程中的物流模式和运输方式都不尽相同。如果采取同一种运输方式，可能会降低成本，但却无法保证鲜活农产品的质量和品质要求。农产品是具有生命的动物性和植物性产品，农产品的易腐性要求物流环节需要通过保鲜手段来维持产品质量。这样的鲜活农产品在物流过程中，对包装、装卸、运输、仓储和防疫等均有特殊的要求，需采取低温、防潮、烘干、防虫害等一系列技术措施，要求有相配套的硬件设施[10]。

1.2.2.4 农产品物流损耗大且成本高

农产品物流难度大的特性决定了相应的物流成本也比较高。农产品的易腐性也不可避免地使得农产品物流过程中的损耗相对较大，使得物流成本比其他商品更高。我国物流成本一般占总成本的20%～30%，其中，我国粮食物流成本在整个成本构成中占40%以上，鲜活产品物流成本则可以占到60%左右；而世界发达国家物流成本一般控制在10%左右[16]。

1.2.2.5 加工增值是农产品物流的重要内容

农产品加工增值和副产品的综合利用是减少农产品损失、延长其保存期限，提高农产品附加值，使得产品充分满足人民生活，使农产品资源得以充分利用的重要途径。因此，农产品加工是农产品物流中一个不可缺少的重要组成部分。一般来说，其增值环节主要包括以下几个方面：一是农产品的分类与包装增值服务。二是农产品适度加工增值服务。比如通过对粮食的研磨、色选、细分或者规格化等生产加工工序，以一定的商品组合开展农产品促销，能够促使农产品流通的顺利进行。三是农产品社区配送增值服务。四是特种农产品运输、仓储与管理增值服务[17]。

1.2.3 农产品供应链的定义

供应链思想被引入农业领域始于20世纪90年代初期。自祖尔比耶（Zuurbier）于1996年首次提出食品供应链的概念后，供应链管理引起了学术界和企业界的极大关注。在美国，农产品供应链的核心组成部分包括农业生产部门、一线处理商或初级加工商、批发和物流部门、零售商和食品服务部门等。图1－3为美国食品供应链模型[11]。

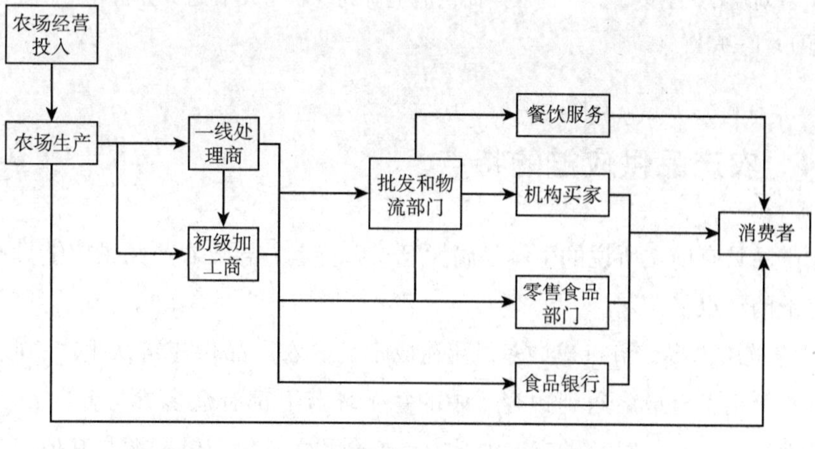

图1－3 美国食品供应链模型

资料来源：杨璐璐．美国农产品供应链模式借鉴及政策建议［J］．世界农业，2019（10）：31－39。

由于中外农业发展过程以及农产品生产组织方式的差异，在引进和吸收国外先进的农产品供应链相关理论的同时，我国学者结合具体国情以及所处发展阶段的特点，在农产品供应链领域进行了积极的探索和研究。农产品供应链可以定义为：农产品从收购、加工、运输、分销直至最终送到消费者手中的这一过程所组成的环环相扣的链条，或者将农产品供应链形象地描述为由涉及将农产品或服务提供给最终消费者的上游及下游农户、生产商、批发商、零售商以及最终消费者组成的供需网络[12]。

近年来，随着电子商务和互联网的快速发展和广泛应用，在农产品供应链研究和应用中越来越多地引入“互联网+”思想，把农资供应、农产品生产、加工、各类销售以及中间商分销等环节涉及的农产品信息进行高效传递，使得农产品供给有效地满足消费者的需求。图1-4为一种典型的“互联网+”农产品供应链模式[13]。

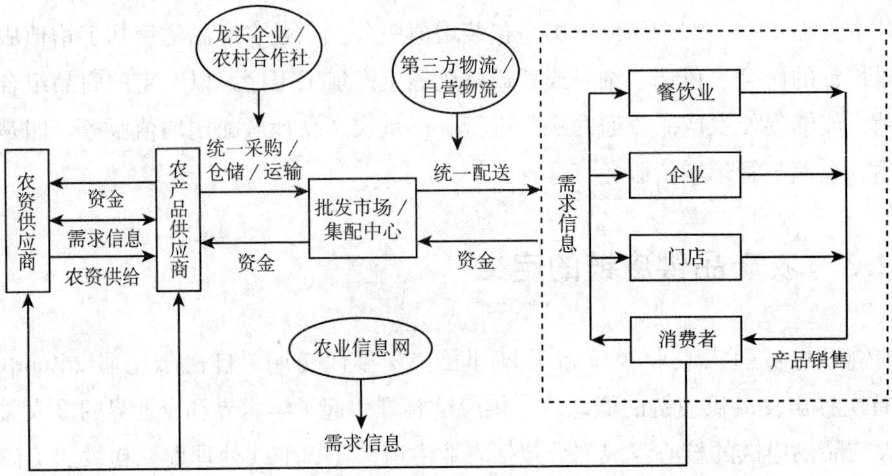

图1-4　一种典型的“互联网+”农产品供应链

资料来源：刘晓峰，王俊雷．我国农产品供应链研究现状与发展趋势分析［J］．江苏农业科学，2018，46（10）：1-4。

1.2.4　农产品供应链的特点

由于农产品具有前文所说的生鲜易腐性等6大特点，导致农产品供应链具有很多不同于工业供应链的特点。

（1）供应链层级多，节点成员多，流通成本高。农产品供应链从生产、收购、加工、运输、仓储、分销直至最终送到顾客手中的每个环节上都有众多参与者[14]。并且由于中间不同的转换节点存在，以及供应链主导力量整合和影响供应链资源与其他经营主体的力度和效果不同，因此农产品流通在供应链的转换节点增加，或者由于中介环节导致的流通范围增加，农产品流通的风险因素就会增加，成本也会增加。

（2）农产品供应链具有分散性、不确定性、不稳定性。农产品的产地分布广泛、种类繁多、分散性较高，这一特点决定了农产品供应链具有分散性；另外，现在消费者对农产品的需求也逐渐呈现出多样化，越来越多地倾向购买多品种跨地域的产品，这也使得农产品供应链表现出物流量大、运输品种丰富的特点。农产品供应链是由多个不同的参与主体构成的系统，参与各方都是利益导向的，各方的合作不具有强制性和约束性。农产品具有季节性，其生产受自然条件和突发情况影响较大，导致农产品供应链的市场供求关系变化快，供应链上的不可控风险较高。

（3）农产品供应链的设备专用性强且资本投入大。由于农产品自身特性和消费者对农产品的需求具有全年性，且部分农产品需要跨季节存储、跨区域流通，因此在运输和仓储的过程中，需要采用特殊装备（如保险仓库、冷链运输车）或特殊措施方法保护才能降低农产品的损失，防止农产品安全质量出现问题，这使得农产品供应链对运输和储存的条件要求较高，相关的设备成本高且专用性较强，一旦投入使用很难实现转型再利用。在农产品的收获季节对保鲜仓储的储能有较高要求，而随着生鲜农产品的不断销售，仓储的空置率会不断上升，因此仓储的投资较大。农产品对存放环节的要求高，随着存放时间的增加也会产生变质，这导致农产品供应链需要较好的物流做支撑，需要更快的运输速度、更好的存储条件、更低廉的物流成本。

1.3　农产品物流与供应链管理中的几个关键问题

（1）农产品物流运作模式。传统农产品流通模式中，农产品从生产起点、产地物流、中转物流，再到终端的销地物流，要经过生产、收购、产地批发市场存储、运输、销地批发市场存储以及运输等诸多环节。农产品流通环节多、渠道长，造成了农产品在流通环节损耗大、流通成本高，同时对农产品的质量也产生很大影响。批发市场的发展状况是一个地区流通能力的重要体现，它可以将分散的商品聚集起来，经合理地资源整合后，再分销到各个需求者，对商品的有效流通起着重要的作用。长期以来我国农产品批发市场都是采用传统交易模式，而且农产品批发市场设施简陋，由此带来了信息不对称、存货成本大、交易费用成本居高不下等一系列问题。

（2）农产品物流运作风险管理。物流运作风险是指对一个或多个供应链成员产生不利影响或破坏运行环境，使其达不到供应链管理预期目标甚至导致供应链失败的不确定性因素或意外事件。在农产品物流运作过程中，存在的风险可以归纳为价格风险、利益协调风险、信息风险等多个方面。通常，可以利用在某种战略下企业组织所得与损失概率分布的差额来定义物流运作风险。如何通过可靠、有效的管理办法，对于已知的风险因素、风险概率以及危害进行量化和排序，预防、减弱甚至消除农产品物流运作的风险，是物流运作过程中值得关注的关键问题之一。

（3）农产品物流成本管理与利益分配问题。传统成本计算方法是根据不同的成本计算对象，归集生产过程中所产生的费用。在这种情况下，运输费、人工费、材料费和折旧费等费用很难按照统一的基准来进行分配。如果直接使用统一的基准来分配费用，所计算出的成本容易导致严重失真。虽然这种方法简单明晰，但不利于节约成本和控制成本。而作业成本法能很好地解决传统成本法按统一标准分配间接费用所产生的弊端，并且对于间接费用界限的界定也不同，所以这种方法能很好地反映消耗的实际成本。如何选择合适的成本计算方法计算实际成本，从而在源头控制成本，优化流程并节约成本，最后做出正确的决策，也是农产品物流过程中需要重视的问题。

（4）农产品物流运作绩效评价问题。随着物流业的发展，农产品物流逐渐从简单地关注物流运输本身向现代化、信息化、集成化、社会化的新型物流方式转变，因此如何评价和提高农产品物流运作过程的绩效也就成为转型过程中必不可少的一步。由于农产品的生鲜易腐性、季节性、地域性等一系列固有特点，导致对农产品物流服务水平和服务质量的要求非常高。合理的农产品物流运作绩效评价方法可以使投入的资源产生最大效用，便于管理人员制定最佳决策，为农产品物流发展与升级提供帮助。因此，如何对农产品物流服务质量和运作进行绩效评价，是一个亟待解决的问题。

（5）农产品质量安全及其检测。农产品质量安全问题可能出现在农产品流通和供应链的各个环节，从农产品质量安全现状来看，缺乏有效的安全监控体系、监控机制和检测体系是影响农产品质量安全的关键原因。如何整合农产品质量安全管理职责、组织机构、监控程序、过程和资源等要素建立一个完整的有机的监控体系，在整个农产品供应链中建立质量安全监控机制，从法律法规、标准、监管机构等方面对检测体系进行完善，是提高农产品质量安全及其检测的必由之路。

（6）农产品质量安全可追溯体系。农产品质量安全是消费者关注的重要问题，也是农产品生产组织、加工企业、政府监管部门等急需解决的问题。农产品可追溯体系是保障其质量安全的有效手段，对农产品整个供应链各个环节进行跟踪和追溯，既能从正向跟踪监督，避免安全事故的发生，又能从逆向进行追溯，当发生质量安全问题时第一时间找到问题根源和责任主体。农产品可追溯的法律法规、标准规范是建立整个农产品生命周期的可追溯体系的基础。农产品生产、加工、流通直到销售整个过程所涉及的多头管理问题、存在的信息不对称、部门间难以协调等问题，也同样影响着农产品全程追溯。

（7）农产品检测体系信息公开与共享。农产品质量安全体系是复杂的系统工程，涉及众多主体参与和多种影响因素。农产品信息的公开与共享，是保障农产品质量安全中的重要一环。我国农产品检测体系管理部门较复杂，交叉管理较多，特别是现阶段农产品检测机构归属较为复杂，不同主管部门之间的监管机制可能存在差异，所以农产品信息的公开与共享很难完全实现。特别是在当前所处的农业现代化过程中，了解农产品信息传递过程中存在的不足，很好地实现农产品检测机构信息化、数字化应用，制定并完善农产品信息公开与共享机制，无疑将极大地有助于农产品质量安全的保障。

（8）基于大数据的农产品供应链信息服务平台。农业信息化旨在对农产品生产的前、中、后三个环节通过信息化技术和手段进行连接，进而达到农产品生产、加工、存储、运输、销售和配送等整个流程的信息化。基于历史沿革、发展阶段、技术条件等因素，结合当前我国处于农业数字化和智慧化发展的前夕，有必要建立一种基于大数据的农产品供应链信息服务平台，促进传统农产品生产方式和生产结构的变革，推动农业农村社会再生产和整个农业经济的发展，无疑具有重大的现实意义。基于大数据的农产品供应链信息服务平台，以农产品生命周期中相关数据资产的价值挖掘为核心，利用物联网技术和云计算技术，为建立智慧农业网络提供支撑。

第 2 章　农产品物流运作模式

2.1　农产品物流运作方式

我国农产品物流的运作方式可以简单概括为两种：无渠道方式和有渠道方式。无渠道方式是指农产品不经过任何中间组织直接销售给最终消费者，而有渠道方式是指农产品经由渠道商通过集中采购、加工、批发、零售等环节，最终转移到消费者手中。两种方式的含义和具体形式如表 2 – 1 所示[15]。

表 2 – 1　　无渠道方式和有渠道方式的含义及具体形式

方式	含义	具体形式
无渠道方式	该种方式没有中间环节，农产品由农民直接销售给不同类型的终端消费者	如个人、饭店、企业/机关/学校食堂等
有渠道方式	农产品通过渠道商销售给终端消费者	• 以农民合作组织为核心的形式 • 以批发市场或批发商为核心的形式 • 以加工企业为核心的形式 • 以超市为核心的形式 • 以第三方物流企业或物流园区为核心的形式

由于农产品物流与工业品、商业物流相比具有明显不同的特点，其物流运作方式也存在较大的差异。除了从有渠道、无渠道来划分农产品物流的运作模式，我们还根据农产品物流运作模式的演变和发展将其分为传统运作模式、线上/线下运作模式以及冷链物流运作模式等三大类。其中，农产品传统物流运作模式又可以分为基于农超对接的运作模式和基于批发市场的运作模式。

2.2　农产品传统物流运作模式

2.2.1　农产品传统物流模式概述

农产品传统流通模式主要包括如下几个环节：生产者→加工企业/中间商→产地批

发市场→销地批发市场→农贸市场、超市等→消费者。农产品传统流通模式如图 2－1 所示。

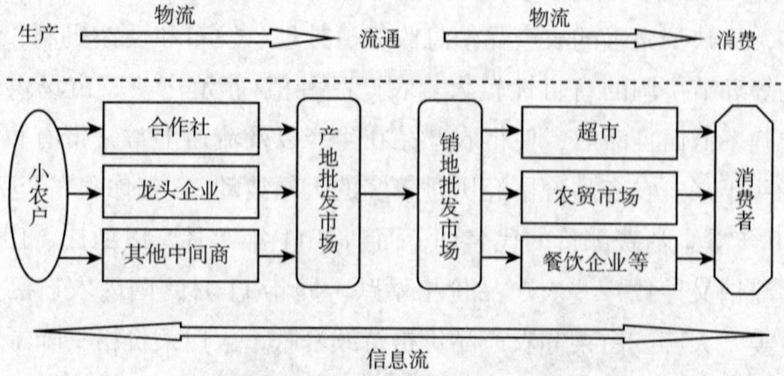

图 2－1　农产品传统流通模式

由农产品传统流通模式可以看出，农产品从生产起点经产地物流、中转物流，再到终端的销地物流，要经过生产、收购/加工、产地批发市场存储、运输、销地批发市场存储、运输等环节。农产品流通环节多、渠道长，这就造成了农产品在流通环节损耗大、流通成本高，同时对农产品的质量也产生很大影响。农产品传统流通环节主要存在以下弊端：

（1）农产品传统流通环节多，推高农产品价格。在农产品传统流通模式中，一般情况下蔬菜从生产者到消费者手中要经过“收购商贩—产地集散市场—大型批发市场—销地批发市场—零售点”至少 5 个环节。如果每个环节加价 10% ~20%，蔬菜从田间到餐桌，价格就增加了 60% 以上。一般情况下，农产品田间的收购价格仅仅是零售价的 20% 左右，最终售价比收购价高出 1.5 ~2 倍甚至更多的情况也经常出现。国家统计局 2022 年发布的数据显示，2021 年 12 月全国居民消费价格同比上涨 1.5%。食品中，畜肉类价格下降 22.2%，影响 CPI 下降约 0.94 个百分点，其中猪肉价格下降 36.7%，影响 CPI 下降约 0.81 个百分点；鲜菜价格上涨 10.6%，影响 CPI 上涨约 0.23 个百分点；蛋类价格上涨 12.7%，影响 CPI 上涨约 0.08 个百分点；水产品价格上涨 7.9%，影响 CPI 上涨约 0.14 个百分点；粮食价格上涨 2%，影响 CPI 上涨约 0.04 个百分点；鲜果价格上涨 4.8%，影响 CPI 上涨约 0.09 个百分点。根据农业部的调查，蔬菜经田头收购、产地批发、长途运输、销地批发，再到超市或零售商，共有 33 个产生费用的项目，流通环节对最终价格影响很大。农民感叹种菜赚不到钱，市民也抱怨菜价太高。国家发改委的调研结果表明，除去人为炒作价格的因素，流通环节成本增加是各地农产品价格大幅上涨的主要原因。

（2）农产品传统流通渠道长，造成农产品损耗较大。由于农产品流通环节多、流通时间长，加上目前我国农产品物流以常温或者自然物流为主，相对落后的物流技术导致流通环节造成的农产品损耗一直居高不下。根据中物联冷链委 2021 年数据显示，由于缺乏相应的冷冻和冷藏设备以及保鲜技术，目前我国水果、蔬菜、肉类、水产品流通损耗率分别达到11%左右、20%以上、8%、10%，而发达国家果蔬损耗率一般控制在5%左右。

（3）农产品传统流通节点较多，造成信息不对称。农产品流通过程从生产者到消费者涉及的环节众多，又缺少完善的农产品信息收集、处理、发布和反馈机制，导致农产品生产、流通和市场等环节协调的盲目性较大。农产品种植/养殖户获取市场供求信息难度较大，不仅信息准确率低而且滞后，使得农产品在生产以及流通上常常带有盲目性，难以适应市场变化。近些年来，农产品价格经历过较多的大幅波动。“蒜你狠”“豆你玩”“苹什么”等成为2010年餐桌消费涨价的代名词，而到2011年4月，以浙江、山东、河南等省份为主的农产品滞销又导致一些农产品价格暴跌。同年11月，国内农产品又呈现价格不均衡：土豆、生姜、大蒜、白菜等农产品价格持续暴跌，大白菜价格下降了30%，跌至两年来的最低价，而个别肉类价格却出现攀升。反复出现的农产品供求不平衡、价格暴跌暴涨现象，都反映出农产品传统物流中的产销不协调、信息不畅通等问题。

（4）农产品传统流通环节多，农产品质量安全难以保证。由于农产品本身具有易腐易烂的特征，长距离、长时间的运输极易使其发生变质。农产品传统流通渠道过长、参与成员过杂、监管成本过大等原因，导致农产品的质量安全问题也成为关注的重点。传统流通模式下，农户的生产规模小，产品品种多，管理不规范，在农产品收购过程中零散性和随意性较高，导致对农产品质量缺乏有效监管。在流通过程中，产销之间随意性很大，难以形成固定的供求关系，造成产销脱节，农产品质量得不到保障，一旦出现质量问题责任无法追溯。

批发市场是传统农产品流通的主要渠道，是我国农产品市场体系的重要组成部分。然而，由于历史和现实的原因，农产品批发市场经营中仍存在一些问题，例如由于流通节点较多，增加了农产品物流成本，大批农产品损耗，农产品质量监管难度大。可见，农产品传统流通模式面临改革、完善和升级的严峻挑战，发展现代化的流通模式也势在必行。

改革开放以后，农产品批发市场成为一种商业业态。2008年，商务部、农业部联合下发《关于开展农超对接试点工作的通知》，积极推进农产品“超市+基地”的供应链模式。在电子商务大力发展之前，农产品批发市场和农超对接模式在我国也占据了很重要的位置。

2.2.2 基于农超对接的运作模式

2.2.2.1 农超对接模式的内涵

农超对接，指农民直接把自己种植的农产品销售给超市，或者超市直接从农民手中采购新鲜的农产品。但由于一家一户的农民和超市的交易成本过高，难以实施。因此在实际操作中，一般需要通过农民合作社、农业产业化龙头企业等中间组织，根据某种协议合约和操作方式，向农产品产地的农民直接采购农产品。农超对接运作模式如图2-2所示。

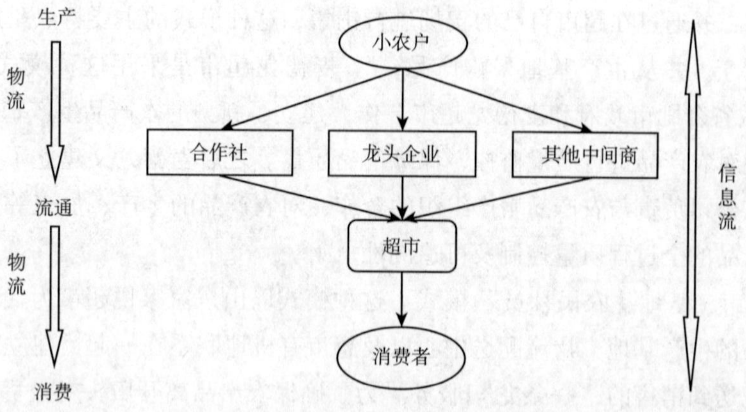

图 2－2　农超对接运作模式

农超对接是推进和统筹我国城乡市场发展的具体实践，是对我国农产品流通渠道的一次创新，其实质是对农产品传统供应链的一种优化[19]。在农超对接中，超市可以利用其在搜集市场信息、管理资源等方面的优势，参与到农产品的生产、加工以及流通的全过程中来，为农民生产提供技术支持、物流配送服务、信息咨询、销售等服务。农超对接模式中，超市成为联系农户和市场的纽带，将农户与市场有效地连接起来，让流通带动生产，促进农民增收。

农超对接将超市现代化的运营模式与传统的农民生产模式相结合，其本质是一个以超市为核心的农产品供应链。由于农产品具有季节性、区域性、生鲜易腐性、难以储存等特点，必须要努力缩减流通环节、缩短流通时间、提高流通效率，才能将农产品在流通中的损耗降到最低。实行农超对接，可提高投入市场的农产品新鲜度，满足消费者对生鲜产品的需求。农超对接物流体系的建立与良好运行是降低农产品损耗率、减少流通成本、稳定农产品价格的有效手段。

2.2.2.2　目前我国农超对接的主要模式

目前我国农超对接主要有以下四种模式：

（1）“超市＋农民专业合作社＋农民”模式。这个模式是指超市与合作社达成协议，直接向基地采购农产品。这样既减少了中间环节，降低了成本费用，也提高了农产品的收购价格，保障了农民的利益。在这种直采模式中，超市首先成立采购小组，再在全国范围内挑选具有资质的合作社，并给合作社提供相应的技术以及资金方面的支持，由合作社来组织农户进行生产，为超市提供所需要的农产品。这种模式的典型代表是家乐福超市所施行的农超对接。从 2007 年起，家乐福就开始做产地源头直采工作，通过各地的合作社，直接向农民采购优质的农产品。

（2）“超市＋龙头企业＋农民”模式。这种模式主要是指超市自己寻找以及建立生产基地，对农产品的生产、加工及流通进行监管，全程监测农产品的质量。超市收购基地所种植的农产品，并通过在超市自己的卖场进行销售，这种模式的主要特点是超市直接参与到农产品的生产，并从生产基地采购产品[20]。麦德龙超市是采用这种模式的典型代表。2007 年，安徽省合肥市政府和麦德龙超市合作，建立了新型的农产品生产基地，希望能够从生产源头就对农产品进行质量监控，保障产品质量。之后麦德龙又建立了麦咨达农技咨询公司，由该公司负责与农产品生产组织的合作，对农产品的生产、加工等进行指导和监管，实现农产品的全过程质量控制及可追溯性。

(3)“超市 + 基地 + 农民社员”模式。这种模式以山东家家悦超市为代表，其主要特点是将农产品的生产基地、物流配送中心以及超市有机地联系在一起，建立起从生产、交易、加工、配送到销售的“一条龙”服务。为了确保农产品离开田头就上货架，家家悦还投资建设大型物流配送中心。这样不但保证了生鲜产品的质量，同时也为农产品建立起了稳定的销售渠道。

(4)“超市 + 供销社 + 农民”模式。这是物美超市在对农产品产地进行实地考察、调研的基础上提出的一种新的农超对接模式。这种模式能很快将符合超市要求的合作社组织起来，并能够保证供给，满足超市的需求。由于供销社与农户关系紧密，对农产品的生产环节较熟悉，并且懂得经营，超市将选择合适对接基地的任务交给供销社，大大降低了搜寻和筛选合作社的成本，且效率较高。2009 年，物美在山东青州正式建立了直采基地。所有采购的果蔬都直接运到物美的果蔬配送中心，然后配送到各个卖场，保证了农产品从采摘到超市整个过程不超过 24 小时，避免了过去由于流通环节过多而导致的时间延误及商品损耗，销售量和销售额也都增加了。

2.2.2.3 农超对接模式的现实意义

在传统的农产品流通方式中，农产品从农户手中传送到消费者手中需要经过多道流通环节，这不但增加了流通成本，造成大量农产品损耗，而且也无法保证农产品的新鲜品质。农超对接是我国农产品从传统的多节点流通向产、供、销经营一体化转变的突破和创新。

农超对接后，由于超市的需求是长期稳定均衡的，农民与超市之间的协议保证了农民获得相对稳定的农产品市场，为农产品建立了相对稳定的流通销售渠道，降低了滞销或贱卖的风险，有助于稳定农民收入，保障农户的利益。在合作中，农民合作社可以学习到先进的管理经验，提高自己的经营和组织能力。由于农超对接减少了流通环节，降低了流通成本，超市节省的采购费用一部分转化为农民的收益，提高了农民收入。同时在双方的合作中，合作社可以根据超市反馈的信息组织农户种植农产品，使农民根据市场需求决定生产品种和生产数量，避免了农户盲目生产，在一定程度上降低了生产风险，也减少了资源的浪费。由于超市有严格的农产品品质标准和食品安全标准，进入超市门店的农产品都必须经过抽样检测，这些严格的要求，能促进农户在提高农产品品质和安全性方面下功夫，为农户创立品牌打下了很好的基础。

对于超市来说，与合作社建立合作关系，可以共享生产信息和利益。超市通过直接在伙伴型农产品基地采购各种农产品，既能够降低采购成本，还可以减少流通环节、缩短流通时间、提高农产品的鲜活度、扩大市场销售额。超市对供应商进行监督和技术指导，帮助农民生产出品质有保障的产品，也有利于超市对农产品生产和流通全过程实时监控，实现农产品产地可追溯，消费者的“菜篮子”更加安全。通过农超对接采购的生鲜产品，都经过严格的农药残留检测、冷链物流等，既保证了新鲜，又降低了安全隐患，这样可以使消费者购买到放心的产品。家乐福“农超对接”产品已经逐步推行二维条形码，以增强水果和蔬菜的追溯性，通过扫描二维码顾客们可以清晰地看到产品信息。同时由于采购价格相对较低，农产品的零售价格也降低了，保障了消费者的权益，越来越多的消费者愿意去超市购买生鲜农产品。

2.2.3　基于农产品批发市场的运作模式

2.2.3.1　农产品批发市场运作模式概述

1923 年，日本制定了《中央批发市场法》，这是国际上最早涉及有关批发市场的概念。批发市场的发展状况是一个地区流通能力的重要体现，它可以将分散的商品聚集起来，经合理地资源整合后，再分销到各个需求者，对商品的有效流通起着重要的作用。2004 年我国农业部印发的《农产品批发市场建设与管理指南（试行）》将农产品批发市场定义为：经过政府主管部门批准，主要进行指定农产品现货集中批量交易的场所。

从 1984 年建立第一个蔬菜批发市场——山东寿光蔬菜批发市场以来，我国农产品批发市场发展非常迅速，现在已经形成了农副产品多层次批发市场体系。我国现有的农产品批发市场组织和运作模式如图 2－3 所示。

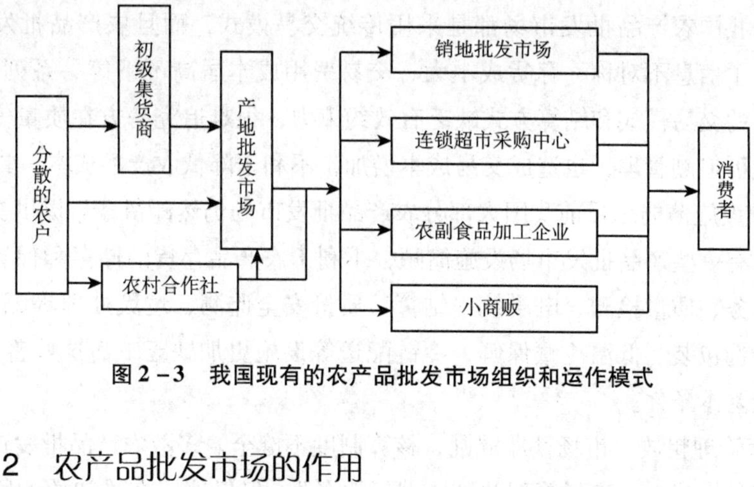

图 2－3　我国现有的农产品批发市场组织和运作模式

2.2.3.2　农产品批发市场的作用

批发市场主要解决交易规模小、组织化程度低、信息不对称、品种结构单一等问题，所以对于小商品和农产品比较适合采用批发市场的模式，而对于我国农业生产者组织规模较小的情况，如果没有相当规模的合作组织或者中介组织，最合适的模式还是批发市场模式。农产品批发市场扮演着重要的角色，基本上都是以产地和销地批发商为中心导向的组织模型。农产品批发市场在我国现有农产品流通组织体系中占主导地位，承担着70%以上的农产品流通。

针对农产品的特殊性，农产品批发市场主要有以下功能：

（1）农产品集散。农产品批发市场作为农产品现货集中批量交易的场所，可以吸引和汇集大量来自各地的农产品商品，并且形成集中联运，以达到规模优势，将农产品商品运送到全国各地。

（2）价格形成。农产品批发市场集中交易，交易量大，通过买卖供求关系之间的讨价还价可以形成产品行业价格，有利于价格的调配和形成。

（3）调节供需平衡。农产品受地域、自然条件、季节气候的影响非常大，生产和供给的时间和地点都比较集中，而农产品的消费则具有均衡性，因此农产品批发市场大批量、大规模集中农产品的特点，可以对农产品的供求产生重要的影响。另外，还可以通过对不同时间不同地域价格的调整来调节供需。

（4）信息集散。农产品批发市场是生产者与消费者之间的桥梁，参与主体广泛，形成的信息也比较多，是一个收集、整理、发布农产品相关信息的良好场所。

（5）服务增值、降低成本。这是农产品批发市场未来的发展方向。它通过集中储存、保管以及整合联运来降低营销成本、物流成本；通过对农产品的加工、包装处理提高农产品的附加值，增加农户的收入。还可以在农产品市场上集中对农产品质量安全进行检测，保障消费者的利益，促进农产品标准化生产。

2.2.3.3 我国农产品批发市场存在的问题

长期以来我国农产品批发市场都是采用传统交易模式，而且农产品批发市场仓库简陋，由此带来了信息不对称、存货成本大、交易费用成本居高不下等一系列问题。此外，基于批发市场的交易模式和结算方式缺乏有效约束力，很难追究一方在质量安全方面的责任、难以实现可追溯管理，也造成交易成本增加，不利于降低农产品成本。具体表现为：

（1）基础设施薄弱。目前我国大部分农产品批发市场仍然停留在只提供交易场所等最简单的阶段，有一些产品批发市场设施简陋，不利于农产品存货的储存和保管。还有些市场缺乏信息服务、质量检测、电子统一结算、质量安全监测、垃圾处理等配套服务体系。更重要的是分选包装、低温冷藏保鲜、冷链配送等设施更加缺乏，而这些都是控制成本、完善服务的最基本条件。

（2）经营管理粗放，市场秩序混乱，核算制度不健全。多数农产品批发市场还仅仅停留在初始的交易模式上，市场管理“重收费轻服务”，仅仅停留在最初始的物业管理与收费、卫生、保安等管理上，缺乏适应时代发展的管理方式。所有的管理都依靠人工来完成，对市场内商流、物流、人流缺乏管理，往往处于自发、无序的状态。核算制度比较老套，没有专业的会计人员，往往造成对成本的无序管理，使得算出来的成本费用并不能真实反映发生的成本，不利于查找原因、控制成本。

（3）流通主体分散，规模小、效率低下。农户个体户和初级集货商是目前运销的主要主体，农民专业合作社正在逐步形成，但是涉及的范围还比较小。现有的批发商都是以家庭或几个人合伙经营，营销和规模比较小、效率低，市场上缺乏有实力的大批发商、中介。农户和批发商是一种买断关系，这样既不利于农户在谈判中的议价能力，也不能使得农户分享流通增值中的利润。

（4）物流成本偏高。我国的物流设施比如公路设施还很不完善，路窄车多的现象严重，且产地、销地间呈现较大的不平衡。这导致了农产品在运输途中消耗的时间长，途中损耗居高不下，这又反过来增加了农产品的运输成本。物流基础设施不完善，体制不健全，乱收费的现象严重，这些共同导致了物流成本的节节攀升。目前农产品的流通现状是：农民没有得到实惠，消费者没有少花钱。

2.3　农产品线上/线下（O2O）运作模式

2.3.1　O2O 电子商务模式的相关理论

O2O 即线上到线下（online to offline，O2O），是指将线下的商务机会与互联网结合，让互联网成为线下交易的前台。O2O 的概念非常广泛，只要产业链中既涉及线上，又涉及线下，就可统称为 O2O。“线上快捷下单与支付，线下快速送达与体验相结合”是其最大特点。

一个完整的 O2O 模式由以下四大要素构成：线上电商、线下消费实体店、终端消费者以及 O2O 运行平台。四者之间相互作用与影响，辅之以有效的信息反馈与物流服务，形成 O2O 价值链的完美闭环。O2O 模式的四大要素及特点如表 2－2 所示。

表 2－2　O2O 模式的四大要素及特点

四大要素	特点
线上电商	在互联网上，推广企业的价值观与服务
线下消费实体店	借助线上电商，可以降低线下商家对店铺地理位置的依赖，减少了租金方面的支出；深入持续进行客户关系管理，从而进行精准营销
终端消费者	由于 O2O 平台上提供了丰富、及时、全面的商家促销服务信息，价格实惠，顾客能够快速筛选并订购需要的商品或服务
O2O 运行平台	O2O 平台为线上商家和终端消费者搭起了桥梁。桥梁一端吸引大规模顾客，加强了用户的黏性；而在另外一端获取更多的商家资源入驻平台。借助 O2O 平台，本地化程度较高的垂直网站，还能为线上商家提供额外的增值服务

O2O 价值的体现在于将线上与线下各自优势完美结合。通过移动终端设备，对接互联网与实体店，实现互联网交易的完美落地。O2O 模式可以实现商家之间的联盟。消费者不仅能享受到线上优惠的价格，而且还能享受到线下体验服务。O2O 模式的实现应该满足需求明确、流通顺畅、质量可控等三个充分条件，其内容如表 2 - 3 所示。

表 2 - 3　　O2O 模式实现应满足的条件及相应内容

充分条件	内容
需求明确	平等对待商户与用户的不同需求
流通顺畅	信息流、物流、服务流相互沟通协调，实现线下实物可运输，线下服务可上门
质量可控	品质符合客户预期，售后服务可追踪

简而言之，O2O 模式从整体上看，将会形成商家、用户与服务平台等三方“三赢”的效果。

2. 3. 1. 1　从商家角度分析

O2O 模式不仅可以帮助商家展示自己的商品，更可以提升业务的宣传效应。与传统营销的推广模式不同，后期数据的统计与有效评估让推广效果实现了可预测。O2O 将线上撮合、线上支付、线下消费、消费反馈四环节有机结合，分析消费者的反馈信息并做好消费行为的统计，掌握消费大数据，实现精准营销，更好地维护老客户，拓展新客户，形成 O2O 的完美闭环。在生鲜农产品 O2O 模式中，在线预订的方式还能控制农产品运输过程中的物流成本，使经营更加合理有序。

2. 3. 1. 2　从用户角度分析

O2O 模式实现了线上与线下信息的共享，体验让产品更有价值，同时用户得到全方位服务。在线上，顾客享受售前体验；在线下，顾客能在销售中深入了解产品；而在售后，用户又能得到有效反馈。该模式降低了顾客因产品信息不对称而遭受到不公平待遇的风险及利益的损失。商家服务信息的全面性与丰富性让顾客能较为快捷地选购商品，享受相应的服务。

2. 3. 1. 3　从 O2O 服务平台提供商的角度分析

O2O 模式充分利用了移动互联网时代的消费者数据资源。在移动互联网全方位影响的大数据框架中，购物将成为迭代重复而非线性的过程，消费者不再是“去购物”，他们总是“在购物”。服务提供商对跨区域的、海量用户信息进行整合，为商家提供一系列增值业务，本地化程度较高的垂直网站是重点整合对象。O2O 服务平台商不仅深入挖掘线下用户资源并引流至线上，而且进一步盘活了线上用户与线下产品或服务的交易热度。因此，O2O 服务平台可以为商家带来大规模且高黏度的用户群体。服务平台的盈利模式也相对清晰，主要有产品或者服务的差价、网络广告的营业收入、按商家销售付费以及收取会员费等四种盈利模式。

2.3.2　基于O2O模式的农产品运作基本框架

根据农产品流通主体的不同，在O2O体系中，要结合农产品流通链条中的主要生产者来确定产地批发市场，同时做好农产品的产地收购以及中间的运输管理等过程，以尽可能地降低流通成本。通过结合产地收购、中间运输、终端零售环节的管理，进而实现“产地种植—线上销售—物流流通—消费者”整个流程的顺畅。流通环节的缩短，降低了农产品流通的成本，也减小了农产品的损耗。如果农产品流通不畅，无形之间就会造成农产品价格抬高和资源浪费，消费者的利益将受到损害。基于O2O模式理顺农产品流通链条，可以实现区域产销之间的优化和协调，并从根本上促进现代农业的规模化发展。

2.3.2.1　以加工企业为核心的运作框架

基于农产品的多元化发展，以加工企业为核心的模式管理，主要是企业实现农产品加工配送的处理过程，逐步提升物流能力，同时实现企业进行网上的交易分析，尽可能地结合消费者的不同消费模式，确定农产品的外观以及包装处理。企业根据消费者决策，进行线下连锁实体店面的设计并保持和生产基地的长期战略关系，实现专业合作社的有效供应，同时也要实现有效分拣和加工，并确定其半成品加工模式。一旦消费者在线上完成支付，就可以在最近的实体店上门取到自己买的农产品。

2.3.2.2　以农民专业合作社为核心的框架

基于农民专业合作社的核心农产品O2O模式的确定，就要结合专业合作社的成员分析，做好专业合作社生产者的组织化生产，确定自己的农产品品牌。合作社成立合作联社的时候，需要不断地推广自己的农产品品牌。合作社确定O2O电商农产品直销店的时候，需结合个体消费行为，借助于网上平台合理选择农产品，一旦线上交易完成后，就需要结合电子商务进行管理分析，并尽快实现第三方物流配送管理。

2.3.2.3　以批发市场为核心的框架

基于批发市场为核心的框架，主要是做好农产品批发市场即实体批发市场模式的维护升级工作，并做好网上交易市场与实体市场的对接。一旦批发市场的批发商以网上有效交易批发市场作为流通中介，批发商就应准确确定农户客户，以实现O2O交易的顺畅。批发市场需结合批发市场农户和农民合作社确定批发商，并做好市场农产品数量和价格分析，实时公布批发市场交易产品的数量和价格信息，借助于支付宝和网上银行等现代支付方式实现产销的有效交易。同时，批发商基于批发市场的交易过程，分析具体的销售成本，确定合理的流通模式。

2.3.2.4 以零售企业为核心的框架

以零售企业为核心的框架，是在对市场进行有效性分析的基础上确定流通主体和零售模式；它以成熟的实体卖场为主体，同时也要做好电子商务平台的设计和开发。比如，某水产品供应商推出了一种主要结合网上商城销售大闸蟹的模式，同时实现线上线下系统价格的有效处理。这种以零售企业为核心的模式可以依据线下、线上交易差异，确定不同的销售模式。

另外，基于线上线下融合的农产品发展，同样也存在物流企业为核心的模式。物流企业选择和引入 O2O 模式主要是以物流企业自身为核心的模式，依托自身物流优势，结合线上平台订单，实现生鲜农产品的最优配送。

2.3.3 基于 O2O 模式的农产品物流配送

2.3.3.1 农户 +3PL[①] 的农产品物流配送形式

很多时候，农户受到发展条件因素的束缚，自身无法建立完善的农产品物流配送系统，同时很难和更多的社区实体店取得有效合作。在这种情况下可以选择和 3PL 寻求合作。该形式以农户以及农产品原产地的农村合作社为主，聘请专业人士搭建 O2O 模式的业务平台，实现农产品的自产自销，然后与第三方物流机构进行合作，由第三方物流企业进行农产品的物流配送，最后由消费者进行配送终端的取货。典型的一种模式就是农村淘宝。这种方式的农产品多为各地区的“地标性农产品”，通过这种农户 +3PL 的农村淘宝电商形式的黏合产销，搭建起了对接农产品的网上“高速路”，农民可结合农产品的网络销售及生产情况对产品信息进行及时更新，同时还能够采取技术手段对市场需求情况进行精准分析，促进大宗交易。

这种 O2O 模式的农产品物流配送服务的主要特点包括：配送的农产品种类相对单一；上游原产地固定；消费者分布具有较强的分散性；农户以及农村合作社能够掌握一定的销售与配送信息。同时，在该 O2O 模式的农产品物流配送形式下，消费者对农产品销售服务评价容易受到第三方物流配送因素的影响，继而对平台销售质量及平台口碑造成一定影响。同时，第三方物流配送过程中，企业只提供农产品的物流配送位置信息，无法对农产品在运输及配送过程中的质量情况进行反馈。

2.3.3.2 3PL 企业主导的配送形式

该种 O2O 模式的农产品物流配送形式由 3PL 企业构建属于自己的农产品销售平台，进行各种农产品的销售业务。在这种销售形式中，3PL 可以根据消费者选择偏好初步筛选

① 3PL 一般指第三方物流（third party logistics），也称作委外物流或合约物流。

农产品的供应商，并与达标的生鲜品供应商、农户建立一定的合作关系，由 3PL 负责农产品的加工及包装，消费者在线上下单后，3PL 应用自身的冷链物流配送体系将农产品配送到消费者终端。这种 O2O 模式条件下的农产品物流配送的主要特点为：农产品产地集中在少数地区，农产品种类较多，消费者分散，社区实体店铺多为 3PL 自建；但受 3PL 物流分布网络限制，配送相关信息集中在 3PL 处。这种物流配送形式实际上就是对农户 + 3PL 形式的强化和升级，使农户及合作社从物流配送体系当中分离出来，继而使 3PL 方面与消费者共同享有集约化、专业化物流配送系统所带来的益处，同时也能够为物流配送服务结构的调整与优化奠定有利基础。

除此之外，在该形式下的农产品销售与物流配送服务均为 3PL 方，一旦农产品出现任何问题都由 3PL 直接负责，这样能够促进 3PL 各方面服务水平的提高，在确保农产品质量的同时，促进服务的规范化。在这种以 3PL 为主体的 O2O 农产品销售及物流配送方式中，农户和农产品供应商只能被动地接受 3PL 的评估，在 3PL 自营线上平台进行相应农产品的销售，很大程度上确保了农产品源头品质情况。3PL 在各地区自营的农产品实体店铺也能够进行冷链物流系统的运作与管理工作，更好地确保农产品在物流运输配送过程中的质量。但是该种 O2O 模式的农产品物流配送系统的运转需要建立庞大的物流网络体系，并配备大量的人力及物力等资源，对于管理层的工作组织及协调能力具有较严格的要求，因此需要投入高额的基础建设资金[21]。

2.3.3.3 电商主导 +3PL 物流配送形式

电商企业搭建的 O2O 平台是中国最早发展起来的生鲜农产品 O2O 模式，以这种模式运作的实体组织在我国存在的数量较多，但是消亡的速度也比较快。外部电商企业通过搭建电商平台实现生鲜农产品提供方与购买方的线上交易、线下体验。各种电商企业在经营与业务发展过程中表现出的竞争力水平不同，所以其整体在农产品物流配送服务方面所呈现出的特点具有明显的复杂性。电商对农产品供应农户以及供货商的资质进行综合评估，达到其选择标准后将其吸纳为 O2O 平台销售产品，消费者在线上购买之后由农产品提供方结合不同产品及不同地区的订单情况灵活选择物流配送方式，由电商方面掌控农产品的销售与配送信息。

一般情况下，如果平台与终端消费者位置较近，则是用店铺自营的物流系统进行配送。但是终端位置相距较远的时候，一般会交由第三方物流公司负责。在这种情况下，电商 + 3PL 这种 O2O 物流配送服务所呈现的主要特点为：农产品产地分布较广、农产品种类丰富、消费者所在位置分散、配送管理整体协调性差、社区店铺自建和加盟形式并存、由电商方面对农产品销售及物流配送信息进行集中处理。一些刚刚发展的电商企业尚无能力建立物流配送体系，农产品的物流配送完全来自外部采购，这种形式与农户 + 3PL 的物流配送形式基本相同。由于该模式下的农产品提供商以及消费者分散性较强，根本无法通过自建物流体系完成农产品配送要求，因此，在通过第三方物流承运的过程中，不但会增加电商的成本投入，同时，农产品在运输过程中的质量与安全也得不到有效保障。对于实力较强的电商企业，在与3PL寻求合作前，都会对其进行资质评估，并且评估流程比较严格，以此获得长期、稳定的合作[22]。

2.4 农产品冷链物流运作模式

2.4.1 农产品冷链物流的结构与特点

冷链物流起源于19世纪80年代的美国，起初主要用于香蕉等水果的保鲜运输。冷链物流虽然被提出得较早，但没有形成统一的概念。随着近代工业技术的发展，人们对食品品质的要求提高，大大促进了对冷链物流的需求。冷链物流是一种对温度要求较高，依赖于制冷技术的物流运作模式。冷链物流同时也是一个较为复杂和具体的系统，主要包括农产品/食品的生产、储存、运输和销售等环节，且各环节始终处于规定的低温环境中，以减少损失、确保质量。

随着冷链物流技术的快速发展，逐渐形成了具有特色的农产品冷链物流模式。农产品冷链物流泛指蔬菜、肉类、水果等农产品在种植/养殖、储藏、包装加工、配送、销售，最后至消费前的所有环节中一直处于合适的低温条件下，以保障产品性能和质量的一个完整体系。它由冷冻储藏、冷冻加工、冷冻销售、冷藏运输及配送等四个部分组成。冷链物流需要全面考量运输、生产、经济、销售和技术性等多种因素，并协调好各要素之间的关系，以确保生鲜、易腐农产品在加工、运输和销售过程中保值增值。冷链所适用的农产品范围包括肉类、蔬菜、奶制品、水产品和速冻食品等。

农产品冷链物流是冷链物流的一部分，也是冷链物流中占比最大的一部分。在整个链条中，先进的制冷设备和技术是保证。总体来讲，农产品冷链物流是一套综合冷藏技术、优质加工、完善配套服务及标准化管理等多方面的现代化物流体系。由于鲜活农产品的易腐性要求各种产品从初级生产到中间销售直至最终进入消费者餐桌上的整个过程中迅速流通，并不间断地在适宜低温和湿度的环境下快速、连续运转。所以，农产品的生产、采购、贮藏、配送和销售各个环节必须在质量管理标准上统一，在设备数量上相互协调，运作上密切连接，构成一条完整的“冷链”。显而易见，农产品冷链物流是一条链状结构，如图2-4所示。

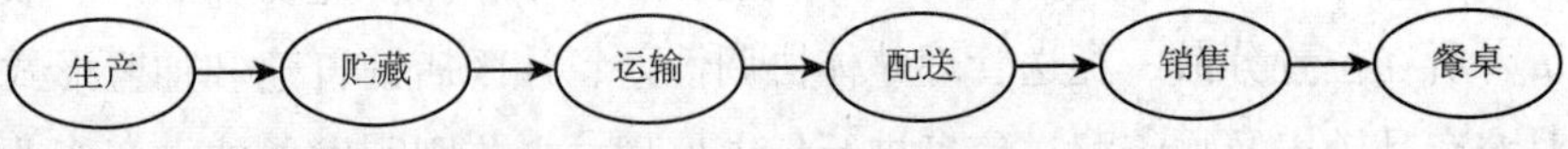

图2-4　农产品冷链物流的结构

与一般的农产品物流模式不同，农产品冷链物流过程中不仅需要考虑总的运输成本，还要从冷链运输的特点出发，考虑其他如服务时间窗约束、交通状况条件、开启冷藏箱体时间与次数甚至碳排放等因素。整体而言，农产品冷链物流具有运输成本高、所需投资巨大、对运输技术要求高以及时效性等特点。

（1）运输成本高，所需投资巨大。与其他流通产品相比，农产品冷链系统之所以被认为是一项庞大的系统工程，是因为它是以维持低温条件为核心任务，以保障易腐易烂农产品品质为目的的供应链系统，较普通常温物流系统的要求更复杂、更高，建设所需投资也大很多。为了保证物品的质量，加工过程要全程控温，运输要配备冷藏车、冷藏船、冷藏集装箱等，这些都需要大量的资金支持。在生鲜农产品配送过程中，为了保障农产品的新鲜度，制冷设备应在整个配送途中保持开启状态，这些制冷设备会消耗大量能源，增加配送成本。同时，农产品市场供求一直处于变化中，农产品的价格也要随之变化，因此生鲜农产品的整体运输成本高。

（2）对运输技术要求高。农产品冷链物流是一个庞大的供应链系统，其中涵盖了农产品的冷链流通加工、冷链仓储、冷链运输、冷链配送等环节。各环节间的衔接直接影响到农产品的质量，从而间接影响到物流成本。与常温物流相比，冷链物流涉及制冷技术、保温技术、温湿度检测、信息系统和产品变化机理研究等技术，有的产品甚至涉及法律法规的约束，且每种产品的属性不同，其对温湿度和储藏时间要求也不同，一旦某个环节出现错误，就会影响整个冷链运作，造成一定损失，因此大大加大了冷链物流的复杂性。在人员方面，加工操作人员必须经过专业培训，还要配备额外的冷藏设备操作人员、温度监控人员等，具有很高的技术要求。

（3）时效性。生鲜农产品的配送时间对服务质量有很大的影响。生鲜农产品本身具有特殊性，配送企业要在规定时间内把产品送到客户手中。如果配送时间超过规定时间，农产品就可能变质或腐烂，造成严重的食品安全问题。不仅会给配送企业和客户造成经济损失，而且会对环境产生不良影响。因此，易腐农产品的时效性要求冷链物流系统中的所有环节之间形成更高的组织协调性，所以农产品冷链的周转一直是和能耗成本相影响的，农产品冷链的发展离不开运作成本的有效控制[23]。

2.4.2 农产品冷链物流的分类与构成

2.4.2.1 农产品冷链物流的分类

冷链产品主要分为初级农产品、加工过的食品及特殊型产品等类型。冷链产品的类别及相应内容如表 2－4 所示。

表 2－4　冷链产品类别及内容

冷链产品类别	一般货物
初级农产品	蔬菜、瓜果、禽蛋奶、水产品
加工过的食品	冰淇淋、速冻食品、奶制品、包装熟食
特殊型产品	医用药品

冷链物流中的农产品主要为第一类和第二类产品。如今，为了尽最大可能地确保鲜活农产品的保鲜程度，第一类和第二类冷链农产品贮藏所需的温度也不完全一样。所以，根据贮藏温度的不同，还可以把冷链农产品分为冷冻类农产品和冷藏类农产品两类，其内容如表 2 - 5 所示。

表 2 - 5　　按贮藏温度分类的冷链农产品

冷链农产品类别	内容
冷冻类农产品	超冷链食品、冰品
冷藏类农产品	肉类、蔬菜、奶类、水果、水产品与禽蛋类

2.4.2.2　农产品冷链物流的标准

由于生鲜农产品极易腐败变质，储存条件要比普通产品更高，对于不同品类的农产品，在流通过程中也有不同的运输标准。

（1）肉禽类的分类标准。肉禽类生鲜品受温度的影响以及酶的氧化作用，容易滋生微生物而导致产品质量受损。据国家统计局数据显示，2021 年全年我国猪牛羊禽肉产量 8887 万吨，其中低温肉、冷鲜肉、冷冻肉占据相当一部分比例。放在冷库储存的肉类，一般分为鲜肉和冻肉两种类型。对于不同的品类，所要求的冷库温度也不尽相同。对于急需配送的冷鲜肉禽类产品，保鲜冷库的温度控制在 0℃ ~5℃之间，此时肉禽类产品可以储存一周左右。若储存时间过长，鲜肉会变质，影响其品质。冻肉即把肉禽类产品放置于冷冻库中，库温控制在 -23℃ ~ -18℃之间，可以储存半年以上。在冷冻存储肉禽类产品时，冷冻库的温度必须保持在 -18℃以下，运用性能较好的制冷系统。此外，肉禽类生鲜品在运输期间应使用气密的复合材料包装，控制温度在 -18℃以下进行运输配送，避免肉禽类脂肪氧化、脱水损耗、细菌繁殖等现象发生[24]。

（2）果蔬类的分类标准。与其他食品不同，蔬菜水果在采摘后依然保持生命。为了保持最佳的保鲜效果，需多种保鲜技术和材料同时使用。果蔬在运输过程中，控制好温度、氧气及二氧化碳的浓度是十分必要的。各种蔬菜水果都有一个最适宜的贮藏温度。多数的根茎、叶菜类蔬菜都适宜贮藏于接近冰点的温度；对于苹果、梨、菜花、芹菜等原产于温带、寒带的蔬菜水果，适合贮藏在温度为 0℃左右的环境中；而对于香蕉、芒果、黄瓜、青椒等原产于热带和亚热带的蔬菜水果，适合贮藏在温度高于 0℃的环境中[25]。

（3）水产类的分类标准。水产品按产出可分为淡水产和海鲜两大类，鲜活的水产品分为鱼、虾、蟹、贝四大类。水产品在捕捞之后，应当立即采取低温保鲜措施，否则就会腐败变质影响食用。水产品的腐败主要是由于细菌和酶的作用，水分直接影响细菌的生长和酶的活性。低温保鲜有冷却保鲜、微冻保鲜、冷冻保鲜几种方法。温度控制在 0℃ ~4℃左右，把碎冰撒到鱼体表面可以去除细菌和黏液。对于大量捕获的水产品，适合冷却保鲜法来贮藏。水产品需经过冻结处理才能长时间贮藏保存。将水产类置于库温为 -18℃以下的冷藏间冷藏，可以保存 6 ~9 个月[24]。

2.4.2.3　农产品冷链物流的构成

一般的冷链物流包含原材料处理环节、速冻环节、预冷环节、冷藏环节、销售分配环节、流通运输环节等环节。为方便表述，本书把农产品冷链物流归纳为由冷冻加工、冷冻贮藏、冷冻运输及配送和冷冻销售等四个环节构成。

（1）冷冻加工。此环节包括蛋类、水产类和肉禽类的冷冻与冷却，以及在低温环境下的加工作业进程；还包括各类奶制品和速冻食物的低温加工和蔬菜的预冷等。在此环节中主要涉及的冷链设备是速冻装置和冷却、冻结装置。

（2）冷冻贮藏。此环节包括食品的冻结贮藏和冷却贮藏，以及蔬菜水果等食品的气调冷藏。此环节是保障食品在贮藏和加工过程中的低温保鲜条件。它涉及的设备主要有各类加工间、冷冻柜、家庭冰箱、冷藏柜及冷藏库等。

（3）冷藏运输及配送。此环节包括产品的短途配送及中、长途运输等物流过程的低温环境。主要涉及冷藏集装箱、冷藏船、冷藏汽车、铁路冷藏车等低温运输装备。温度不稳定是冷藏运输过程中引起农产品质量降低的重要原因之一，因此运输装备应具备优良的性能，特别是在远途运输中显得尤其重要。

（4）冷冻销售。此环节包括各类冷链产品进入批发零售环节的冷冻贮藏和销售，它由零售商、批发商和生产企业一起完成。随着各大小城市多种连锁超市的迅速崛起，超市正在逐渐成为冷链食品最主要的销售网络，贮藏库和冷冻、冷藏陈列柜这些设备在超市等零售终端中正在被大量使用。在完整的食品冷链中，以下设备已成为不可或缺的重要环节贯穿在整条冷藏链各个环节中：原料前处理设备、预冷设备、冷藏运输设备、冷藏库、冷冻冷藏陈列柜（含冷藏柜）、家用冷柜、电冰箱、速冻设备等。

2.4.3　农产品冷链物流的运作目标

根据上述鲜活农产品的特性，农产品冷链物流系统在运作过程中要做到环节少、距离短、速度快、费用省、服务优。只有这样，才能以最低的物流成本，为消费者提供满意服务。

2.4.3.1　距离短

我们知道，物流定义中的“流”是一种物理性运动，即物质资料实体有方向的移动，一方面是空间移动（位置的变化），另一方面是时间延续（移动的时间变化）。空间移动主要依赖于运输、配送、装卸搬运等活动实现，而储存则可以实现时间延续，能较好地保证生鲜农产品的品质。就运输而言，如果采用合理的运输形式，尽量避免重复运输、过远运输等不合理的运输形式，就能缩短运距，减少运输时间，减少运输环节，节省运输费用，从而实现运输合理化。

2.4.3.2 环节少

物流环节越多，时间越长，风险就越大，成本就越高。如果运输过程中应当直达却中转，环节就会增加，装卸搬运的次数就会增加，物品破损也就会增大，所以要尽量减少物流环节，以降低损耗。像蔬菜水果这类产品在物流过程中，若经过多次装卸就会增大损耗，因此在物流运作中要尽量避免多次装卸搬运。

2.4.3.3 速度快

农产品冷链物流运作需迅速及时，从而达到保质保鲜的目的，减少运作环节产生的损失率。同时，由于农产品冷链物流的特殊性，冷链农产品运输过程中需持续控制在一定温度下，提高运作速度能降低制冷设备持续供冷的成本。

2.4.3.4 服务优

在鲜活农产品物流服务中，除按规定的时间、地点送达外，还要做到无损伤、无缺货和丢失现象。如运输缙云大洋镇高山茭白到杭州，就不能用简易的敞车，如用敞车运输的话，在雷雨风暴或炽热太阳下，茭白会萎蔫、会损伤，整个损失就会比较大。

2.4.3.5 费用省

鲜活农产品物流既要求提供优质的服务，也要求节省成本。在物流中只要真正实现了物流合理化，也就节省了物流费用。例如，运输中减少起程或返程空驶现象，也就减少了运输费用，降低了物流成本；在仓储中加快仓库周转，就能避免积压，降低库存费用。

2.4.4 农产品冷链物流的运作模式

我国常见的农产品冷链物流的运作模式主要有以加工企业为核心、以第三方物流企业为核心、以批发市场为核心、以大型连锁超市为核心等四种形式[26]。当然，国家战略储备型冷库也可以被认为是一种冷链物流运作模式。同时，由于互联网和电子商务的快速发展，区域B2C冷链物流模式也呈现较快增长势头。以冷链物流核心参与者为依据，可以将冷链物流的运作模式分为以下六种。

2.4.4.1 以生产加工型企业为主导的自营冷链物流模式

农产品加工企业自营的农产品冷链物流供应链模式如图2－5所示，该供应链的主要管理及冷链物流的各个环节均由农产品加工企业负责[27]。农产品加工企业对供应链管理信息网络进行设计，对供应商、零售商进行严格挑选，并对农产品进行跟踪控制，制订合理的生产作业计划，对库存进行有效的管理和控制。农产品加工企业从农户手中集中采购农产品，在低温环境下对农产品进行初加工后，经由超市、零售商、批发市场最终到达消费者手中。该模式要实现农产品在市场上快速地流通，就必须对供应链上下游企业进行有效的监督和管理，及时准确地反馈信息，保持信息通畅，在流通环节中提供良好的冷藏条件，提高物流效率和服务质量。

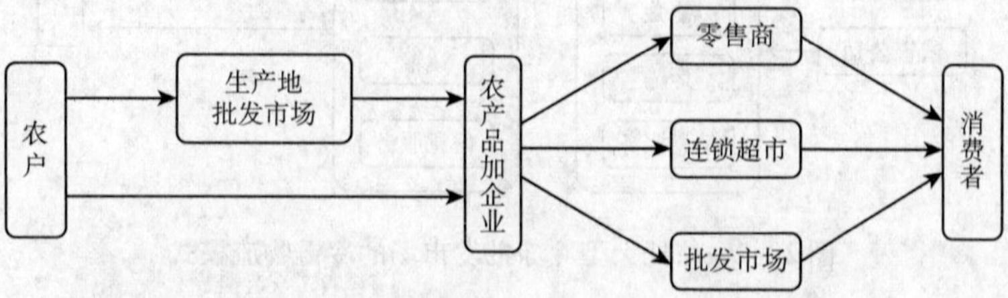

图2-5 以生产加工型企业为主导的自营冷链物流模式

2.4.4.2 以大型连锁超市为主导的自营冷链物流模式

超市的连锁经营是一种先进的经营方式，目前我国的超市经营体系已逐渐成熟。连锁超市农产品冷链物流模式中，大型连锁超市的鲜活农产品的供货源主要有自建生产基地、生鲜农产品经销公司以及生产加工企业。大型连锁超市通过与上游供应商建立稳定的合作关系，保证货源的长期稳定性。因此许多大型连锁超市建立了自己的生鲜农产品物流配送中心，直接向门店配送鲜活农产品。以大型连锁超市为主导的自营冷链物流模式如图2-6所示。

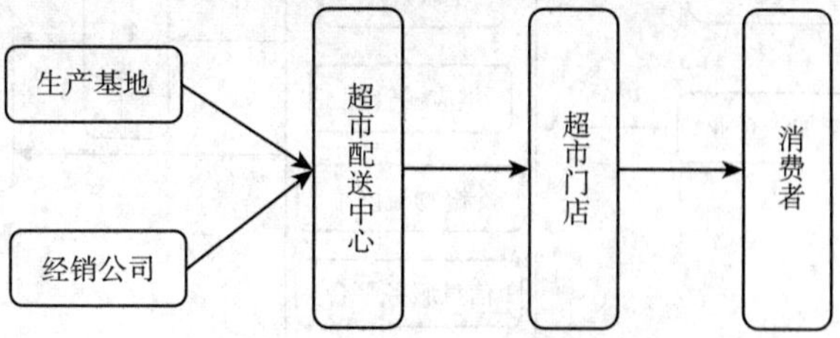

图2-6 以大型连锁超市为主导的自营冷链物流模式

2.4.4.3 依托大型冷冻批发市场的冷链物流模式

目前，在我国农产品贸易、流通中，批发市场仍占据主导地位。由批发市场主导的物流模式，由产地或销地的农产品批发市场主导，把农产品的各个环节（包括农产品生产者、大型农产品批发市场、零售商和最终消费者）紧密联系在一起，并将现代化的物流设施和先进的物流技术运用到冷链物流的各个环节，集中分配资源，实现资源的合理化配置。该模式可以有效减少农产品流通环节和损耗，降低物流成本。依托大型冷冻批发市场的冷链物流模式如图 2-7 所示。

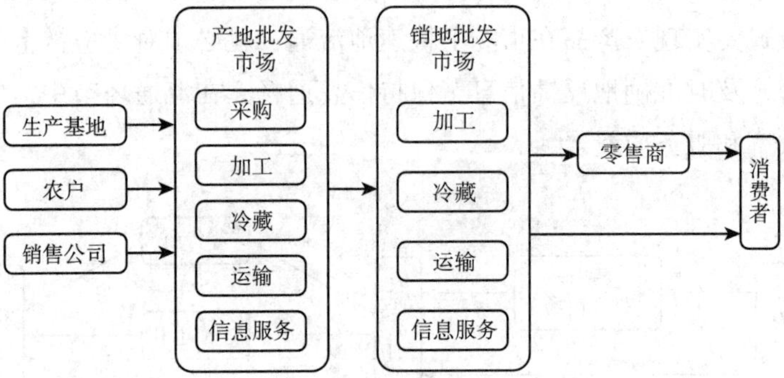

图 2-7　依托大型冷冻批发市场的冷链物流模式

2.4.4.4　第三方冷链物流模式

这种模式一般是生产商、经销商、零售商将冷链物流外包给第三方冷链物流公司的运作模式，这样使得生产商、经销商、零售商能够专注于自己的核心业务，也能够获得第三方冷链物流专业化的服务，提高冷链物流的效率。但是这种模式对于第三方冷链物流公司有着很高的要求，由于冷链物流的投入资本量大，回收期长，政策标准化没有统一的标准，因而我国第三方冷链物流公司门槛非常高。第三方冷链物流模式如图 2-8 所示。

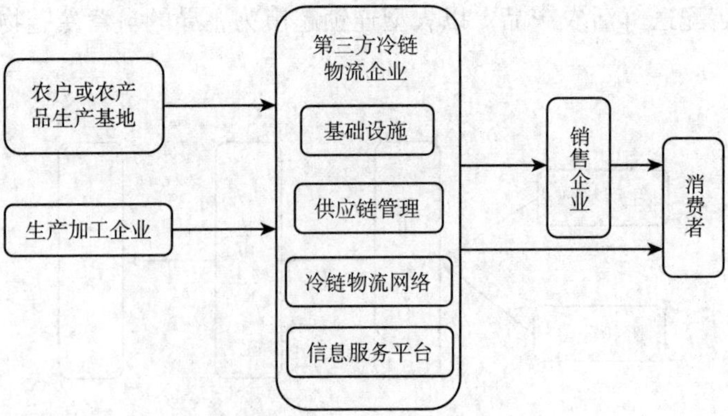

图 2-8　第三方冷链物流模式

2.4.4.5　区域 B2C 冷链物流模式

随着“互联网+”、移动互联应用的快速发展，我国电子商务的交易规模不断扩大。本地企业尤其是实力雄厚的连锁型零售企业，可以通过打造主要向所在区域的消费者提供生鲜农产品、速食加工菜品等产品的 B2C 生鲜电商平台，实现线上线下融合发展。由于区域生鲜电商可以依托当地丰富的农产品资源，加之配送范围较小，因此通过区域内的冷链物流体系即可完成全程冷链配送。区域 B2C 冷链物流运作模式主要依托当地的生鲜农产品资源，物流环节相对更少。在终端配送环节主要依赖自身的社区门店，采用社区 O2O 模式，由客户到店自提。区域 B2C 冷链物流模式如图 2-9 所示[28]。

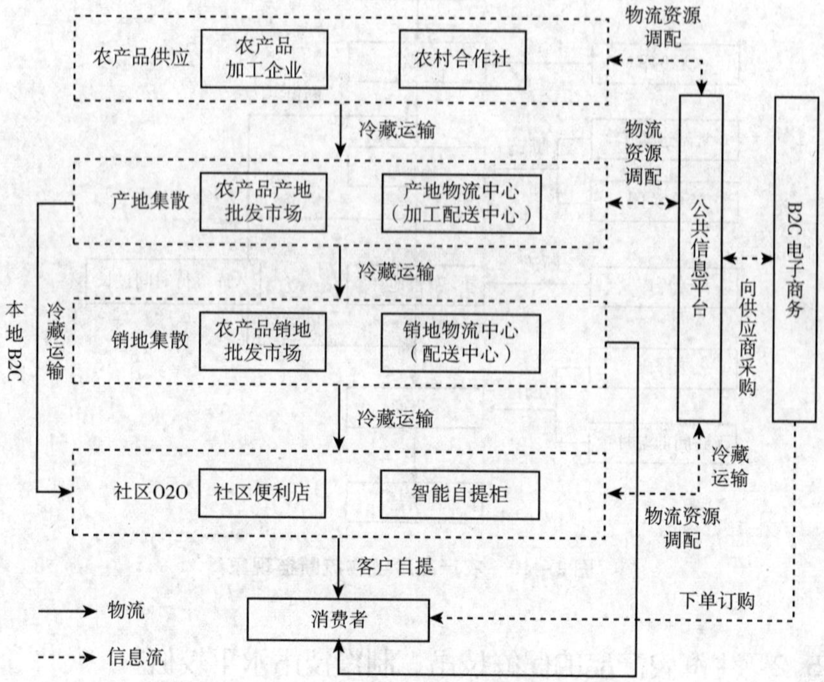

图 2-9　区域 B2C 物流模式

2.4.4.6　国家战略储备型冷库

这种模式一般是由于政府采取租赁或专项补贴的形式建立，具有应对公共突发事件或平抑物价的功能。这种运作模式不参与市场的竞争，是一种特殊的存在[29]。

2.4.5　农产品冷链物流运作过程中的主要问题

2.4.5.1　断链现象时有发生，农产品损耗严重

果蔬、肉禽、水产等农产品从原产地采集（屠宰、捕捞）后，必须使之始终处于适宜的温度，经过加工、贮藏、运输、分销、零售各个环节直到消费者手里的整个过程。品质的保证及产品的质量安全是冷链物流关注的重点。我国生鲜农产品在物流环节的损耗率一直高于其他发达国家。断链问题已成为制约我国食品冷链物流发展的重要因素。统计数据表明，我国粮食、马铃薯、水果、蔬菜的产后损失率分别为 7% ~11%、15% ~20%、

15% ~20% 和 20% ~25%，造成了生产资源的巨大浪费和农民经济损失，其中大部分损失正是由断链导致的[30]。农产品在贮藏、运输、销售等环节由于冷库数量的不足及入库等待时间过长都易出现断链现象，如图 2-10 所示[31]。

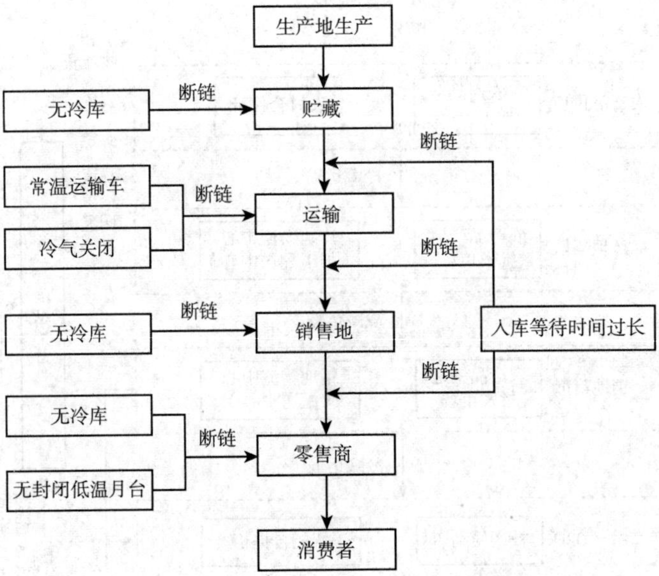

图 2-10　农产品冷链物流断链现象

2.4.5.2　生鲜农产品的保鲜技术、制冷技术水平较低

果蔬类产品在加工、贮藏、运输与销售环节中必须保持在低温环境中，抑制微生物的生长繁殖情况，有效减缓组织新陈代谢率。而当前，保鲜技术水平及贮运一体化品控技术水平较低，严重影响了果蔬的品质。肉禽类产品对控制低温的要求更高，要求达到的温度越低，冷库的成本投入也就越高。我国的冷库建设力度不足，冷藏运输车的数量较少，这些都是导致制冷技术水平较低的原因。水产品的出售方式以活体销售为主体，在鲜活水产品捕捞后，如果没有合适的保鲜技术及制冷技术，极易导致水产品腐败变质。

2.4.5.3　生鲜农产品加工库存管理不完善

生鲜农产品的种类多样，各品类的保质期、保鲜期、贮存所需的温度条件都有很大的差异。生鲜农产品的运营企业对各品类产品的数量、质量、进货日期等库存信息往往不能及时了解，造成信息不透明的现象。生鲜农产品的市场需求也随着季节的变动而波动，旺季和淡季的需求有很大程度的不同，运营企业不能准确地对市场进行预测，对库存短缺、库存过剩现象无法及时做出迅速的反应，常常导致供不应求或供过于求等供需不平衡现象的发生。市场预测精度的水平低下影响生鲜品经营活动的正常进行，供应商的供应计划也很难顺利开展。

2.4.5.4 相关技术人员操作不规范

我国现代化物流处于起步阶段，各方面技术条件尚不成熟，缺乏专门的生鲜农产品冷链物流技能的培训。物流技术人员的专业化操作水平较低，在运输、配送、货运代理等领域，许多冷链物流工作人员缺乏专业的技能，其独立处理冷链物流问题的能力较弱。仓库主管人员缺乏物流管理方面的知识，无法合理地调度企业的运货车辆和人员，对进出货业务也无法做出详尽的规划，行车路径的安排也无法保证最优化。配送中心主管人员要求具备综合知识与技能，而相当一部分人员缺乏物流基础知识、营销知识和 IT 技术，对生鲜农产品冷链物流具体业务操作流程认知不足，对物流信息系统出现的难题也很难及时做出诊断和处理[33]。

2.4.6 农产品冷链物流运作风险防范

2.4.6.1 农业部牵头，引导产销双方交流合作

在鲜活农产品多环节物流运输模式的打造过程中，当地农业部门应该做好牵头和引导作用，积极倡导批发农户、大型农场主与运销商之间的广泛交流与合作，逐渐形成放开产地批发市场的农产品引进的环境，采用打造农业销售绿色通道的方式建立产地批发市场与销售地批发市场的对接链条。

在销售地批发市场基地建设工作中，强调对于超市、农贸市场、销售点生鲜冷藏保障系统的基础性条件建设，保障农产品冷链运输在最后的环节不出现质量问题。建立恰当的物流节点，利用本地区良好的区位交通条件优势，满足农产品运输的需要。其中，当地政府应该充分发现本地区农产品资源丰富的优势，发展特色的农产品冷链加工与销售产业。利用农产品冷链物流配送中心发展优势地区，对其农产品销售运输行业进行扶植，制定强有力的经济刺激政策，从而满足物流运作标准的现实性需求。

2.4.6.2 提高物流效率，建立标准化物流冷藏体系

针对生鲜农产品的易腐蚀问题，应该开展标准化物流冷藏体系建设工作，通过增强物流运输的组织化程度，减少流通环节的方式，解决生鲜产品的易损耗问题[34]。建立更加科学和完整的生鲜产品质量追溯体系，解决农产品运输过程中存在的地域性和周期性问题。

通过优化冷链基础设施条件的方式有效地减少由于季节性因素和地域性因素造成的产品易变质问题。在物流运转风险防控活动中，技术人员应该做好供应链体系优化工作，采用更加先进的信息化交流体系进行货源组织中物流环节的遥控指挥，及时地解决物流环节中可能存在的调度障碍等各种问题。打造农产品运输的稳定低价体系建设工作，可以显著

降低物流运输活动中产生的各种损耗问题，确保农产品供应的稳定性提高，保障物流运作中的农产品质量安全；应倡导更加合理的生产计划，以满足农产品冷链物流流畅销售的目标追求。从货源组织体系建设出发，技术人员应该做好商品加工工作；从规范化生产和标准化冷藏型食品加工的角度出发，实现现代化仓储配送中心完整销售体系的建设。

2.4.6.3 强化信息管理，提高物流运作科学调配效率

对于保鲜储存标准要求下的农产品，技术人员应该从提高装修搬运的工作效率入手，建立全天候农产品检查制度，安排专人负责检查冷藏保鲜农产品的储存状态。在冷藏保鲜状态下建立全过程冷藏标准执行下的货物运输体系，满足批发环节和零售终端作业的科学性规范需求。

建立科学的农产品冷链物流安全评估体系，对于有效规避冷链运作风险有重要意义。建立安全评估体系的重点是要对货物运输的信息进行采集，根据物流运输信息的更新情况建立科学的产品运输与销售的反馈机制。在冷链物流选择评估方法活动中，需要对物流系统中的多个环节进行评估。其中，技术人员应该对冷库的控温设备进行检测并且确保搬运设备和检测设备的使用正常。检查送货车辆的密闭效果，并且推行完成程度更高的绩效管理使用方案，实现物流运输系统的完整性建设。在农产品冷链安全检查活动中安排具有专业资质的工作人员对冷藏状态下的农产品品质进行考察。对现有的农产品保鲜方法和保鲜技术进行升级，认真开具农产品状态质量的证明文件，并且对供应商的能力和信誉做出评估，实现对零售商检验检测技术的责任担保[35]。

第3章　农产品物流运作与供应链风险管理

3.1　农产品物流运作风险

供应链运作风险是指对一个或多个供应链成员产生不利影响或破坏运行环境，使得达不到供应链管理预期目标甚至导致供应链失败的不确定性因素或意外事件。物流运作风险一般可以理解为，在物流运作过程中潜在的、可能发生的、导致经济损失的事件。对于物流运作风险的量化，大多利用在某种战略下企业所得与损失概率分布的差额来描述。在农产品物流运作过程中，如何通过可靠、有效的方法，对于已知的风险因素、可能的风险概率以及风险可能造成的危害进行量化，进而采取措施预防、减弱甚至消除农产品物流运作过程中的风险，降低生鲜农产品配送过程中的损耗，是众多农产品物流配送企业一直关注的焦点问题。在农产品物流运作过程中，存在的风险可以归纳为价格风险、信息风险、利益协调风险、质量安全风险、金融风险以及物流风险等多个方面。

3.1.1　农产品流通成本波动风险

农产品流通一般要经过产地收购、中间运输、销地市场批发和终端零售等多个环节，而能够实现“农超对接”流通模式的还相对较少。根据《经济日报》2022年公布的数据，我国农产品流通成本一般占总成本的40%左右，其中鲜活产品及果蔬产品要占60%以上，而国外发达国家物流成本一般控制在10%左右①。农产品的涨价，主要原因是流通环节上的层层加价导致了流通成本过高。然而就我国农产品流通的现实而言，这些流通成本在短期内又是难以通过市场行为来压低的。

3.1.1.1　制度性成本

我国农产品流通成本过高的根本原因在于我国的农产品流通体制缺乏制度化保障和支撑。“小生产，大市场”的流通体制，分散的农户与市场之间缺乏有效的连接，农民专业

---

① 光明网. 补齐农产品“最初一公里”短板［EB/OL］.（2022-07-29）. https://m.gmw.cn/baijia/2022-07/29/35917504.html.

合作社数量少、组织化程度低，流通基础设施建设相对滞后，农产品流通的垄断行政管辖和市场割据，相关法律法规的滞后、没有建立完善的农产品信息服务平台而产生的信息不对称、游资流入投机炒作农产品等，都导致农产品流通中的制度性成本过高[36]。

3.1.1.2 物流成本

农产品流通的每个环节都会发生运输、包装、搬运装卸、储存、加工等物流成本。虽然现在各地开通农产品“绿色通道”，但真正建立专门的农产品运输通道是非常难的。从农产品的产地运往农产品销售地过程中的运输费、维修费、保险费等都构成了流通成本。我国农产品流通基础设施相对落后，物流技术落后，物流成本居高不下。此外，我国农产品物流以常温物流或者自然物流为主，冷链物流较少，冷藏保鲜技术落后，流通过程损失很大。同时，由于不合理的包装及储存条件的不足，也会造成相当一部分损耗，损耗费、包装费这些都要纳入农产品的流通成本。

3.1.1.3 市场管理成本

绝大部分农产品要进入批发市场、集贸市场或者超市进行销售，需要缴纳市场管理费(摊位费)、交易费、进场费之类的各种费用。这些费用在农产品全部流通成本中也占了很大比重[37]。

3.1.2 农产品市场信息不对称风险

农产品市场信息不对称是指农产品市场上卖方与买方对于有关交易对象的农产品内在质量、性能、价格等信息掌握是不对称的。目前，我国农产品市场信息不对称现象，主要是由以下原因造成的：

（1）农产品本身的特点造成了市场的信息不对称。农产品质量具有搜寻品、经验品和信任品的特征。农产品的颜色、大小、光泽、形状等质量特征可以在消费者购买之前就获得，这些特征是农产品质量的搜寻品特征；而农产品的鲜嫩程度、口感、味道和烹饪特征等方面的信息在消费之后才能获得，这方面构成农产品质量的经验品特征；农产品质量的信任品特征主要涉及食用安全和营养水平等方面的特征，如激素、抗生素、农兽药残留、病菌含量、化肥使用残留以及环境污染对农产品质量造成的影响等，而这些信息在农产品消费后也不能准确获得。农产品的经验品特征和信任品特征就造成了农产品市场的信息不对称。

（2）我国目前农业生产的分散化、小规模化、低组织化使单个生产者缺少发送产品质量信号的激励，进一步造成了我国农产品市场上的信息不对称。农产品的经验品特征和信任品特征造成了农产品市场的信息不对称，信息不对称则会造成逆向选择，这就需要优质农产品的生产者、经营者将其经验品和信任品质量信号传递给消费者，从而改变这种现象。但目前我国农业生产呈分散化、小规模化、低组织化，单个生产者如采取措施发送质量信号，将会使其边际成本远远大于其边际收益。这样，农民在生产过程中没有发送质量信号的激励，从而消费者在购买农产品时缺乏获取经验品和信任品信号的途径，这样就进一步造成了我国农产品市场上的信息不对称。

（3）我国农产品市场体系的不健全，加大了信息的不对称。成熟的市场体系应该具有价格发现功能和信息引导功能，也就是说成熟的市场体系应当具有优质优价机制和减少信息不对称的功能。但是，目前我国农产品市场还不具备这些功能。其主要原因：一是我国农产品质量检测体系不健全，只能完成一些简单的检测项目；二是批发市场规则不健全，功能不完善；三是农产品零售市场建设滞后。农产品市场体系不完善是农产品优质优价机制不能够形成的最直接的有形方面的因素。优质优价机制不能够形成就会加大农产品市场的信息不对称[38]。

3.1.3　农产品物流各方利益协调风险

有专家认为，农产品价格的上涨能够提高农民收入，进而促进农民种植农产品的积极性。但也有一些专家表示，农产品涨价的主要受益者并不是农民，农产品涨价的利润很大一部分都被中间流通环节“截走”，真正从事农业生产的农民所获收益并不多，因此产生了利益协调风险。主要有以下几个原因：

（1）农产品产业链分散，流通环节过多。我国农业分散的小农经营模式的特点导致了农产品产业链太分散，因而在农产品流通过程中，需要经过多重流通环节。而每个环节都要截留一部分利润，自然增加了整个流通环节在整体利润中的分成。

以粮食的流通为例。随着粮食购销市场的放开，现阶段农村粮食流通渠道呈现多样化的趋势。但是由于农村商品化、市场化发育还不够快，农民组织化程度低，间接运销仍是主要渠道。而由于国家近几年对粮食的补贴主要集中于流通领域，这就吸引了更多的经营主体加入流通环节中。原来由农民直接将粮食卖给国家，现在则更多地卖给中间商，甚至许多国有粮食企业也是委托中间商收购粮食。从小批发商到收购大户各环节层层加价，提高了粮食价格，从而剥夺了农民应得的利润。

（2）我国产区销区分割，农产品流通费用和隐性成本过高，抬高了农产品的终端零售价。农产品流通中的流通费用和一些隐性成本过高，明显抬高了农产品的最终零售价。

（3）分散的农民在市场竞争中缺乏谈判能力。当前国内农产品产业链分散、流通环节多只是问题的表象，而其实质是农民生产规模小、经营分散以及农民整体处于产业链的弱势地位。我国农户太弱小和分散，农民处于弱势地位，面对强大的流通环节，缺乏谈判能力。而在农产品流通体系中，有不少类型的运销商在流通中大获其利，完全脱离农业生产，成为专业地道的运销商。在市场行情不好时，为保证自己利益不受损失，就以极低价格收购，将风险转嫁给农民；即使在行情好时，农民所得也比不上运销商所得。此外，还有一些中、小型企业凭借垄断地位，在流通中截流农民应得的利益。

（4）农产品储藏、保鲜能力不足，挤占了农民的获利空间。大多数农产品容易腐烂变质、遭受病虫害，这些特点决定了农产品储藏需要较大的资本投入和较高的储藏技术。一方面，我国农民的农产品储藏能力低下，一般都是简易储藏，这也直接降低了农民参与农产品价格谈判的能力；另一方面，流通过程中，由于缺少有效保鲜储存方式，农产品从产到销损耗大，运输风险高，这也会导致流通费用提高。这些流通费用自然加在农产品价格中，增加了交易成本，挤占了农产品生产环节的利润空间[39]。

3.1.4 农产品质量安全风险

（1）农产品流通系统组织结构不合理是导致农产品不安全的重要原因。20 世纪 90 年代，政府为了解决市民的吃菜难问题，统筹规划建设市场。市场形式多为“三边”市场（河边、墙边、路边）摊位制。1995 年后，“三边”市场退路进厅，但是经营人员经营方式变化不大。多数批发市场、集贸市场仍然以摊位式的经营方式为主，管理上采取收取管理费和摊位费的办法。农产品流通系统社会组织化程度低，参与个体多，流通过程中间环节多，经销商信誉差。出于自身短期利益考虑，市场经营者会纵容生产者，甚至会与生产者勾结起来损害消费者的利益。因此产生了一些难以解决的问题，如全社会关注的农产品安全问题。多年来自然形成的农产品流通方式以保证供给、解决市民吃菜难为主要目的。这种农产品流通方式已经不适应以保证农产品质量安全为主要目的的流通方式。

（2）农产品流通系统内部利益分配不合理是导致农产品生产不规范的重要原因。一直以来，农产品流通系统内利益分配不合理。农产品经销环节多，农产品经销商的利润占全部利润的份额较大，农产品生产者的利润只占小部分①。从深层次讲，市场经济时代，流通（交易）模式在一定程度上影响并决定着生产方式。农产品流通系统内利益分配不均，损害了农产品生产者再生产的能力，这又从根本上影响农产品生产的规范发展。同样，生产者的不规范生产，也损害了经销商的利益，殃及无辜的农产品消费者。

（3）农产品流通系统中间环节多导致农产品价格失真。农产品流通系统中间环节过多，会导致信息从消费终端向农产品生产者传递时失真并且逐级放大。这种信息扭曲将会导致农产品生产的经济损失，导致农产品价格大起大落，给消费者、生产者都带来经济损失。

（4）现行的农产品流通方式无法与正在构建的农产品安全体系相连接。近年来，政府有关管理部门不断强化监控、监测、监管工作，但当前农产品流通系统结构不合理的局面

① 李圣军．农产品流通环节利益分配机制的实证分析［C］//全国中青年农业经济学者年会．中国农业经济学会，2010.

仍然没有得到彻底扭转。政府监督成本高、难度大、效果差，问题商品屡禁不绝，这与农产品流通系统不规范的运行有密切关系[40]。

3.1.5 农产品供应链金融风险

3.1.5.1 农产品企业风险

农产品企业风险主要是指中小型农产品企业的信用风险，主要包括以下三个方面：一是企业的信誉度，有些信誉度低的企业在提取质押物时以次充好、提好补坏，从而造成了农产品质押物的质量风险；二是货物的合法性，主要是指货物自身以及购入渠道的合法性；三是企业的未来发展潜力，物流金融作为一种新兴的融资方式，面临的客户以中小型农产品企业为主。中小企业最大的特点是具有未来发展潜力，即使现阶段的发展处于低谷，但是如果通过融资等手段开发出中小企业的发展潜力，可能会帮助其快速成长。

3.1.5.2 农产品质押货物风险

在农产品物流金融业务中，农产品质押物的风险主要表现在以下四个方面。一是品种的选择。某些农产品可能因季节性、及时性而在质押期间变质，且市场价格、销售状况等都会随时间发生变化，从而造成质押农产品变现能力改变，这些都将给物流企业的监管和风险控制带来很大的困难，因此并非所有的农产品都适合作为质押物。二是质押货物价值的评估。假如物流企业不具备专业的价值评估技术或不具备完善的价值评估系统，就会造成质押物的价值和信贷金额不一致，这将会使物流企业的贷款回收存在极大的隐性风险。三是市场价格的波动。由于市场价格的波动和金融汇率的变化，质押物的价格会随时发生变化，从而改变质押物的变现能力。例如农产品在质押期间，市场价格的大幅下降会导致贷款额高于质押物价值，使货主企业产生赖债的动机，从而使物流企业的物流金融业务面临很大的风险。四是质押物的安全。质押物在储藏期间存在着变质、盗窃、超额损耗、火灾等方面的安全风险。

3.1.5.3 物流企业操作过程风险

物流企业操作过程的风险主要表现在以下三个方面。一是质押物库存数量控制不合理。如果物流企业没有恰当地控制质押物的储存数量，或者在进出库过程中出现质押物以次充好，就将给物流金融业务造成很大的风险。二是仓单管理不善。仓单是保管人收到仓储物后给存货人开付的提取仓储物的凭证，它既是一种有价证券，同时也是一种物权凭证。如果在物流金融业务中出现了伪造仓单的现象，那么物流企业将会面临很大的风险。三是商品监管风险。质物在库期间由物流企业负责质物的监管，物流企业必须保证质物的安全，要对质物的毁损、灭失承担责任；在质物循环进出库的过程中，物流企业负责质物的安全库存控制，质物信息在银行与仓库之间传递，信息的失真或滞后都会导致银行或仓库决策的失误，从而造成质押商品的监管风险。

3.1.5.4 物流企业内部管理风险

物流企业内部的管理风险主要体现在是否有合理的组织机构设置、员工的素质能否满足物流金融业务的要求、是否有完善健全的管理和监督体制、管理层决策错误或偏差带来的风险大小等。绝大部分中小型物流企业的财务管理制度不健全，致使中小型物流企业的诚信度大大降低，也将增加其向银行贷款的难度。除此之外，由于物流企业员工素质参差不齐，企业还面临内部欺诈的风险。

3.1.5.5 外部环境风险

农产品物流金融业务涉及的参与方众多，而且各参与方都牵涉到农产品质押物的所有权问题，因而容易因质押物的所有权问题产生纠纷。由此可见，物流金融业务的有效开展离不开法律法规和相关制度。首先，由于我国缺少统一公开的物权公示性备案系统，缺乏高效统一的物权登记制度，而且业务纠纷处理的执行效率低、成本高且存在着很多不可预见的因素，一旦出现物流违约现象，金融机构和物流企业将面临着很大的风险。其次是行业环境风险，我国还处在物流金融业务发展的初级阶段，面临着各种亟待解决的问题，例如各业务参与方之间缺乏必要的信息共享，业务操作流程杂乱且标准不统一，仓单的书写格式与条款的标准不统一且缺乏流通性等。最后是宏观环境风险，它是影响物流的重要因素之一，主要包括国内外经济环境因素[41]。

3.1.6 农产品物流相关方风险

一般来讲，与农产品物流相关方的风险主要来自以下几个方面。

3.1.6.1 与承运人之间可能产生的风险

与承运人之间产生的风险主要包括三个方面。一是，物流安全性风险，即农产品可能损坏或者灭失所带来的赔偿风险。安全性风险主要发生在农产品物流的运输、仓储、装卸搬运和配送等环节。发生安全性风险的原因是多方面的，既可能有主观因素，比如装卸过程中工人的过于粗暴、玩忽职守等，也可能是一些无法抗拒或是偶然性的客观因素，比如天气原因、战争、车祸等。二是，时滞带来的责任风险，即由于各种原因农产品没有能够按时送达，托运人/收货人可能因此而要求赔偿或是拒绝接收承运农产品所带来的风险。农产品由于其自身的特点，一般都是生鲜易腐，因此一旦运输延误极有可能会造成严重的后果。三是，发错货物所带来的风险，这主要是由于农产品物流管理人员的疏忽所造成的。这种事故产生后托运人/收货人一般都会根据协议要求相应赔偿，即便不要求赔偿也会要求重新发货，同样也会带来成本增加的风险。

3.1.6.2　与社会公众之间可能产生的风险

对于社会公众而言，农产品物流运作产生的风险主要是外部性风险，包括环境污染和交通事故等。环境污染风险一般来讲是比较小的，主要针对一些比较特殊的农产品会有一些不容忽视的环境方面的风险。交通事故风险指的就是在农产品物流运输过程中车辆发生交通事故所产生的风险。在农产品运输过程中发生的事故，其民事责任应该由承运人承担。

3.1.6.3　其他风险

其他风险主要包括三个方面：

（1）货物运输量变动的风险。农产品物流是为农业服务的，农业所提供的农产品是农产品物流业发展的基础，而农业受气候等自然条件的影响大，具有很大的波动性和不确定性。在不同的年份，农产品的产出量可能会有较大的波动。在丰收的年份，农产品产量丰富，固有的农产品物流体系可能不足以提供相应的物流服务，会出现物流紧张的问题；而在歉收的年份，农产品产量减少，已经形成的物流体系则又可能会被闲置，给农产品物流企业带来损失。

（2）农产品变质的风险。农产品物流是一个对保鲜、储藏有着较高要求的行业。在运输过程中，生鲜农产品极易变质，这给物流企业带来了极大的挑战和风险。如果货物运输过程中发生了变质，则托运人/收货人必然会要求相应的赔偿，这将给物流企业带来损失。

（3）农产品集聚困难带来的风险。我国农业仍以分散经营为主，大量的农产品都是由分散的农户生产出来的。将分散的农产品进行集中是一件非常不容易的工作，而这些工作很多时候都是由农产品物流相关人员和设备进行的，因此将这些极易腐烂变质的农产品集中起来对物流企业而言存在着很大的风险[42]。

3.2　农产品供应链风险管理

3.2.1　农产品供应链风险管理概述

3.2.1.1　供应链风险管理及风险识别方法

供应链风险管理是指整合与管理供应链中的组织，最大限度地降低风险，并通过合作性的组织关系、有效的业务流程和高水平的信息共享，降低终端发生风险的可能性。供应链风险管理通过与供应链成员的协作，采用风险流程工具识别、评估供应链内外部风险，并建立包含监控与反馈机制的一整套系统而科学的管理方法。对于农产品供应链风险管理，需要通过识别影响农产品供应链的风险因素，提供有效控制农产品供应链质量安全风险的途径，保障企业提供的农产品满足消费者要求。

供应链风险管理分为供应链风险识别、供应链风险评估、供应链风险的控制与预防3个步骤，在各个步骤中要应用相应的方法和工具。

（1）供应链风险识别。供应链风险识别是风险管理的第一步，它是指对供应链所面临的和潜在的风险加以判断、归类和对风险性质进行鉴定的过程。即，对暂时没有发生的、潜在的和客观存在的各种风险因素，进行供应链风险的识别和归类。

风险识别的主要方法有供应链流程分析法、历史分析法、情景分析法、财务报表分析法等。风险识别的技术和工具主要有风险核对表、供应链运作参考模型、因果树和故障树、数据挖掘技术等。这些方法和工具在用途上各有千秋。

（2）供应链风险评估。供应链风险评估主要是对各风险因素进行分析，计算各风险指标的风险值和权重大小，为企业后来制定风险防范措施提供依据。

（3）供应链风险的控制与预防。规避风险的方法包括：供应链上下游的垂直整合；增加库存和缓冲库存；保持一定的多余生产，存储处理和运输能力，以及和供应商签订契约增加供应商的责任等。

3.2.1.2 电子商务环境下农产品供应链风险识别

农产品供应链较长，涉及多个对象，一条完整的供应链涵盖了农产品生产商、经销商等，链条中最后的环节为消费者，其涵盖的多个环节之间具有较大差异，而且供应链环节较多，各个环节有着独特的特点，导致生鲜产品生产链的管理面临着巨大的困难。供应链的管理与所涵盖的环节息息相关，供应链所含环节越多，越难以管理和控制其风险，导致存在巨大的风险隐患。供应链风险控制为其管理过程中最为关键的一环。

以最常见的B2C为例，在B2C模式中，农产品供应商和消费者借助于网络完成与农产品交易相关的所有环节。B2C模式可以发生于农产品加工企业与消费者之间，产地市场批发商与消费者之间，销地市场批发商、零售商与消费者之间，如图3－1所示。

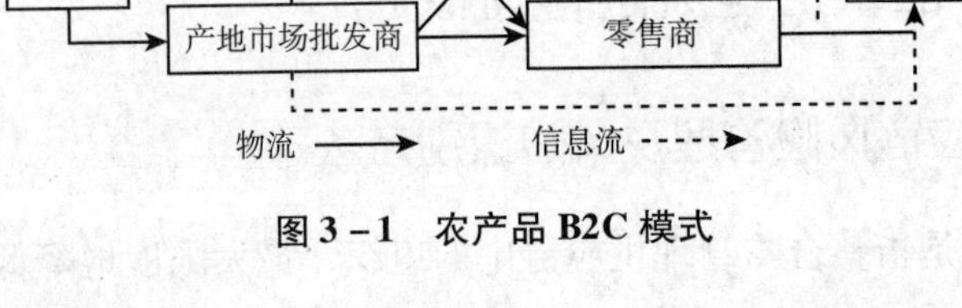

图3－1　农产品B2C模式

目前，我国电子商务环境下农产品供应链存在的不足主要有：供应链环节过多，冷链配送成本高昂；购物界面不够亲和，农产品信息传递载体及公共信息预警平台还不够完善；核心电商对供应链的控制能力低；农产品难以标准化；网站销售方式混乱；缺乏质量监管。

在电子商务环境下，以生鲜电商为例，农产品供应链的整个流程是从初级农产品采购到配送到消费者手中的过程，供应链风险存在于生产、加工、配送、销售各个环节中的质量安全、电商技术平台、物流配送、企业管理等方面。

3.2.2 海产品供应链风险管理

海产品作为一类特殊的农产品，从供应链风险管理的角度来看，对于海产品中小型批发商来说，其利润更是受到风险大小的极大影响。例如，在购买阶段，海产品质量风险直接影响收入和成本耗损；养殖过程中，赤潮可能直接造成海产品的大面积死亡；销售过程中，无及时、固定的销路只能让海产品白白大量耗损。

3.2.2.1 海产品供应链风险因素分析

（1）海产品供应链上游风险。海产品供应链上游风险相关的影响因素主要有海产品的数量、质量、价格以及与代理商的合作风险。并且由于海产品的特殊性，对于中小型批发商来说，往往会遇到“有钱没货”和“有货没钱”的窘境。

首先，众所周知，随着城市化的快速发展和人口数量的增长，海洋污染日益严重，入海流域周边的生活污水、工业废水、石油产品泄漏、海上石油开采、海水养殖的添加剂对我国近海造成了严重的污染。以渤海为例，随着环渤海经济的发展和港口建设的加快，渤海船舶往来数量和密度提升，海上倾废、港口及船舶排污对渤海环境尤其是近海岸造成了严重影响[119]。而近年来越来越严重的海洋污染导致海洋生态系统遭到严重的破坏，一些海产品的产量急剧减少，甚至一些鱼类种群灭绝。海洋污染的愈发严重影响了海洋生物的生存环境，导致海产品供给数量逐年减少。而海产品市场本身是一个典型的卖方市场，参与竞争的批发商越来越多。在消费者对海产品相对平稳的需求下，对于中小型的海产品批发商而言，总供给量在减少，竞争者却越来越多，由此产生供应不足的风险。

由于海洋污染的日益严重，海产品的质量越来越受到大众的关注，因为一些污染物如农药、放射性物质、重金属等会在海洋生物体中富集，通过食物链进入人体，危害人类的健康。随着海产品质量安全事故的频发，海产品质量检测越来越严格，一旦发现海产品不合格，海产品批发商将成为直接受害者。同时，海水污染导致海产品没有良好的生存环境，更容易死亡，导致批发商面临较严重的海产品质量风险。

其次，批发商还面临海产品价格波动的风险。大部分的中小型海产品批发商以散户为主，在面对供小于求的情况下，很难取得较大的主动权。对于小规模的渔户而言，海洋污染导致的小供给量势必会提升海产品的出售价格。因此批发商面临的价格风险与供应商结构层级息息相关。价格波动往往使中小型海产品批发商面临“有货没钱”的窘境，从而导致面临较大的资金不足风险。

最后，对于大部分的海产品批发商，还面临着与代理商的委托代理风险。代理风险是指在资产所有权和经营权分离的状态下，由于委托人与代理人在目标、动机、利益、权利、责任等方面存在着差异，委托人具有因将资产的支配权和使用权转让给代理人后可能遭受利润损失的风险。

（2）海产品供应链运作风险。在生产运作阶段，批发商将面临物流、库存和运营三方面的不确定性。首先，物流运输作为海产品供应链中重要的一环，其面临的风险是不可避免的，并且由于海产品的特殊性，对物流运输的要求更是特别高，所以一旦运输途中出现较大的问题，将直接损害批发商的利润。其次，在海产品储存/养殖方面，批发商所面临的风险也不可忽视，大部分的海产品对水质要求比较高。但现今，我国四大海区近岸海域中，黄海、南海近岸海域水质良，渤海水质一般，东海水质差，我国公布的数据显示，2017～2021 年，我国海域赤潮共 241 次①，直接影响海产品的生存，造成批发商的直接损失。最后，在运营方面，由于外部环境的复杂性和变动性以及批发商对环境的认知能力和适应能力等自身局限性，容易导致运营失败或使运营活动达不到预期的目标。

（3）海产品供应链下游风险。供应链下游风险主要来源于销路、市场上海产品价格及需求变动、代销商以及竞争对手。海产品市场与普通商品市场的变动不一样，由于其产品的季节性，对市场的反应相对较为缓慢，导致海产品批发商面临较大的市场风险。并且对于一些高价值的海产品，需求受价格和消费者偏好的影响，很难预测未来的市场走向和把握未来的市场价格，增加了海产品的市场风险。

对于海产品中小型批发商来说，因为没有较固定的销售渠道和海产品需求的不确定性，导致怎样能在恰当的时间将海产品及时地销售出去，获得更高额的利润成为一道难解之题。假若在不恰当的时间销售了海产品，将可能导致“入不敷出”；或者时间恰当，但因为没有好的销路将海产品及时销售出去，而导致海产品大量耗损。

与代销商之间的委托代理关系也会带来较大的风险。批发商希望以较高的价格卖出更多的商品获得高额利润，代销商希望更快地获得更多的代理费，而并不关注销价。目标的不同产生了代理风险，如何设计一个共赢的代理合同是规避该风险的关键。同行业直接的价格竞争也可能直接损害批发商的利益。

（4）其他风险。除上述风险外，批发商还面临自然环境风险、经济环境风险、政策环境风险、信用风险、信息风险等。

从自然环境来看，近年来海洋环境的污染直接影响了海产品的品质，并且沿海地带作为台风和赤潮等自然灾害的多发区，对海产品的养殖造成了巨大的威胁；从经济环境来看，市场经济不景气时可能对海产品的销售造成影响；从政策环境来看，政府下达的“休

---

① 赵宁.2021 年中国海洋生态环境状况公报［EB/OL］.（2022－06－06）. https：//www.mnr.gov.cn/dt/hy/202206/t20220606_2738442.html.

渔期”政策，可以缓解过多渔船和过大捕捞强度对渔业资源造成的巨大压力，遏制海洋渔业资源衰退势头，增加主要经济鱼类的资源量。

3.2.2.2　海产品供应链风险控制

目前捕捞型海产品供应链所面临的风险总体等级较高，对海产品批发商的利润造成了较大的威胁。为了增强其抵抗或者规避风险的能力，减少海产品批发商参与海产品供应链运营过程中的损失，从政府和批发商自身角度出发，可以从以下几个方面考虑海产品供应链的风险控制。

1. 对政府方面的建议

（1）完善海洋水质的预警机制。海洋水质的变化对海产品的数量和质量产生重要的影响，直接影响批发商的利益，而目前海洋环境的预警机制还不够完善，人们只能查询到政府发布的自然灾害信息，而无法提供准确的防灾信息，所以政府应该制定详细的风险预警预案，提高预警信息处理能力，准确准时提供影响海洋环境的灾害信息。

（2）构建海产品信息交流平台，完善信息共享机制。分散的中小型批发商无法准确地掌握市场供求、价格和政策的相关信息。政府应该构建海产品信息交流平台，方便政府和企业实时有效地发布反映市场上海产品行情的信息。

（3）完善和推进渔业政策性保险机制。目前大部分海产品批发商都没有参保国家的政策性渔业保险。其主要原因是宣传力度不够，大部分人并不知道有这类型的保险。所以首先，政府有关部门应当加大政策性渔业保险的宣传力度；其次提高保险赔付额度，使保险赔付额度足以弥补风险造成的损失；再其次，拓宽保险业务范围，减少无险可保的情况发生；最后，扩大保险覆盖范围，推进可保风险种类创新，适应市场发展的需要。

（4）大力发展推进海产品合作社的建立。海产品合作社是指海产品横纵向的相关企业以一定的契约为基础，整合各方资源，组成互利共赢的合作组织。而在构建合作社过程中，要注意加强内部管理、优化业务渠道、提升合作社在海产品供应链中的地位。

（5）加强服务和财政支持，为海产品供应链的运作提供良好的环境。例如，加强海产品供销所需要的基础设施建设，适度放宽融资政策，增加海产品的针对性补贴投入等。

2. 对批发商自身的建议

（1）不断学习专业知识，提高自身专业素养。大部分散户批发商专业知识缺乏，导致无法准确地辨识和预估风险的影响程度，并且经常由于决策不当造成巨大损失。所以批发商应该努力通过各种渠道去提高自己的专业素养，积极参加各种培训等；并关注各个平台所提供的各种行情信息，从中准确地总结出与自身相关的经验，提前预估风险，并将风险所造成的损失最小化。

（2）与供应链上其他方或者竞争对手建立合作伙伴关系。通过建立合作伙伴关系，达到资源和信息共享，取长补短。

3.3 农产品电商末端配送风险管理

在电子商务迅猛发展的今天，农产品的传统发展模式显然已经无法适应当前的市场需求。近年来，随着电子商务平台的发展和完善，农产品商业逐渐步入信息化的轨道。农业和电子商务的结合，正在悄然变革着传统农业的生产、经营和管理活动，农产品网上电子商务逐渐兴起。物流是电子商务由“线上”转为“线下”的桥梁，“最后一公里”的配送成为唯一直接能与用户接触的机会，顾客对产品的满意与否直接来源于其服务效果的好坏。同时，由于农产品自身属性、物流技术、运输成本等问题，“最后一公里”配送面临着诸多问题和挑战，导致农产品电子商务“最后一公里”配送成了开展电子商务的农业企业面临的瓶颈[43]。因此，研究如何在成本最低、效益最高的原则下，保证产品质量的同时，实现有效的农产品电子商务“最后一公里”配送是企业急需解决的关键问题。

3.3.1 农产品“最后一公里”配送

3.3.1.1 电子商务物流配送流程

物流配送流程是指把物流配送中一系列物流配送作业，按照一定顺序排列而成的连贯环节的集合。“最后一公里”配送处于物流流程的末端，是在前期一系列物流活动的基础上把商品送到目的地的最后一个环节（见图3-2）。是否能在规定的时间内将商品准时准确地送到用户手中，完成用户交接，不仅对物流企业而且对生产企业都有着极为重要的意义。

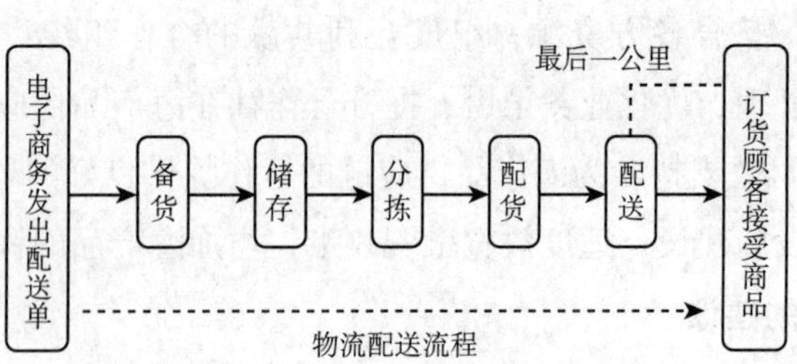

图3-2 物流配送流程示意

3.3.1.2 “最后一公里”配送的重要性

（1）“最后一公里”是电商企业形象最直观的展现。一方面，“最后一公里”的配送由于直接面对顾客，其效果直接影响到产品服务质量与配送时间效率，进而影响到企业的经济效益和市场发展，因而“最后一公里”的配送成为反映电子商务物流服务质量最为关键的一个环节。另一方面，在一定程度上，送货员代表着企业的形象，顾客对于产品和物流的满意度一定程度上取决于送货员的服务态度，不管送货员属于物流公司还是第三方机构，消费者记住的一定是电商企业。但根据目前总的情况来看，送货员无论是在素质上还是在服务意识上都还有很大的提升空间。

（2）“最后一公里”是电商企业统计数据的重要渠道。通过对顾客群面对面的接触可以收集大量有用的信息，通过对信息的统计和系统分析，可以全面了解顾客需求和市场导向，可以对采购、促销、退换货等环节做出合理的预期，从而对整个供应链环节进行调整和优化，实现企业利润最大化的目标。

（3）“最后一公里”配送具有广阔的市场前景。联邦物流曾经做过统计，终端配送的费用占物流总成本的30%以上，如何在有限的条件下优化物流的各个环节，充分调用社会资源，最大限度降低物流成本，对电商企业来说既是机遇又是挑战。

3.3.1.3 “最后一公里”配送的特点

（1）客户分散，配送各环节难以把控。生鲜电商的客户需求订单来自全国各个地方区域，所以“最后一公里”物流配送所面对的必然是量大分散、毫无固定规律的随机的人力密集型的送货需求，一旦到交通高峰期，阻塞和延迟甚至导致商品变质就不可避免。如果建立更多的配送中心，相应的固定成本则会随之上升，这是商家经营所考虑的一个重要因素。

（2）客户、产品自身对配送效率要求高，单位配送成本过高。配送及时性是生鲜电商对于配送环节极其重要的要求，基于客户体验的服务满意度也是企业配送系统必须给出的明确承诺。然而，当客户与生鲜商家的配送时间不能匹配，例如，货送到家门口但是主人有事出门不在家，就无法及时一次性送达，必然会造成二次配送，这就增加了单位配送成本。而如果把配送时间安排至消费者临近下班或者下班之后，则这个时间又会与下班高峰期交通拥堵相重合，抑或客户指定的配送时间恰逢货车限行时段，势必会造成配送不及时。

（3）便利性与经济性难以平衡。物流末端的配送是服务系统，它的必要性在于既要保证所提供的服务使客户方便地访问，也要使得某些操作的成本可以得以控制。末端物流的送货方式和送货时间必须有更大的弹性和柔韧性，能够满足各种客户的需求，提供及时、便捷的服务。但为了更好地迎合顾客需求，我们需要采用先进的信息处理、通信、定位技术，这将增加它们的分布成本。方便和经济作为分发要求，在实践中是很难平衡的。

（4）配送风险面大、环节较多。配送是配与送的有机结合，对于物流末端配送环节，既要把正确的货物对应地送到指定地点，还要在很短的时间内完成一定的工作量。在配送之前，还要快速准确地分拣、简单加工、包装货物、装卸货物、跟客户联系沟通等，这其中的每一个环节都依赖工作人员的细心谨慎以及配送系统优良的管理能力和技术水平。

3.3.2 农产品电商末端物流配送风险分析

3.3.2.1 冷链水平

农产品的天然属性，使得农产品具有时间和空间的限制，消费者对农产品的配送时间和配送质量提出了更高的要求，农产品的发展首先要解决的问题是冷链物流的建立。但就我国冷链物流的整体发展水平而言，冷链物流硬件设施陈旧落后、冷藏运输效率低、损耗浪费严重等问题制约着农产品电子商务的发展。因此，如何构建高效的农产品物流体系特别是冷链物流的发展已经成为电商企业新的热点问题。

3.3.2.2 人员风险

在农产品物流配送作业过程中的各个环节，从仓储保管人员、叉车搬运司机，到分拣员、包装员、装卸员、配送员，他们的工作行为规范程度和态度都是影响配送质量的关键因素，同时也是极有可能诱发客户体验下降甚至造成客户对服务感到不满意的风险因素。

（1）配送人员素质风险。作为一线员工，配送工作人员每天工作密度大、节奏快、环境恶劣，多数人员生活压力也较大，加上有的客户由于其他原因导致的收货时态度不够友善，各种原因综合导致配送人员对待客户态度恶劣。配送人员未遵守操作流程标准、休息质量不够高导致的个人工作状态不佳、身体不适或者工作时容易情绪化等行为，是配送过程中出现人员素质风险的主要因素。

（2）员工流失风险。物流配送属于劳动密集型行业，虽不需要专门技术，但对配送人员的体力和细致度要求较高，加上配送工作劳动强度大，需要体壮的年轻人，因此从业的大部分年轻人职业流动性很强，很多只是暂时落脚。经常性的员工流失对于企业来说，无疑是重大战略损失，企业不仅需要承担新员工的培训成本，还可能面临配送系统临时处于瘫痪状态的风险。

（3）交通事故风险及人员意外伤害风险。交通事故风险一方面指司机在配送行驶过程中出现的违章停车以及其他行为不规范或者违法操作等行为，另一方面也可能是由于对方过失导致的事故。一旦意外事故发生，一方面配送人员因交通事故致残或致死，企业须承担经济赔偿责任及家属安抚风险；另一方面延迟送货或者货物损坏、遗失等导致客户体验差，顾客的满意度降低甚至失去客户，会对企业声誉造成不良影响。可利用交通运输肇事事故发生的概率衡量这种风险的高低。此外，在物流运输配送过程中，工伤事故也时有发生，或因车辆出现故障，或因工作人员不当操作，因此还会存在员工意外伤害的风险。

（4）客户拒收风险。客户拒收风险是指因收到错发货物或者未按规定时间送货或者延迟送达导致生鲜货物受损变质等因素引发顾客不满，因客户拒绝签收所产生的需要二次送货的风险。

3.3.2.3 技术风险

越来越发达的科技手段，在为物流配送提供快捷便利服务的同时，也要承担越来越多技术层面的风险，体现出了物流硬件设备设施、信息系统以及物流企业整体运营受到信息技术和物流技术支持的巨大影响。具体包括相关配送设备的失修失效或年代久远的设施失灵等技术故障风险、配送车辆运输过程中的抛锚风险以及配送技术发展跟不上运营需求导致的设备更新不及时等多种风险。

3.3.2.4 操作风险

操作风险指仓储、搬运、装卸等物流环节操作过程中一些工作人员的人为不规范操作引起的风险。主要包括：仓库内叉车运输司机行驶不规范，车辆违停影响其他货物站位，不服从调度等行为；工作人员玩忽职守，甚至消极怠工等行为；分拣或者装卸员等工作人员不按规定进行作业，甚至野蛮装卸导致货物损坏抑或存在潜在的坍塌危险；仓储工作人员没有定时按规定检查库房温湿度控制设备是否正常运行、温湿度是否符合储藏环境标准，在配送前没有对生鲜货物进行规范化的标准检查等。其直接的后果便是错误配送、延时配送、货物损坏、用户体验下降等问题。实际中可以通过员工操作失误率来衡量操作风险。具体说来，操作风险有：

（1）设备故障。配送人员的通信设备、配送车辆、站点等都可能由于一些不可控制因素而发生意外故障情况。

（2）延时配送风险。生鲜商品严格要求配送时间和运输途中的保存环境，而一些物流公司由于人手紧、配送业务量大且区域广，加上严重的城市交通拥堵及其他不可测因素，往往会因未按约定时间交货而面临较大的损失补偿风险。

（3）货物误交风险。物流配送企业的主要职责之一是履行运单承诺，按运单上约定的交货时间、地点和方式交送指定收货人，但是在实际的物流配送至客户签收过程中，往往会出现突发事件，抑或配送人员节省验收时间，抑或收货人忘携带有效身份证件，往往略过查验核实有效证件凭证件取件这个步骤，而未经身份核对直接允许取货人签名取件，或者因为信息错误传递、工作人员玩忽职守麻痹大意，最后导致未按照约定交给正确的实际指定收货人，导致实际收货人的损失，这个时候物流企业就要承担赔偿的风险。

3.3.2.5 付款方式不灵活

很多电子商务顾客尤其是购买农产品的顾客，都希望自己购买的商品质量得到保障，在验完货的情况下才愿意给自己所需商品买单，因此他们想要得到送货上门、货到付款、无条件退货等增值服务，这就要求物流公司具备代收货款的功能。但是由于终端配送面对的顾客群较为零散，验货及付款往往会出现很多意想不到的问题，如何解决付款方式和顾客满意度之间的关系成为电商企业需要面临的一个较为重要的问题。

3.3.2.6 财务风险

首先是贷后还款风险。如果物流企业长期疏于管理应收账款，造成总额过大、结算周期过长等转化为呆账、坏账情况，加之市场需求本身的不稳定性，会给企业带来很大的资金管控风险，这不仅可能造成公司现金流断裂，增加风险管控成本，严重的甚至会影响企业的正常运营。除此，还有资金流动性风险和客户还款是否及时的风险。从实际情况来看，应收账款延迟了资金流入，流入与否和流入时间存在不确定性，这使得大量流动资金被占用，若是企业没有其他的资金流入源，将致使企业资金周转困难。

同时，就“最后一公里”的配送而言，所面对的市场需求是“多品种、少批量、多批次”的，配送地点呈现零散分布状态，顾客对配送接货时间往往也有明确的要求，为了不影响送货的及时性，需要招聘更多的送货人员进行配送，加之所需要的交通工具和燃油等费用，这都大大增加了物流的成本。

3.3.2.7 信息传递风险

信息传递风险包括包裹跟踪信息传递的及时率、准确率，系统安全以及信息更新反馈的及时率。包裹信息在传递过程中延误或出错，会影响货物配送，造成迟延甚至错位配送。许多物流企业配送信息体系复杂，一些操作错误在手工操作过程中难以避免，且配送效率也会非常低下。因此海量的信息需要通过先进的系统化网络设施来处理，这种处理能力越来越被视为现代互联网企业的必备能力。

农产品物流信息流动于各个环节之间，是农产品物流活动内容、形式、过程以及变化的反映，保障整个农产品物流活动顺利进行。但在我国目前的农产品“最后一公里”配送的过程中，由于采用的信息技术不够先进，无法对产品和车辆的状态进行实时的追踪，也无法对没有配送完的货物及时把握、及时调配车辆、及时满足顾客需求，容易出现配送延误、农产品质量下降等问题。

3.3.2.8 管理风险

目前国内大多数第三方物流配送企业管理水平一般，采用的是较为传统的运输管理模式。物流配送中心正在逐步利用现代化科学技术从传统经营方式过渡到现代交易方式进行网络化电子交易，如果参与管理的单位缺少相应的冷链物流管理实践和经验，会导致处理不科学、管理不规范、交易混乱等一系列问题。这些问题主要体现在外界投诉引发的企业声誉及形象受损风险、内部管理失控导致的衔接过程中断风险、网点覆盖率低导致的顾客流失风险，以及增加高昂成本的风险。

3.3.2.9 外部风险

（1）自然灾害风险。近年来世界各地频频发生的地震、高温、低温、雾霾、旱涝、寒潮、台风、雪灾等自然灾害都可能破坏或改变物流运输路线，导致货物无法按时送达或者送达前就已损坏，也可能会因温度的变化导致商品变质。

（2）经济波动。经济低迷，大范围的经济波动导致的经济不景气等一些宏观因素会导致短时间的居民消费水平持续走低，以及一些生产型中小企业停产甚至倒闭，最终还会导致电商发展出现短暂性停滞现象。

3.3.3　农产品电商末端配送风险评价体系

3.3.3.1　风险评价指标选取原则

通过风险类型的构成，风险评价指标的选取将按照以下几个原则进行：

（1）全面性原则。首先，全面分析总结研究对象及过程，并识别物流末端配送安全的各类风险影响因素，然后进行分门别类，在分类时既要对比分析各种模式下生鲜农产品的物流配送风险，又要综合考虑各种宏观、微观因素，这样才可能全方位反映生鲜电商末端物流配送所面临的风险。

（2）重要性排序原则。物流配送所面临的风险是多种多样的，这使得在选取风险探究指标时具有任意性和复杂性，在指标选取的过程中应当遵循重要性排序原则，选择对象、数量要恰当，优先选取更重要的影响因素作为指标。

（3）科学系统性原则。选取客观指标时要基于调研等科学方法，确保所选取的风险指标既是相互独立的，没有重复交叉，同时又具有互补性；选取指标时不能主观臆断，要使所选取的指标能够系统全面地反映实际配送的风险程度，做到通过设计科学合理的风险指标评价体系来全方位、多角度地评价和预测物流“最后一公里”末端配送风险。

（4）现实可操作性原则。在综合考虑专业配送工作人员和冷链管理相关人员等第一接触人员的经验的基础上选取评价指标，尽量避免因理解差异导致操作分歧，同时也要参考调研专家人员对于指标的建议和理解。设置指标描述时，既要准确，又要简洁明了，还要具有实际可操作性。

3.3.3.2　风险评价指标体系的构建

结合以上分析及风险评价指标构建原则，建立末端物流配送风险评价指标体系，如表 3－1 所示。

表 3－1　　农产品电商末端配送风险评价指标体系

农产品特殊性风险	过保质期或损坏
人员风险	配送人员素质
	配送人员流失
	交通事故
	客户拒收

续表

农产品特殊性风险	过保质期或损坏
操作风险	设备故障
	货物误交风险
	延时配送
财务风险	贷后货款
	资金流动性
	返款及时率
信息传递风险	包裹跟踪信息传递及时率
	包裹跟踪信息传递准确率
	系统安全
	信息更新及时率反馈
管理风险	快递服务契约规范性
	配送中心运营稳定性
外部风险	自然灾害
	经济波动
	行业政策法律法规

3.3.4 生鲜电商末端物流配送风险评估模型

在大数据、互联网时代，农产品物流服务企业增值服务和供应链影响因素均较多。物流过程环节多而复杂的情况下，要求物流企业必须具备一定的识别、了解风险和加强风险控制的能力来降低错发漏发、途中变质、货损、遗失、延误等风险事件的发生。如此一来，物流配送风险评价环节显得必不可少，在这个环节中，物流企业基本能够做到识别出各个方面的风险因素来源，较为科学、全面地认识自身的风险状况，加强风险防范意识，查漏补缺，采取相应的措施回避或者尽可能降低影响程度较大的风险因素发生的概率。

结合层次分析法与模糊综合评价法，取长补短，利用多目标数据处理技术处理物流企业遇到的海量定性和少量定量信息，将决策的思维过程数字化，最终清晰地、系统地判断和分析预测农产品物流企业可能遇到的各种非确定性风险因素。

目前风险识别的方法有很多，但是每一种方法都有其应用前提假设条件、目的性、适用范围以及优劣势。常用的风险识别方法及其特点如表 3－2 所示。

表 3－2　　常用的风险识别方法

风险识别方法	含义	特点
德尔菲法	团队成员发表多轮匿名意见，靠趋于集中化的专家组成员经验评判事物	一般采用多轮互不交流背对背的通信方式，征询并汇总多位专家小组成员的预测意见，简单易实施，且判断的准确率较高
头脑风暴法	群体无限制地即时自由联想和自由讨论	可避免“群体思维”的趋同性弊端，保证群体决策的创造性，会议气氛相对轻松融洽。但是可能会出现效率低下的状况
风险核对表法	基于以前类比项目及其他信息等信息编制风险识别核对图表，并按风险来源进行排序，逐个分析可能存在的风险	简化了风险识别工作，具有较大的掌控度；但受主观因素影响较大，对单个风险的具体来源描述不足，判断决策对于专家的知识和经验的依赖性较强，没有有效揭示风险来源之间本质的相互依赖关系，存在遗漏关键风险因素的可能
故障树技术分析法	将一些大故障通过图解分解成小故障，然后进行分层次辨识	图解较为形象，化大为小，使得风险更容易被识别
工作分解结构法	将风险探究项目按一定原则分解成各个小任务，将其分配到每个人的日常活动中	可以清晰地分析和了解各环节之间存在的风险情况、相互联系以及目标项目风险所处的具体环节
情景分析法	通过事先分析安排各自的任务，对预测对象可能出现的情况或引起的后果做出情景模拟再现分析	前提条件是预知并掌握到某种现象或某种趋势将持续发生到未来，可用来设想或预计预测对象的未来发展，该方法多用于投资风险识别领域
图解法	将目标项目运行可能存在的风险通过图解的形式逐层分解，尝试找出各种风险的具体形态	通过该方法可以清晰、全面、系统准确地判明所承受风险的具体形态来源、性质、严重性以及未来发展趋势，能够迅速地认清目标所处的风险环境并做出适当的科学决策。缺点是不能很好地集思广益
流程图法	将风险主体按照生产经营的过程环节和包括日常活动内在的逻辑联系绘成流程图，注解分析各个环节发生情况，并针对其中的关键和薄弱环节进行风险调查、统计、识别，做出合理阐释	可清晰揭示各个生产运营环节中的风险及风险所处的具体环节，特别对生产运营中断风险的识别极为有效，且能及时了解风险事故的起因、结果和影响

3.3.5 风险评估综合评价方法

目前风险评估法主要有层次分析法、动态数据包络分析法、模糊综合评价法、BP 人工神经网络法、OWA 算子法。常用的有以下三种方法。

3.3.5.1 层次分析法

层次分析法（analytic hierarchy process，AHP）最初是由美国运筹学家匹茨堡大学教授萨蒂于 20 世纪 70 年代提出的一种将与决策有关的元素分解成若干层次的定性与定量相结合的多准则决策方法。该方法用来处理实际中一些难以完全定量处理的问题，它通过量化分析手段并结合定性分析，建立一种应对多决策目标或多解决方案问题的解决方案。

AHP 的基本原理是把较为复杂的与目标相关的所有系统元素逐层分解成为目标层、准则层、方案层等若干个层次，同时搜集、统计、分析大量的数据，并在此基础上通过数学运算方法进行定性和定量分析决策。利用层次分析法分析问题时大致包括四个主要的基本步骤：

（1）明确研究问题。即弄明白所要研究决策目标问题的涉及范围、所包含的所有因素以及各个因素之间是否存在关系、有何种关联度等，尽量掌握足够的信息，以便对问题进行准确充分的分析。

（2）合理建立递阶层次结构。首先要求将要分析的目标问题所含的所有因素进行逐一归类。可以选择把每一组，即是同一个类别的元素作为一个层次。这样分成若干个层级，然后再分别对每一组按照最高层也就是目标问题层、若干评价中间层（也可叫作准则层）以及最底层（方案层）的形式逐层罗列出来，最终结果形成一个层层互相关联的目标问题分析结构体系。通常，体系元素之间存在着两种关系，即完全层次关系（其中的某一个元素与下一层的每一个元素均存在一定的联系）和不完全层次关系（该元素只与下一层的个别元素有某些联系）。另外，各个层次之间也可以互相建立子层次关系，这里的子层次一般只从属于主层次中的某一个别元素。

（3）构造判断矩阵及计算权重的系数。AHP 一个重要的特点就是通过判断矩阵量化两两元素之间的重要性程度等级，即判断矩阵用以表示针对因素体系当中上一层次中的某个元素而言，通过设定量化值和计算权重向量，评定该层次中各个因素相对重要性状况的量化作用。

3.3.5.2 动态数据包络分析（动态 DEA）

最初运用数据包络分析（data envelopment analysis，DEA）方法以相对效率概念作为基础，并以此来衡量效率的思想源自法国数量经济学家法雷尔（Farrell），他通过“最优生产前沿”来判断决策单元是否有效率。

数据包络分析方法主要是利用线性规划的方法求出最优生产前沿，利用包络线代替微观经济学中的生产函数，以相对效率概念作为基础，通过数学规划的方法来确定经济上的最优点，把每一个被评价单位作为一个决策单元（DMU），评估技术效率和配置效率，然后通过折线形式将最优点逐一连接形成一条效率前沿趋势的包络线，接着将所有决策单元的各种投入、产出映射于空间中，同时寻找其边界点。根据各个 DMU 和有效生产前沿的距离状况分析，来确定 DMU 是否有效。给出指定凡是落在边界上的决策单元，认为其投入产出组合最有效率，并将其绩效指定为1；对于不在边界上的决策单元则通常会被认为这些决策是无效率的，同时以特定的有效率点为基准，给予每个决策单元一个相对应的绩效指标。

3.3.5.3　OWA 算子理论

有序加权平均（ordered weighted averaging，OWA）算子理论最初是由耶格（Yager）于 1988 年提出，严格来说该算子理论是介于逻辑 AND（模糊交集）和逻辑 OR（模糊并集）之间的数据集结算子，也叫作融合算子，即有序加权平均算子。

OWA 算子理论方法最为关键的步骤在于要选取行之有效的算法成功求解次序权重系数。国内外学者在攻克 OWA 算子权重系数计算的方法上进行了大量的研究，表现尤为突出并获得领域内专家一致认可的是语言量化算子与 OWA 的结合，使得 OWA 方法可以根据不同的决策风险水平得出多尺度的评价结果。OWA 算子方法的评价过程可分解为以下 3 个步骤：

（1）使用正确的方法确定次序权重。

（2）对所有评价指标属性值进行正确的降序排列。

（3）把次序权重系数值与降序排列的属性值集成起来求和。

3.3.6　风险评价方法评述

目前，对于风险评估探究的研究数量已经颇多，通过介绍各种风险评价方法，简单对比各种风险评价方法的优缺点、假设条件以及适用范围，不难发现，现有众多风险评价方法均存在一些适用局限性：理论上行得通的风险评价方法的确不在少数，但方法的现实可行性有待实践和考察。

现有的风险评价方法中，单纯依靠经验和直觉等主观条件在决策中所起的作用太过重要，而对风险因素带来的后果与发生的概率很难做出科学准确的判断，这是当前大多数风险评估方法都面临的同一个窘境。现有风险评价方法一般都是相关性分析和灵敏性分析不够准确，不确定因素和人为主观因素对评估结果的影响较大。各种评价方法对物流配送风险得出的结论不仅不同，且没有一个比较严谨的评比标准。而且，对于很多评估模型需要较多的可靠数据作为支撑，但是一般的评估数据较少或者获取数据较为困难，而是凭主观或者经验进行数据采集。

不同的风险评估方法具有各自的优缺点和适用范围。将上述三种常用的风险评估方法与其他方法进行对比，具体如表3－3所示。

表3－3　各个风险评价方法的优缺点

方法	优点	缺点
AHP层次分析法	定量化分析问题，能统一处理评价目标中的定性和定量因素。具有实用性、系统性、简洁性	主观性较强，对象不能过多，干扰性差，缺乏对模糊信息的处理能力，无法提供新店方案决策，无法得出方案等级
动态数据包络分析法	客观性较强，建模前对数据进行无量纲化处理，使得计算较为方便	权重会偏离实际，模型能缩小决策单元的选择范围影响决策准确性
模糊综合评价法	可以将模糊复杂现象定量化，一定程度上消除主观性	主观性较强，存在判断不准确或结果不可比问题
BP人工神经网络法	定性与定量相结合；要求使用者具有自适应与自学习，大规模处理动态、并行数据的能力	建模难度较大，结构过于简单或者过于复杂都不宜
OWA算子法	可根据管理者的经验确定各个风险的权重，并通过模型对现有的数据进行定量分析，可以简单地评定出各类未知的、影响损失波动较大的风险	没有规避各个风险因素之间存在的内部联系

第4章　农产品物流中的成本管理与利益分配

4.1　农产品物流的成本计算

4.1.1　传统成本法

4.1.1.1　传统成本法的概念及基本原理

传统成本法指企业支持成本分摊的方法，所谓支持成本指支持产品或服务完成的除直接材料、直接人工之外的成本费用。

传统成本计算方法的基本原理可以概括为：根据不同的成本计算对象归集生产过程中所发生的费用。一般分为三部分，即直接材料、直接人工和制造费用；再根据直接费用直接计入、间接费用分配计入的原则，对所发生的制造费用按一定的标准分配计入相应的成本对象中去[44]。

4.1.1.2　传统成本法的核算步骤

成本核算程序是指从生产费用发生开始，到结算完工产品总成本和单位成本为止的整个成本计算的步骤。成本核算程序一般分为以下几个步骤：

（1）生产费用支出的审核。对发生的各项生产费用支出，应根据国家、上级主管部门和该企业的有关制度、规定进行严格审核，以便对不符合制度和规定的费用，以及各种浪费、损失等加以制止或追究经济责任。

（2）确定成本计算对象和成本项目，开设产品成本明细账。企业的生产类型不同，对成本管理的要求不同，成本计算对象和成本项目也就有所不同，应根据企业生产类型的特点和对成本管理的要求，确定成本计算对象和成本项目，并根据确定的成本计算对象开设产品成本明细账。

（3）进行要素费用的分配。对发生的各项要素费用进行汇总，编制各种要素费用分配表，按其用途分配记入有关的生产成本明细账。对能确认某一成本计算对象耗用的直接记入费用，如直接材料、直接工资，应直接记入“生产成本——基本生产成本”账户及其有关的产品成本明细账；对于不能确认某一费用的，则应按其发生的用途进行归集分配，分别记入“制造费用”“生产成本——辅助生产成本”“废品损失”等综合费用账户。

（4）进行综合费用的分配。对记入“制造费用”“生产成本——辅助生产成本”“废品损失”等账户的综合费用，月终采用一定的分配方法进行分配，并记入“生产成本——基本生产成本”以及有关的产品成本明细账。

（5）进行完工产品成本与在产品成本的划分。通过要素费用和综合费用的分配，所发生的各项生产费用的分配，所发生的各项生产费用均已归集在“生产成本——基本生产成本”账户及有关的产品成本明细账中。在没有在产品的情况下，产品成本明细账所归集的生产费用即为完工产品总成本；在有在产品的情况下，就需将产品成本明细账所归集的生产费用按一定的划分方法在完工产品和月末在产品之间进行划分，从而计算出完工产品成本和月末在产品成本。

（6）计算产品的总成本和单位成本。在品种法、分批法下，产品成本明细账中计算出的完工产品成本即为产品的总成本；分步法下，则需根据各生产步骤成本明细账进行顺序逐步结转或平行汇总，才能计算出产品的总成本。以产品的总成本除以产品的数量，就可以计算出产品的单位成本。

4.1.1.3　传统成本管理

传统成本计量模式是嫁接在会计账户系统上的。会计师和工程师们将成本记录与会计账户系统结合起来，创立了成本会计方法，形成了一套规范化、程序化的成本计量模式。它的出现大大提高和改善了企业经营管理的信息质量，推动了管理理论和方法的进步，也形成了有独立理论和方法的会计分支学科——成本会计。

传统成本计算重视对直接材料、直接人工等直接成本的计算与控制，而对间接成本的分配则重视不够，在间接成本的控制上缺乏手段。其具体表现就是：对间接成本采用以直接人工工时或机器工时为基础进行分配，并用由此提供的成本信息来对间接成本进行分析、控制、评价和考核。这种传统的成本计算方法的适用性是十分明显的，即它只适用于产品品种很少，或各种产品消耗间接费用的水平相差不多，或间接成本数额不大的情况。传统成本法对制造费用的分配方法不仅提供的成本信息有限，而且往往使生产量大、技术上不很复杂的产品成本偏高，生产量较小、技术上比较复杂的产品成本偏低，从而使成本信息失真。可以说，传统的制造费用分配方法，满足的只是与生产数量有关的制造费用的分配。

4.1.2　作业成本法

4.1.2.1　作业成本法的概念及基本原理

作业成本法（activity based costing，ABC）源于20世纪30年代末美国会计学家科勒的作业会计思想，主要来自对 20 世纪 30 年代的水力发电活动的思考[44]。

在 20 世纪 70 年代，由于机械自动化水平的提高，直接人工费用普遍减少，间接成本相对增加，制造成本法中“直接成本比例较大”的假定明显不符合实际。因此传统管理会计分析得出的信息与实践相关性大大减弱。在此背景下，作业成本法这一概念正式在哈佛大学的卡普兰教授的著作《管理会计相关性消失》一书中被提出。

作业成本法的基本原理（见图 4－1）是：产品消耗作业，作业消耗资源；生产导致作业的发生，作业导致成本的发生。作业是产品或服务与资源之间的中介[44]。而在传统成本法下，以产品作为成本分配对象，以单位产品耗用某种资源占当期该类资源消耗总额的比例作为所有非制造成本分配依据，所得的成本核算结果并不完全真实、相关[45]。所以作业成本法最初是为了更精确地核算产品成本，以解决产品生产过程中的制造成本的分配问题。

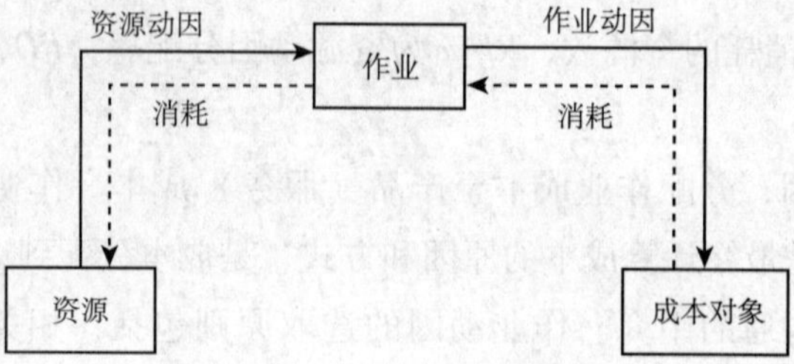

图 4－1　作业成本法基本原理

4.1.2.2　作业成本法的核算步骤

根据作业成本法的基本原理，可以认为作业成本法计算的基本程序就是要把资源耗费价值予以分解并分配给作业，再将各作业汇集的价值分配给最终产品或服务。这一核算过程可分为以下四个步骤：

（1）确认耗用的资源。资源指的是所消耗的对最终产出有意义的费用，是一定期间为了开展业务而发生的成本。一般可分为货币资源、人力资源、材料资源、动力资源等。在一般情况下，一种资源包括多项作业，而一种作业同样也消耗多种资源，是多对多的关系。资源确认后，应该设立资源库，将会计数据归集到资源库。

（2）界定企业流通系统中涉及的各个作业。从作业成本计算角度看，作业是基于一定的目的、以人为主体、消耗一定资源的特定范围内的工作[44]。所以生产经营过程中的每一道工序和每一个环节都可以被看作是一项作业。这个步骤就是将经营活动分解为一个个可以核算的基本作业，使之能与资源消耗相对应。总的来说，作业的划分主要有两种方式：一种是按照业务流程来划分，另一种是按照职能部门来划分。在核算的时候需要选择最适合的方法来确定。作业确定后，将资源消耗根据作业流程分配到作业成本库，建立作业和资源之间的对应关系。

（3）确认资源动因，并将资源消耗分配至作业成本库。资源动因是指资源被各作业消耗的方式和原因，是把资源价值分解到各作业的依据。其确立原则是：第一，直接计入特定产品成本中，如大部分原材料费；第二，直接计入各作业成本库，如各作业各自发生的专属费用；第三，从最初消耗上呈混合耗费形态，需要选择合理的量化依据，常用的资源动因有工作小时数、订货次数、人数、运输的距离等。

根据资源动因，将各项资源消耗分配到作业成本库，首先要确定资源动因率，然后根据资源动因率计算各项作业消耗的资源数量，具体计算公式为：

$$RD\% = \frac{RQ}{RDQ}$$

其中，$RD\%$ 为资源动因分配率，RQ 为资源消耗数，RDQ 为该项资源消耗的动因量。

$$RQ' = RD\% \times RDQ'$$

其中，RQ'为该项作业消耗的资源数，$RD\%$ 为资源动因分配率，RDQ'为该项作业消耗的资源动因量。

（4）确定作业动因，分配作业成本至产品（服务）成本。作业动因指的是产品（服务）消耗的动因量，是最终计算成本的原因和方式，是成本分配到产品的标准，也是将作业耗费与最终产出相沟通的中介。作业动因的选取原则包括：相关性原则、成本效益原则、重要性与充分性原则以及行为结果。

根据作业动因，将作业成本分配到各产品成本中，具体计算公式为：

$$AD\% = \frac{AC}{ADQ}$$

其中，$AD\%$ 为作业动因分配率，AC 为作业中心所发生的作业成本，ADQ 为该作业中心的作业动因量。

$$AC' = AD\% \times ADQ'$$

其中，AC'为某种产品应分配的某种作业成本，$AD\%$ 为作业动因分配率，ADQ'为该产品消耗的该作业动因量。

4.1.2.3 作业成本管理

作业成本法及其核算结果，从动因角度解决了成本“是多少”的问题，但并没有直接回答产品成本“应该是多少”和“为什么是多少”等问题。由作业成本法引出的作业基础管理（ABM），在一定程度上要解决此类问题。

作业成本管理首先通过作业分析区分增值作业和非增值作业、确认重要性作业并进行关联性分析，再通过消除不必要作业降低成本，或者在其他条件相同时选择成本最低的作业，再抑或提高作业效率并减少作业消耗。作业成本管理的目的在于定性地识别增值作业、非增值作业，减少那些不必要或者无效的非增值作业，控制成本动因，以提高企业竞争力[44]。

4.2　基于批发市场的农产品成本管理

4.2.1　批发商基本概况

农产品批发商须从事农产品批发业务超过一定时长，有较稳定的货源和销售渠道。该行业除了具有产品买卖的一般特点，还具有其独特的特性，主要表现在：

（1）在能力范围内尽可能多地收购农产品。因为农产品是生活必需品和季节性产品，并且其可以短时间储存，在市场变为卖方市场销售时，赚取超额利润。

（2）当储存的耗损率高于一定值的时候，批发商会将全部产品出售，因为可能出现更大的损失。

（3）批发商由于储存量有限，会结合市场需求、储存成本等情况合理思考农产品是现在还是未来投入销售。

批发市场农产品的流转可以有图 4 –2 所示的 10 条路径，分别为 ACE、ADE、ACDE、ADCE、ACDCE、BCE、BDE、BCDE、BDCE、BCDCE。

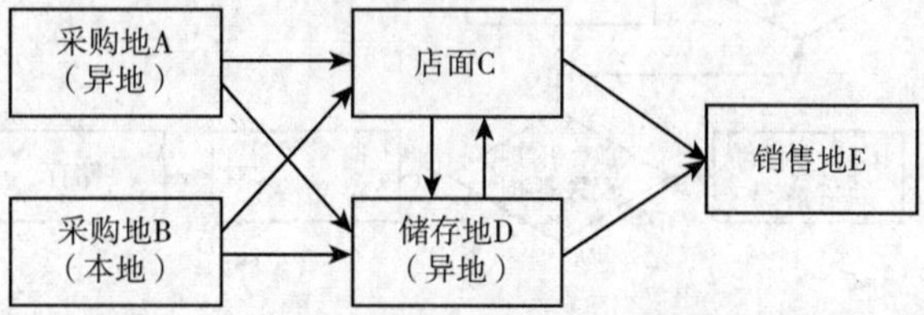

图 4 –2　农产品流通路径

在这 10 条路径中，最常见的路径是 ADE、ACDE 和 BCE。由异地采购的产品大多会先送到储存地储存，等到代销商处缺货或者销售旺季出售，本地采购的产品由于量较少，大多是直接销售，而不运往储存地。其中 ACDCE 和 BCDCE 2 次经过店面 C 的原因是经过上述两条路径的产品数量通常不多，雇用临时工进行打包的佣金大于运费，所以再次运回 C 地进行打包或作为紧急调配产品。农产品采购可分为本地采购和异地采购，其流程如图 4 –3 和图 4 –4 所示，且其运作及销售流程如图 4 –5 所示。

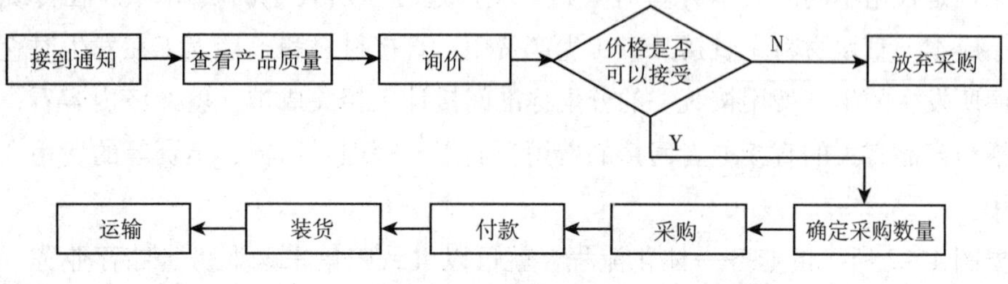

图 4 –3　本地采购流程

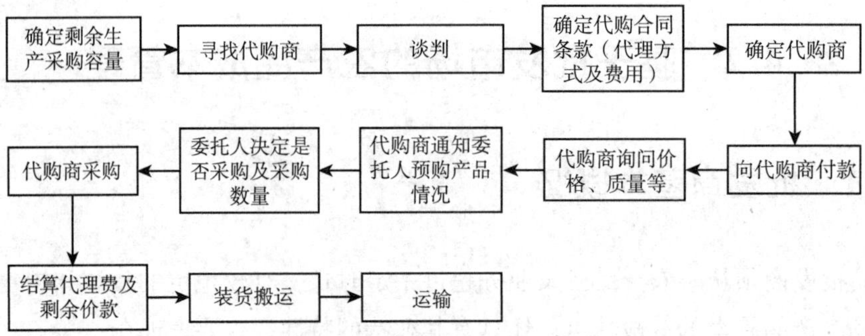

图4－4　异地采购流程

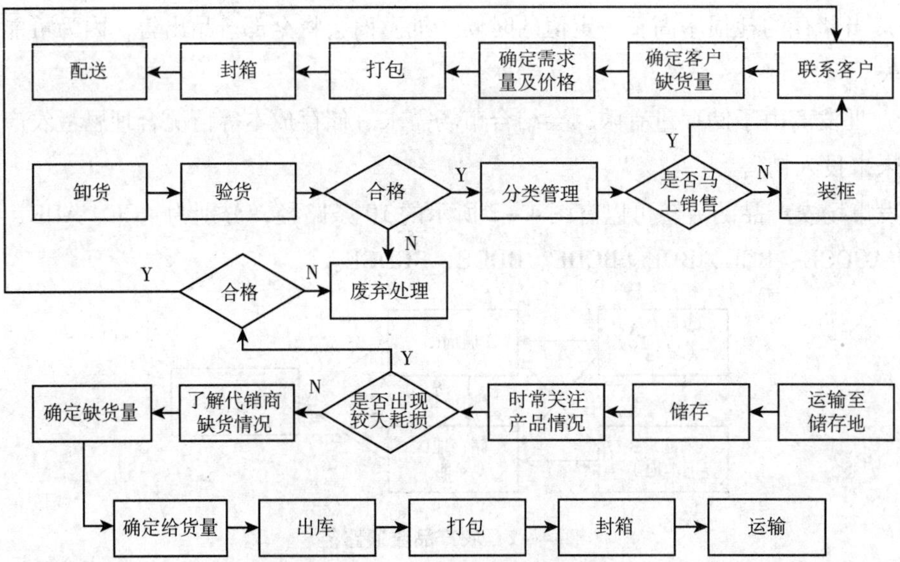

图4－5　运作及销售流程

4.2.2　基于传统计算方法的农产品中小型批发商成本核算

传统成本法是指企业支持产品或服务完成的除直接材料、直接人工之外的成本费用，其基本原理是根据不同的成本计算对象归集生产过程中所发生的费用[44]。在传统成本法下，产品成本＝直接材料＋直接人工＋生产费用，直接材料和直接人工在发生时直接计入成本，而所发生的生产费用按统一的分配标准间接计入相关成本。就经济内容看，生产费用只包括与产品有关的直接或者间接的费用，而用于管理、销售、集资等的费用全部计入期间费用。

根据图4－2所示的业务一体化流程，就可以大致归集采购业务、储存业务、销售业务、废弃处理业务所产生的费用，如表4－1所示。

表 4-1　各业务可能产生的费用

业务	该业务可能产生的费用
采购业务 A	农产品购买价款 A1、差旅费 A2、运输费 A3、人工费（搬运工人）A4、通信费 A5、代理费 A6
储存业务 B	租金（营业部）B1、材料费（箩筐）B2、人工费（挑选）B3、管理费（办公用品购买及管理人员的工资）B4、水电费 B5、折旧费 B6、通信费 B7、交通费 B8、保管人员工资 B9
销售业务 C	交通费 C1、通信费 C2、代销费 C3、检测费 C4、配送费 C5、材料费（储存、运输所需材料）C6、人工费（包装）C7
废弃处理业务 D	挑选费 D1、处理费 D2

通过应用传统成本法，我们可以将上述费用在直接人工、直接材料、生产费用和期间费用四个项目下归集，最终计算各产品的成本。归集结果如表 4-2 所示。

表 4-2　每个项目所包含的可能费用

项目	每个项目中包含的费用
直接材料	A1、A6
直接人工	—
生产费用	A3、A4、B3、B6、C6、C7
期间费用	A2、A5、B1、B2、B4、B5、B7、B8、B9、C1、C2、C3、C4、C5、D1、D2

然而，运输费与采购次数直接相关，搬运人工费、挑选人工费及包装人工费与工作小时数直接相关，包装材料费与销售数量直接相关，设备的折旧费按一定方法计算，他们无法按统一的基准来分配。

在这种情况下，如果使用统一的基准分配上述费用，所计算出的成本是严重失真的。这就是传统成本核算方法的困惑。

甚至，在现实生活中一部分的中小型批发商只关注最终的现金结余，认为其成本只是农产品的购买价，而忽视其他成本费用，将其他费用直接计入期间费用处理。这种方法虽简单明晰但对节约成本和控制成本完全不利。所以为了提高成本计算的准确性以及合理地控制成本，必须改变传统的按单一分配标准分配间接费用的成本计算方法。

4.2.3　基于作业成本法的农产品中小型批发商成本核算

相较于传统成本法，作业成本法能很好地解决传统成本法按统一标准分配间接费用所产生的弊端；并且对于间接费用界限的界定也不同。作业成本法能很好地反映农产品批发商所消耗的实际成本，确定各项作业的消耗，从源头上控制成本，并通过作业分析来影响批发商的决策。

4.2.3.1 作业成本法核算

（1）资源分析。资源是企业生产消耗的原始形态，也是成本产生的源泉。企业作业活动系统所涉及的人力、物力、财力都属于资源。在农产品批发商工作过程中，所涉及的资源包括直接人工、直接材料、间接制造费用等。

（2）作业活动分析。通过对批发商整个作业流程的分析，得出与成本相关的作业活动，如图4－6所示。

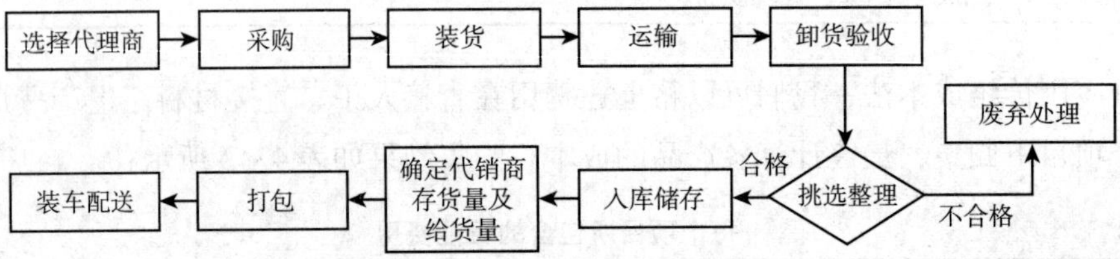

图4－6 批发商的基本作业流程

同时我们需要根据每项作业活动分配资源，归集各项作业实际消耗的资源。如果某项作业未涉及某种资源，则资源消耗数量为0。

（3）确定资源动因。各费用的资源动因如表4－3所示。

表4－3 各费用的资源动因

费用	资源动因
运输费	专属
店面租金	按各项作业占用店面面积和时间长短综合使用情况来分配
材料费	按完成各项作业活动消耗的材料数和材料的单价对材料费进行分配
固定资产折旧费	按作业活动运用固定资产的使用情况分配
设备折旧费	按作业活动运用固定资产的使用情况分配
管理费用	专属，包括差旅费、通信费、水电费、交通费等（不包括经营者工资费用）
销售费用	专属，包括为了运销而发生的差旅费、通信费、交通费、水电费、代理费等
人工费	按完成各项作业活动的人工小时数和工资标准对人工费用进行分配
废弃处理费	专属

（4）将资源消耗分配至作业成本库。运用作业成本法核算成本时，我们需要确认资源消耗的驱动程序，根据资源动因将各个资源分配至各个作业中。

（5）确定作业动因。我们需要将各项作业的动因量化，并设置衡量参数。

（6）分配作业成本至产品成本。根据物流作业成本的核算公式，将具体产品消耗资源分配至产品成本。

4.2.3.2　两种核算方法比较分析

无论哪种产品，传统成本法下核算的成本通常小于作业成本法下核算的成本，其主要原因是批发商在使用传统成本法计算成本的时候并没有把一些人工费用、固定资产折旧费、店面租金等计算分摊到每个产品中去，而是统一将其在月末冲减利润，这就造成成本的严重失真，产品的成本都被隐藏到批发商的期间费用中，不利于物流成本的控制和产品的定价。

4.2.4　基于作业成本管理的农产品中小型批发商流程优化

4.2.4.1　作业基本分析

首先大致划分各项作业所在的业务，再根据上述的成本核算，求得各个作业占总作业成本的比重以及各个作业占各个业务作业成本的比重。

4.2.4.2　采购业务流程优化

异地采购中，采购代理商选择作业就包括五项任务，虽其不经常发生，但仍需要认真辨别各项流程存在的必要性及合理性。

根据定性增值性分析，以海产品采购为例，根据笔者对一家海产品批发市场调研所得情况分析，本地采购只需消耗一些设备折旧费、电费、交通费和通信费，其按上述的资源动因计算出的各作业任务成本如图 4－7 所示。

图 4－7 中，“询价”“比价”“确认购买价格及数量”为无效动因，是非增值性活动。其中，“询价”和“比价”活动可以与“上船查看质量”活动同时进行，并且“确认购买价格及数量”是上一活动的延续，可以与上一活动合并，所以最终可以将“询价”“比价”与“上船查看质量”活动合并，“确认购买价格及数量”与“协商价格及购买数量”活动合并。

在异地采购中，代购商选择作业包括：寻找代购商、谈判、确定代购合同条款（代理方式及代理费等）、确定代购商及预付代购方款项五项任务。其中管理费用按专属用途计入各任务；直接人工按工作小时数计入各任务；采购作业包括委托人接到代购商通知、确定养殖容量等、决定采购数量和规格以及与代购商结算等四项任务；装货运输作业包括装货搬运和运输两项任务。按上述资源动因计算出的各作业任务成本如图 4－8 所示。

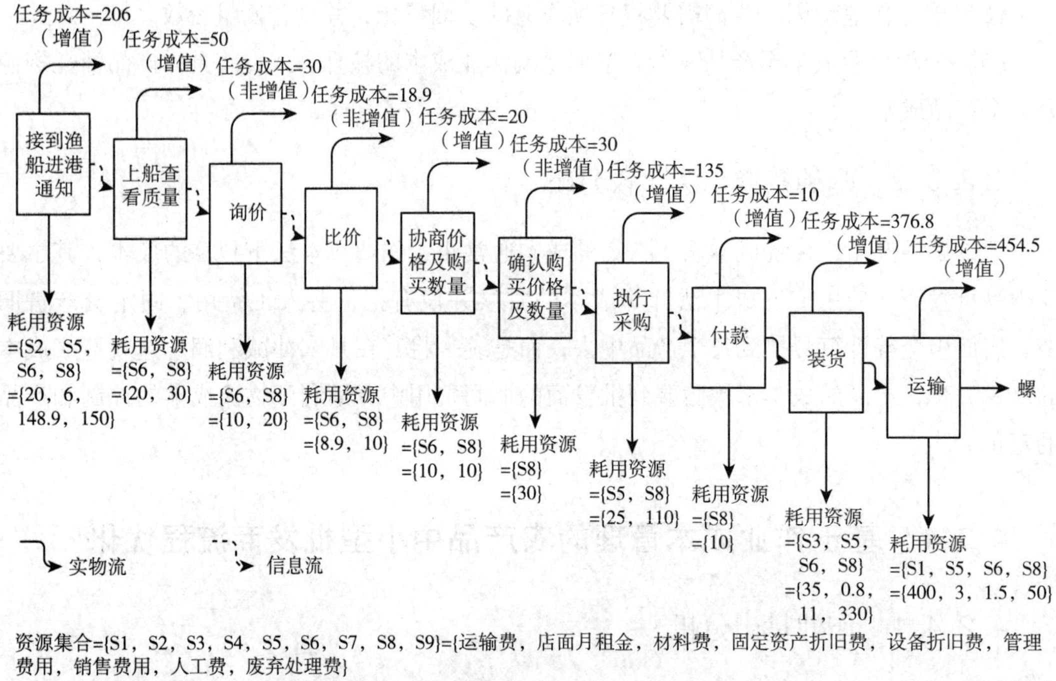

图4-7　本地采购业务的IDEF0流程图及任务成本

注：IDEF0为功能建模的集成定义方法（ICAM DEFinition method），图中涉及成本单位均为元。

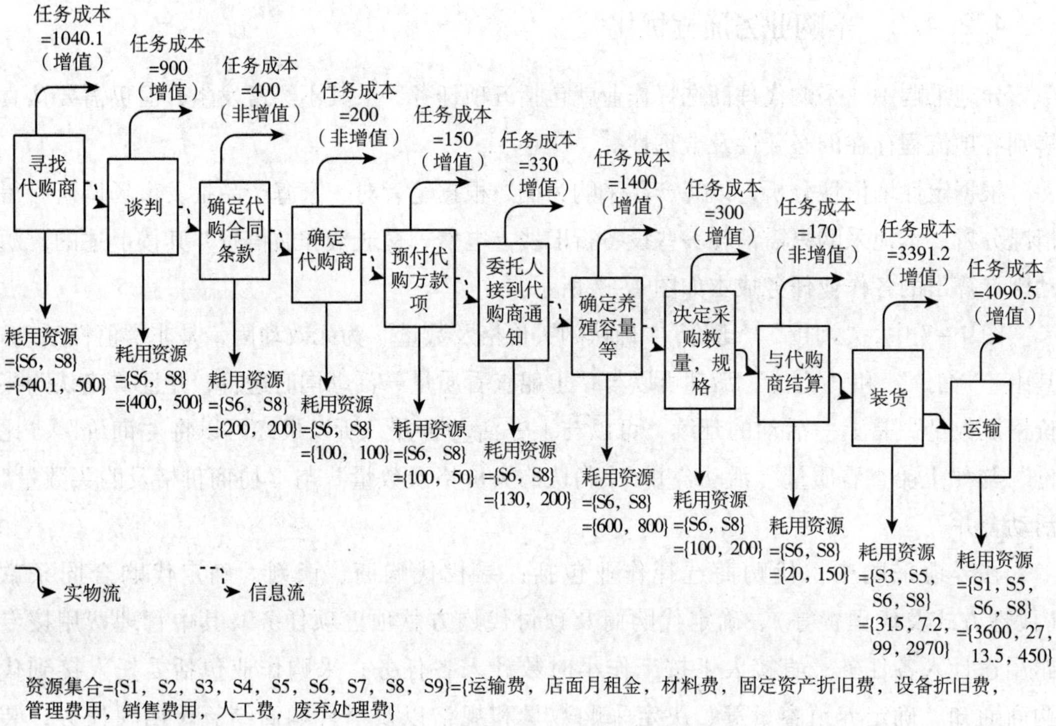

图4-8　异地采购业务的IDEF0流程图及任务成本

注：图中涉及成本单位均为元。

根据定性增值性分析，“确定代购合同条款”“确定代购商”“与代购商结算”为无效动因，是非增值性活动。其中，“确定代购合同条款”活动可以与“谈判”活动同时进行，“确定代购商”是上一活动的延续，因此可以与上一活动合并；而“与代购商结算”活动虽然是非增值性活动，但它是一种必要性活动，不能删除，只能通过一些相关活动来尽可能降低其任务成本。所以最终可以将“确定代购合同条款”“确定代购商”两个活动与“谈判”活动合并。

计算后我们可以得到异地采购业务中各任务成本占总成本比重如图4－9所示，各任务成本占异地采购总成本比重如图4－10所示。

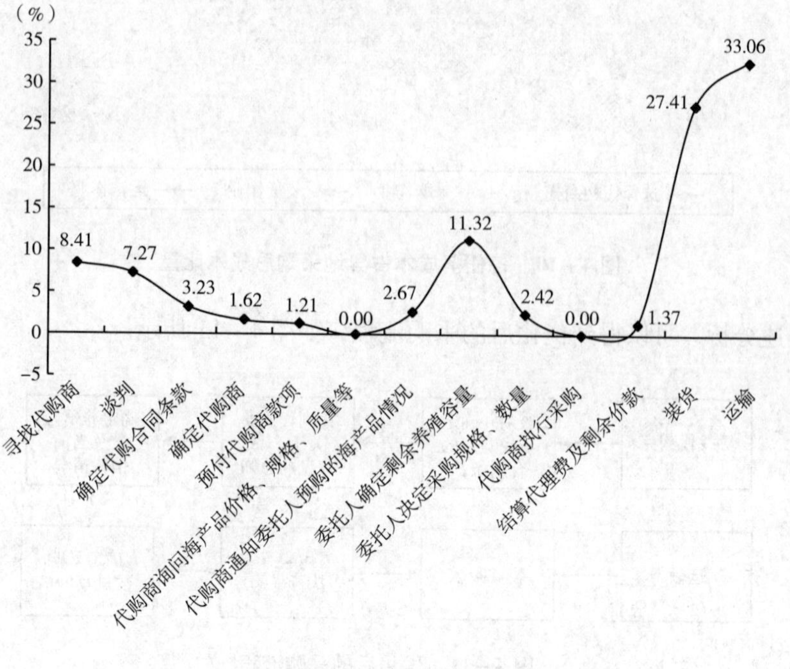

图4－9 异地采购中各任务成本占总成本比重

根据图4－9，装货作业和运输作业成本是采购流程中的重中之重，两者之和占总成本一半以上。主要是因为农产品采购的主要间接费用就是运输费和人工费，其中运输费属于客观费用，难以直接减少，但由于运输费是根据运输次数结算，农产品批发商可以合理安排运货量来间接减少运输费；而对于装货中的人工费，需要结合实际情况考虑是否需要增加机械化设备来减少搬运费。并根据图4－9和图4－10显示，采购作业中，确定剩余养殖容量占据着很大的比重，主要原因是管理费用和人工费用消耗过多，而这部分的成本可以通过制定严谨的出入库规则来减少资源的消耗。对于选择代购商作业，确定代购商任务耗用的资源只有管理费用和人工费，该任务成本占总作业成本的5.58%，并不是其主要构成，而且由于该作业不会在每次采购都发生，所以无须特别关注其成本。

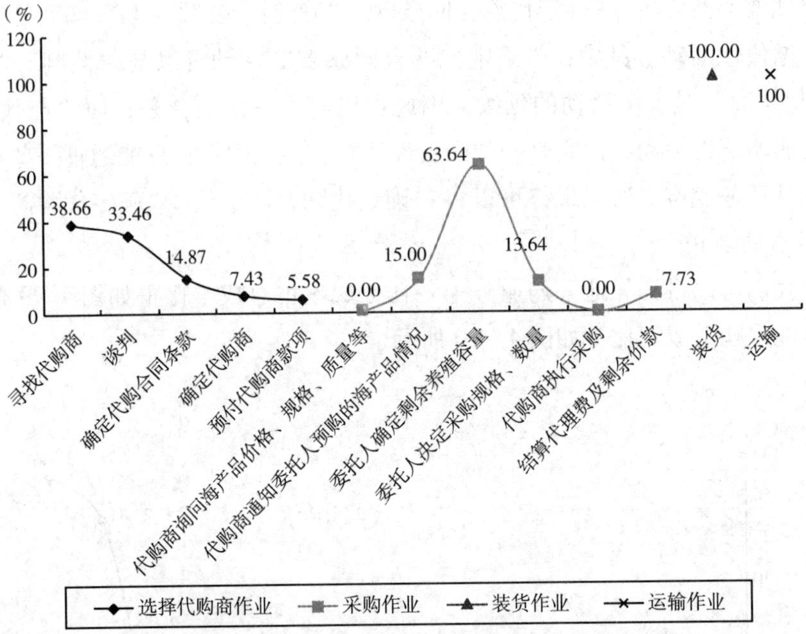

图 4-10　各任务成本占异地采购总成本比重

根据上述分析，可以得到优化后的采购流程，如图 4-11 所示。

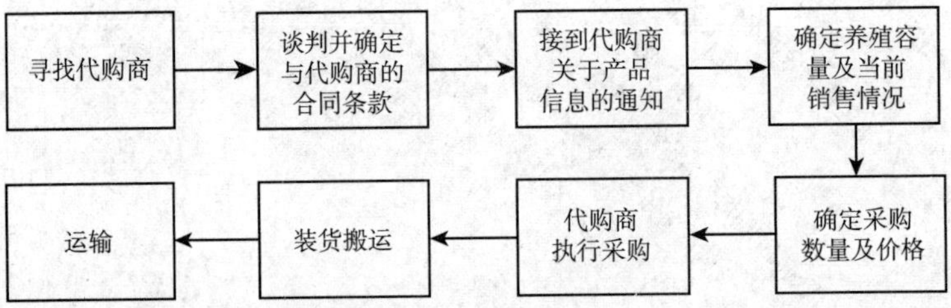

图 4-11　优化后的采购流程

4.2.4.3　仓储保管业务流程优化

仓储保管业务虽流程较简单，但各个作业所占总作业成本的比例较高。该业务包括卸货验收、挑选整理、入库养殖 3 个作业，而 3 个作业中共包含 8 项任务。根据上述资源动因计算出的各作业任务成本如图 4-12 所示。

根据定性增值性分析，图 4-12 中的“收货验货”“分类整理”“装筐”为无效动因，是非增值性活动。其中，“收货验货”活动可以删除，原因是农产品无法退货，运输途中发生多少损耗不能单凭验货得出，并且后面还有“挑选”活动。“分类整理”活动和“装筐”活动可以与“挑选”活动同时进行，所以将这 3 个活动进行合并，但是无法降低其成本，只能通过控制相关活动来降低成本。

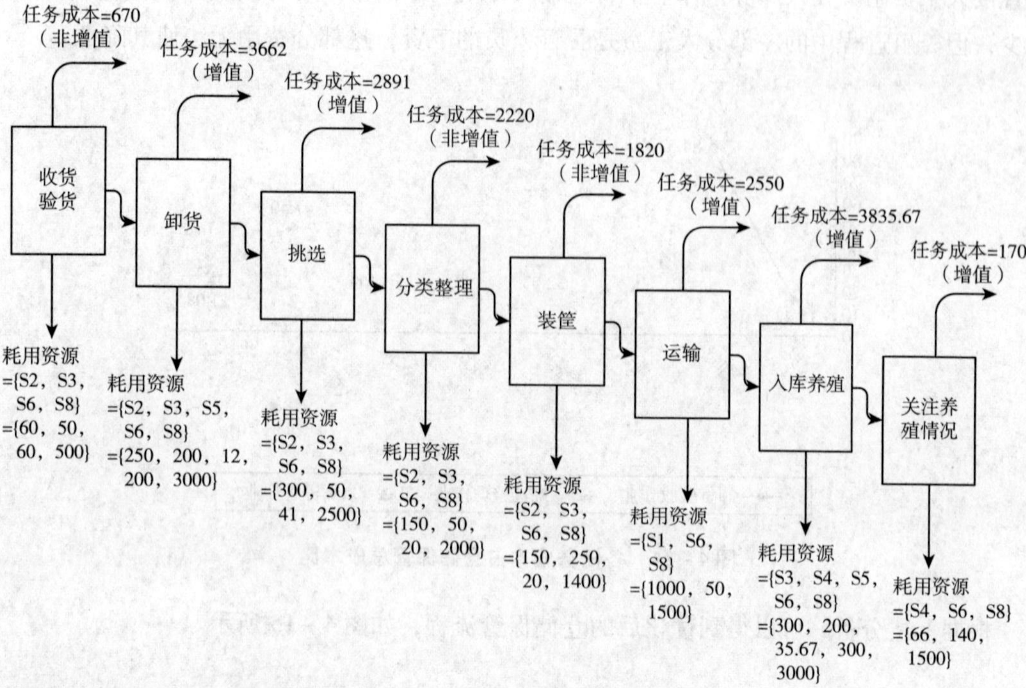

资源集合={S1，S2，S3，S4，S5，S6，S7，S8，S9}={运输费，店面月租金，材料费，固定资产折旧费，设备折旧费，管理费用，销售费用，人工费，废弃处理费}

图 4-12　仓储保管业务的 IDEF0 流程图及任务成本

注：图中涉及成本单位均为元。

图 4-13 显示，仓储保管业务中最重要的是入库养殖，其次是卸货作业。根据图 4-13 和图 4-14，卸货验收作业中，卸货活动主要消耗的资源是人工费，而对于人工成本的控制需重点监控工人的工作勤奋度。挑选整理作业中，根据上述分析，将“挑选”活动和“分类整理”活动合并，可节约重合的资源，如挑选之后直接堆放整齐，可节约时间，降

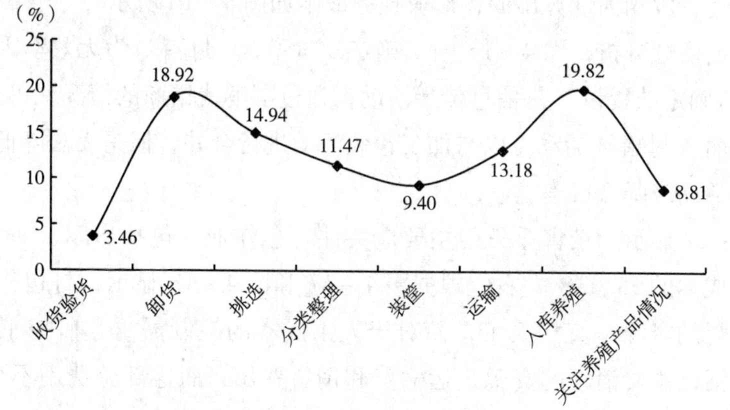

图 4-13　仓储保管业务各任务占总成本比重

低直接人工费用。在入库养殖作业中，运输入库活动中的搬运费可以通过机械化设备加以减少，但养殖过程中的一部分人工费是看管人员的工资，这部分费用无法使其降低。

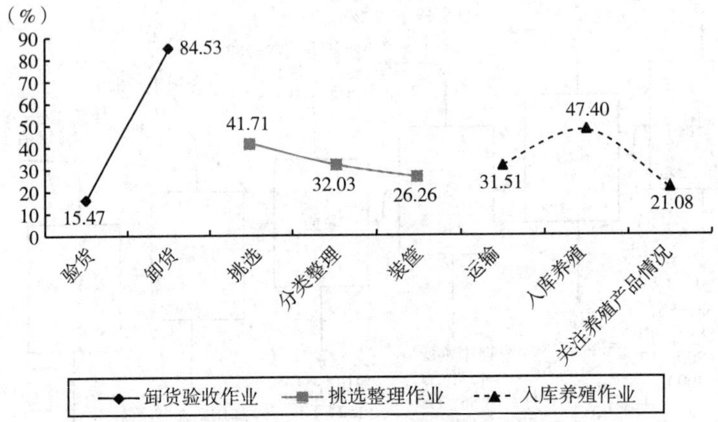

图 4 - 14　各任务成本占仓储保管总成本比

根据上述分析，可以得到优化后的仓储保管流程，如图 4 - 15 所示。

图 4 - 15　优化后运作保管流程

4. 2. 4. 4　销售业务流程优化

该批发商销售业务流程相对较复杂，且销售业务作业成本占总作业成本的 28. 45%，并且该业务与利润直接相关，不能忽略对其的分析。销售业务中 3 个作业共包含 8 个活动，可根据上述资源动因计算出的各作业任务成本如图 4 - 16 所示。

根据定性增值性分析，图 4 - 16 中“确定缺货量”“封箱”为无效动因，是非增值性活动。其中，“确定缺货量”是信息传递活动，通过了解代销商的情况就可确定其缺货量，故可以删除。而“封箱”活动可以与加工包装活动进行合并，但是无法降低其成本，只能通过控制相关活动来降低成本。

根据图 4 - 17 显示，销售业务中主要应关注打包作业，包括出库、加工包装、封箱，其占销售作业成本的 55. 03% 左右。根据图 4 - 17 和图 4 - 18 显示，打包作业中，加工包装活动主要消耗的资源是直接人工，而对于人工成本的控制需重点监控工人的工作勤奋度；装车配送活动主要消耗的资源是运输费和销售费用，而这部分费用不可盲目地减少，应该在保证运输过程中货物少耗损的基础上进行控制。

根据上述分析，可以得到优化后的销售流程，如图 4 - 19 所示。

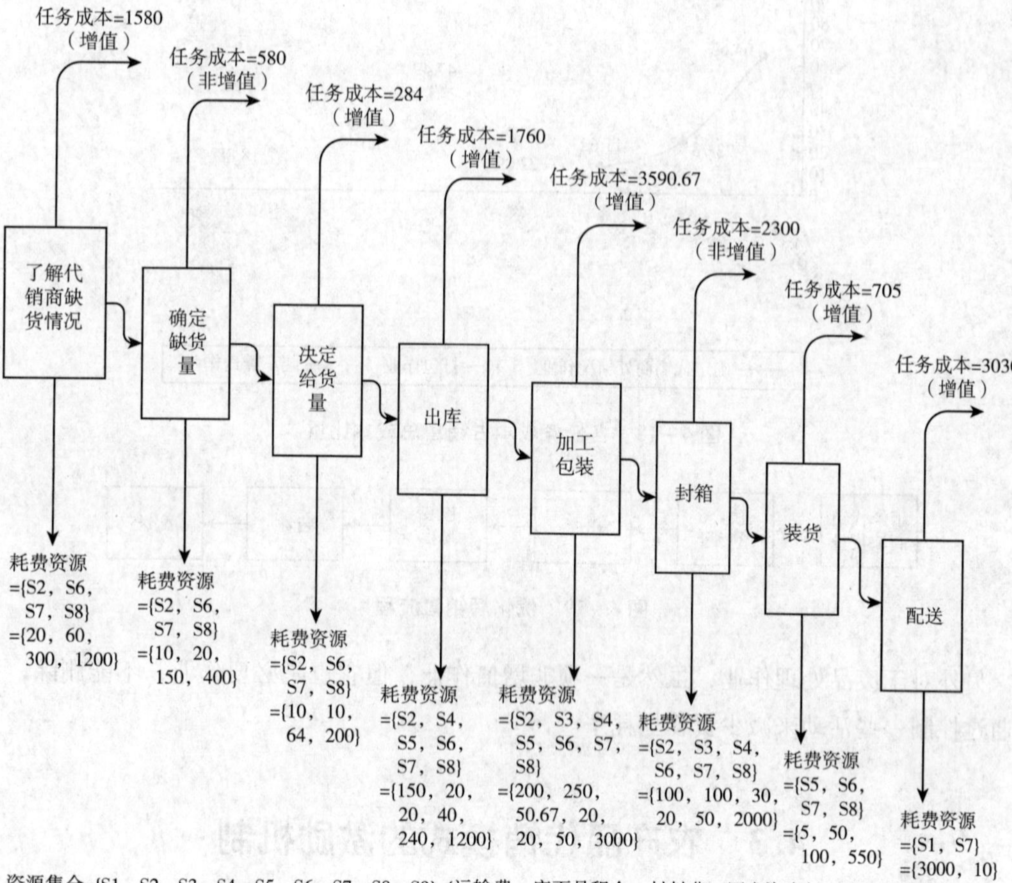

资源集合={S1，S2，S3，S4，S5，S6，S7，S8，S9}={运输费，店面月租金，材料费，固定资产折旧费，设备折旧费，管理费用，销售费用，人工费，废弃处理费}

图 4－16　销售业务的 IDEF0 流程图及任务成本

注：图中涉及成本单位均为元。

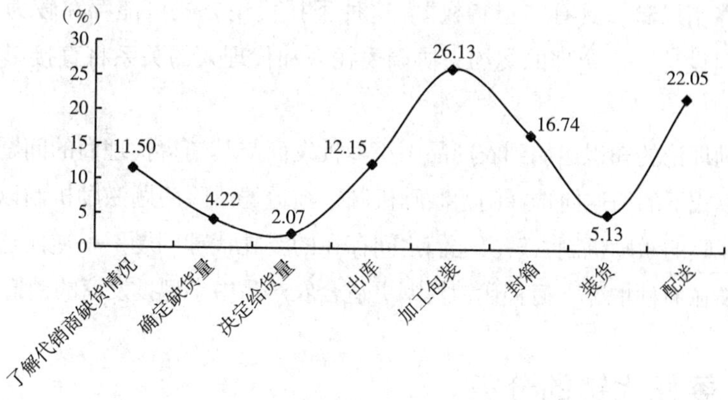

图 4－17　销售业务各任务占总成本比重

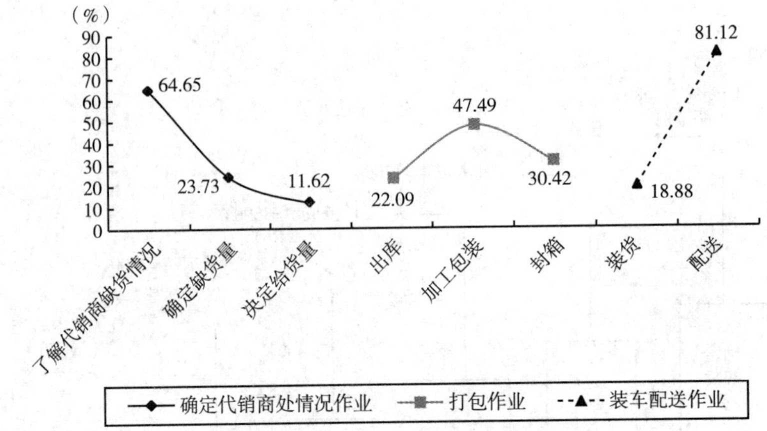

图4－18 各任务成本占销售总成本比重

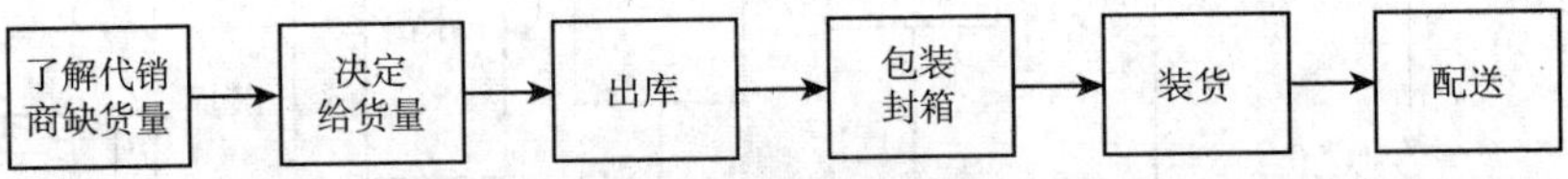

图4－19 优化后销售流程

另外对于废品处理作业，虽然是一项非增值作业，但它也是必要作业，不能删除，只能通过控制一些活动来减少货物损耗率。

4.3 农产品代销模式的激励机制

收入对利润的大小具有至关重要的直接影响，而影响销售收入的因素有许多，在客观条件一定的情况下，最重要的是销售方式的选择。笔者调查发现，委托代销方式是农产品中小型批发商重要的销售手段之一，而委托代销的方式与其他代销根本的不同点在于代理商不承担商品滞销风险，具有“退货权”。这种委托代销方式可能存在较为严重的信息不对称，所以如何设计一个合理的契约去协调委托人和代理人的关系将直接影响农产品中小型批发商的收益。

通过将激励理论的知识运用到农产品中小型批发商与其销售代理商的问题分析中，本书设计三种代销模式下的纯逆向选择问题激励机制、纯道德风险问题激励机制以及同时存在逆向选择和道德风险的激励机制去解决他们之间存在的委托代理问题——逆向选择和道德风险问题，以便判断在何种情况下何种代销模型更适合农产品中小型批发商的销售决策。

4.3.1 委托代销的分类

委托代销是指受货物所有人委托进行销售的一种行为。在商议好代理销售费用的情况下，当产品销售回款后自行将商议货款付至委托人的经营活动。其特点是委托方发出商品后，商品的所有权并未转移，即商品销售的主要风险和报酬仍由委托方承担，受托方仅仅只是一个代理商，当受托方将商品售出后，商品的所有权才真正从委托方转移给购买人。委托代销主要有三种类型。

4.3.1.1　视同买断

日常所说的视同买断是指受托方将代销商品按市场价格出售，与委托方按协议价结算，不再另外收取手续费[45]。受托方经营报酬为商品差价，其与正常销售的不同之处在于商品的所有权并没有在商品从委托方发出后转移给购买方，即相当于受托方在商品滞销时拥有“退货权”。

4.3.1.2　固定手续费

受托方按委托方的要求或者市场价格销售商品，受托方只收取固定代销手续费，即该代销手续费与商品销售量、销售额无必然联系。

4.3.1.3　变动手续费

受托方按照委托方的要求或者市场价格销售商品，受托方只收取变动代销手续费，即该代销手续费与商品销售量、销售额挂钩[45]。

4.3.2　问题和模型描述

在农产品中小型批发商（委托人）和其代销商（代理人）所构成的二级供应链中，如果委托人和代理人之间不存在不对称信息，那么委托人完全可以按相关信息确定最佳的给货量，减少在最佳销售时间内的耗损量，即销售量增加。这时，只要委托人给予代理人超过其单位成本的协议价，就可以促使代理人努力销售，从而代理人和委托人都得到更多因为销量上涨而增加的收入，达到共赢。

然而在现实生活中由于完全信息下两者达到双赢的情况往往不可能存在。因为代理人往往会因为自身利益驱动隐藏关于自己的能力、自己的努力水平的信息，也不愿意直接分担委托人的一部分风险和成本，从而导致委托人遭受损失（在最佳时间没有卖出去的农产品因腐烂而造成巨大损失）。所以在这种信息不对称的情况下，委托人可以通过决定给货量，并根据最后的销售结果（是否存在由于超过农产品的最佳买卖时机而产生的耗损）决定给予代理人收益的方式去解决上述问题，并让代理人间接地分摊相关的风险和成本。具体情况如下：

（1）在代理人知道自己的类型，而委托人不知道的信息不对称导致的逆向选择问题中，委托人可以根据其自身了解的信息设计两个合同去区分代理人的类型。合同一的内容是针对高能力的代理人给予较高的货物量，并确定相应的协议价格，从而代理人可能得到较高的收益。合同二的内容是针对低能力的代理人给予较低的货物量，从而得到较低的收益。为什么是合同一中的代理人可能得到较高的报酬，而不是一定呢（其拥有退货权，难道不是得到的货物量越多收益越大吗）？因为如果代理人是低能力的，选择合同一也意味着负担较高的销售费用，从而导致报酬减小。所以高能力的代理人一定选择合同一，低能力的代理人选择合同二。

（2）在代理人决定自己的努力水平，而委托人并不知道代理人是否努力销售的信息不对称引起的道德风险问题中，假设代理人是高能力的，委托人可以设计一个合同去激励代理人努力销售。合同的主要内容是根据当前信息决定一个高努力水平下高能力代理人的给货量，如果代理人在农产品最佳买卖时间内将农产品全部销售，则给予代理人较高的报酬，如果没有销售完，就给予较低的报酬，从而促使代理人努力销售。

（3）在同时存在逆向选择和道德风险问题的情况下，代理人可以将上述两种激励设计结合一下，设计出一个既能区分代理人类型，又能促使代理人努力销售的两类合同。合同一的内容是确定一个较高的给货量，如果代理人在农产品最佳买卖时间内将其完全销售，那么代理人将获得高收益，如果出现农产品耗损，则获得较低的收益。合同二的内容是确定一个较低的给货量，如果代理人在农产品最佳买卖时间内将其完全销售，那么代理人将获得相对高的收益，如果出现农产品耗损，则获得更低的收益。

那么如何确定各个合同中的给货量以及相应的协议价格呢？本书通过构建9个激励模型来帮助委托人解决其所面临的委托代理问题。基本模型描述如下：

考虑在一个批发商（委托人）和一个代销商（代理人）组成的二级农产品供应链中，批发商委托代销商进行农产品销售。其中代理人有高能力 $\{k_1, A_1, \theta_1\}$ 和低能力 $\{k_2, A_2, \theta_2\}$ 两种类型，k_1 和 k_2 分别表示高能力和低能力的代理人的基本销售量（能力水平），其中 $k_1 - k_2 > 0$；A_1 和 A_2 分别表示高能力和低能力的代理人的努力影响因子，其中 $A_1 - A_2 > 0$；θ_1 和 θ_2 分别表示高能力和低能力的代理人的边际成本，其中 $\theta_2 - \theta_1 > 0$，代理人知道自己的能力高低，而委托人只知道代理人的类型的概率分布 $p(\theta_1) = a, p(\theta_2) = 1 - a$，其中 $0 < a < 1$。

其他相关变量如表4-4所示。

表4-4 相关变量

参数	含义
p	农产品销售市场价
c	农产品成本
α	市场随机因素影响因子
e	道德风险变量，即代理人的努力程度，且 $e \in \{0, 1\}$，$e = 0$ 表示低努力，$e = 1$ 表示高努力，并假设代理人的努力成本为 $\varphi(e) = be^2/2$，$\varphi(1) = b/2$，$\varphi(0) = 0$

续表

参数	含义
q_H	委托人给予高能力代理人的货物数量
q_L	委托人给予低能力代理人的货物数量
$f_e(x)$	高能力代理人的销量概率密度函数
$F_e(x)$	高能力代理人的销量分布函数
$g_e(x)$	低能力代理人的销量概率密度函数
$G_e(x)$	高能力代理人的销量分布函数

因为农产品销量受代理人基本销售量 k_i（能力水平）、努力程度 $A_j\sqrt{e}$ 和市场随机因素 ξ 影响，为简化计算，令销量 $X_{ie} = k_i + A_i\sqrt{e} + \alpha\xi(i = 1,2e = 0,1)$，$\xi - N(0,\sigma^2)$，并且 $\int_{-\infty}^{0} f(x)\mathrm{d}x = 0, \int_{-\infty}^{0} g(x)\mathrm{d}x = 0$。则有：

$$F_e(q_j) = p(x \leqslant q_j) = \int_0^{q_j} \frac{1}{\sqrt{2\pi}\alpha\sigma}\exp\left(-\frac{(x - k_1 - A_1\sqrt{e})^2}{2\alpha^2\sigma^2}\right)\mathrm{d}x$$

$$G_e(q_j) = p(x \leqslant q_j) = \int_0^{q_j} \frac{1}{\sqrt{2\pi}\alpha\sigma}\exp\left(-\frac{(x - k_2 - A_2\sqrt{e})^2}{2\alpha^2\sigma^2}\right)\mathrm{d}x$$

基本假设：

（1）假设委托人和代理人为风险中性且代理人受有限责任保护。

（2）代理人的努力可以增加在农产品最佳买卖时间内的销售量。

（3）代理人的努力水平对销量有着重要的影响，即无论是哪种类型的代理人，委托人都设法使其处于高努力的水平。

（4）假设农产品无合理耗损，只有长时间卖不出去所导致的农产品腐烂。

（5）为了简化计算并不失一般性，假设代理人的委托人让代理人至少获得的保留效用为0。

4.3.3　纯逆向选择的激励机制设计

在委托代销中，委托人在合同签订前可能不知道代理人的能力高低，为了区分代理人的类型，委托人可以设计一个单纯的逆向选择合同，通过可观察的结果（销量）来决定影响代理人收益的变量（如视同买断的协议价 w、固定手续费 T、代理商所分享的销售额比例 β）大小。而制定合同的博弈顺序如图 4－20 所示（A 表示委托人，B 表示代理人）。

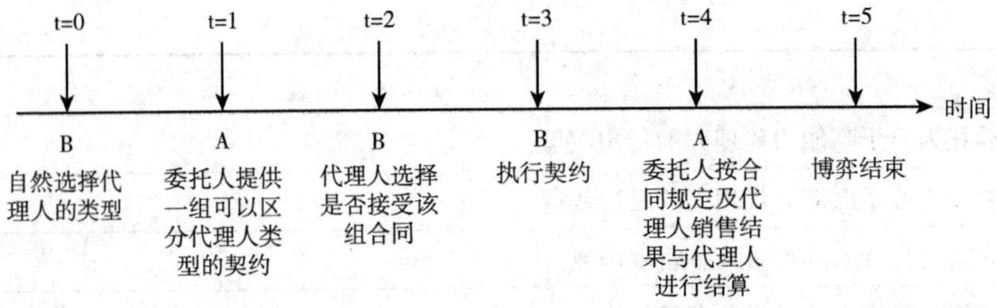

图 4－20　纯逆向选择下制定合同的博弈顺序

4.3.3.1　视同买断下纯逆向选择的激励机制设计

在单纯的逆向选择中，代理人已经掌握某些委托人不了解的信息，而这些信息对委托人是不利的，假如委托人和代理人按视同买断的方式合作，则委托人向代理人提供 $\{q_H, w_1\}$ 和 $\{q_L, w_2\}$ 两种合同。如果代理人选择 q_H 的给货量，说明代理人是高能力，按 w_1 协议价结算；如果代理人选择 q_L 的给货量，说明代理人是低能力，按 w_2 协议价结算。

在这种情况下，契约设计的规划问题可表示为 P1：

$$\max_{\{q_H,w_1\},\{q_L,w_2\}} E\pi = a\left[w_1\left(q_H - \int_0^{q_H} F(x)\mathrm{d}x\right) - cq_H\right] + \left[w_2\left(q_L - \int_0^{q_L} G(x)\mathrm{d}x\right) - cq_L\right] \tag{4-1}$$

$$\text{s.t. } (p - w_1 - \theta_1)\left(q_H - \int_0^{q_H} F(x)\mathrm{d}x\right) \geqslant (p - w_2 - \theta_1)\left(q_L - \int_0^{q_L} F(x)\mathrm{d}x\right) \tag{4-2}$$

$$(p - w_2 - \theta_2)\left(q_L - \int_0^{q_L} G(x)\mathrm{d}x\right) \geqslant (p - w_1 - \theta_2)\left(q_L - \int_0^{q_H} G(x)\mathrm{d}x\right) \tag{4-3}$$

$$(p - w_1 - \theta_1)\left(q_H - \int_0^{q_H} F(x)\mathrm{d}x\right) \geqslant 0 \tag{4-4}$$

$$(p - w_2 - \theta_2)\left(q_L - \int_0^{q_L} G(x)\mathrm{d}x\right) \geqslant 0 \tag{4-5}$$

$$(p - w_1 - \theta_1)q_H \geqslant 0 \tag{4-6}$$

$$(p - w_1 - \theta_1)k_1 \geqslant 0 \tag{4-7}$$

$$(p - w_2 - \theta_2)q_L \geqslant 0 \tag{4-8}$$

$$(p - w_2 - \theta_2)k_2 \geqslant 0 \tag{4-9}$$

4.3.3.2　固定手续费下纯逆向选择的激励机制设计

假如委托人和代理人按支付固定手续费的方式合作，则委托人向代理人提供 $\{q_H, T_1\}$ 和 $\{q_L, T_2\}$ 两种合同。如果代理人选择 q_H 的给货量，说明代理人是高能力，按 T_1 手续费结算；如果代理人选择 q_L 的给货量，说明代理人是低能力，按 T_2 手续费结算。

在这种情况下，契约设计的规划问题可表示为 P2：

$$\max_{\{q_H,T_1\},\{q_L,T_2\}} E\pi = a\left[p\left(q_H - \int_0^{q_H} F(x)\mathrm{d}x\right) - cq_H - T_1\right] + \left[p\left(q_L - \int_0^{q_L} G(x)\mathrm{d}x\right) - cq_L - T_2\right] \tag{4-10}$$

$$\text{s. t. } T_1 - \theta_1\left(q_H - \int_0^{q_H} F(x)\mathrm{d}x\right) \geqslant T_2 - \theta_1\left(q_L - \int_0^{q_L} F(x)\mathrm{d}x\right) \tag{4-11}$$

$$T_2 - \theta_2\left(q_L - \int_0^{q_L} G(x)\mathrm{d}x\right) \geqslant T_1 - \theta_2\left(q_H - \int_0^{q_H} G(x)\mathrm{d}x\right) \tag{4-12}$$

$$T_1 - \theta_1 q_H \geqslant 0 \tag{4-13}$$

$$T_2 - \theta_2 q_L \geqslant 0 \tag{4-14}$$

4.3.3.3　变动手续费下纯逆向选择的激励机制设计

假如委托人和代理人按支付变动手续费的方式合作，则委托人向代理人提供 $\{q_H,\beta_1\}$ 和 $\{q_L,\beta_2\}$ 两种合同。如果代理人选择 q_H 的给货量，说明代理人是高能力，按 β_1 手续费结算；如果代理人选择 q_L 的给货量，说明代理人是低能力，按 β_2 手续费结算。

在这种情况下，契约设计的规划问题可表示为 P3：

$$\begin{aligned}\max_{\{q_H,\beta_1\},\{q_L,\beta_2\}} E\pi = {} & a\left[(1-\beta_1)(p-c)\left(q_H - \int_0^{q_H} F(x)\mathrm{d}x\right) - c\int_0^{q_H} F(x)\mathrm{d}x\right] \\ & + (1-a)\left[(1-\beta_2)(p-c)\left(q_L - \int_0^{q_L} G(x)\mathrm{d}x\right) - c\int_0^{q_L} G(x)\mathrm{d}x\right]\end{aligned} \tag{4-15}$$

$$\text{s. t. } (\beta_1(p-c) - \theta_1)\left(q_H - \int_0^{q_H} F(x)\mathrm{d}x\right) \geqslant (\beta_2(p-c) - \theta_1)\left(q_L - \int_0^{q_L} F(x)\mathrm{d}x\right) \tag{4-16}$$

$$(\beta_2(p-c) - \theta_2)\left(q_L - \int_0^{q_L} G(x)\mathrm{d}x\right) \geqslant (\beta_1(p-c) - \theta_2)\left(q_H - \int_0^{q_H} G(x)\mathrm{d}x\right) \tag{4-17}$$

$$(\beta_1(p-c) - \theta_1)\left(q_H - \int_0^{q_H} F(x)\mathrm{d}x\right) \geqslant 0 \tag{4-18}$$

$$(\beta_2(p-c) - \theta_2)\left(q_L - \int_0^{q_L} G(x)\mathrm{d}x\right) \geqslant 0 \tag{4-19}$$

$$(\beta_1(p-c) - \theta_1)q_H \geqslant 0 \tag{4-20}$$

$$(\beta_1(p-c) - \theta_1)k_1 \geqslant 0 \tag{4-21}$$

$$(\beta_2(p-c) - \theta_2)q_L \geqslant 0 \tag{4-22}$$

$$(\beta_2(p-c) - \theta_2)k_2 \geqslant 0 \tag{4-23}$$

4.3.4 纯道德风险的激励机制设计

在纯道德风险激励机制设计中，不考虑代理人的能力问题，即将其确定为某一类型的代理人，只考虑代理人的努力对委托人期望收益的影响，但委托人并不知道代理人是否会努力工作，所以需要设计一个纯道德风险合同去促使代理人努力工作。该合同的博弈顺序如图 4－21 所示（A 表示委托人，B 表示代理人）：

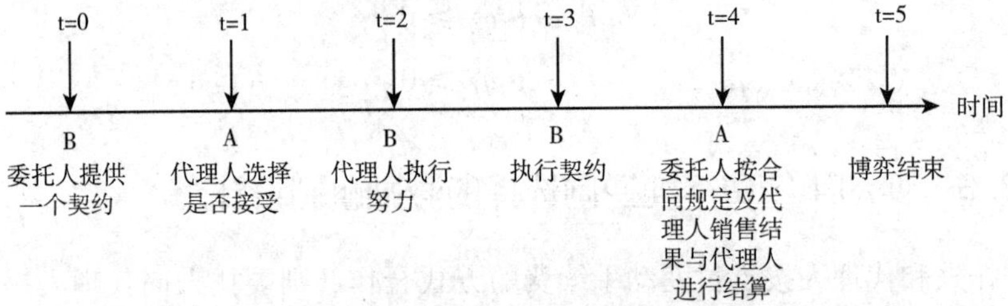

图 4－21　纯道德风险下制定合同的博弈顺序

4.3.4.1 视同买断下纯道德风险的激励机制设计

在纯道德风险下，假如委托人和代理人按视同买断的方式合作，则委托人向代理人提供 $\{w_1, w_2, q_H\}$ 合同。如果代理人销售完成不发生耗损，则按 w_1 协议价结算；反之，按 w_2 协议价结算。

在这种情况下，契约设计的规划问题可表示为 P4：

$$\max_{\{w_1,w_2,q_H\}} E\pi = (w_1 - c)q_H - w_2\int_0^{q_H} F_1(x)\mathrm{d}x + (w_2 - w_1)q_H F_1(q_H) \tag{4-24}$$

$$\text{s.t. } (p - w_1 - \theta_1)q_H - (w_2 - w_1)q_H F_1(q_H) - (p - w_2 - \theta_1)\int_0^{q_H} F_1(x)\mathrm{d}x - \frac{b}{2}$$

$$\geqslant (p - w_1 - \theta_1)q_H - (w_2 - w_1)q_H F_0(q_H) - (p - w_2 - \theta_1)\int_0^{q_H} F_0(x)\mathrm{d}x \tag{4-25}$$

$$(p - w_1 - \theta_1)q_H - (w_2 - w_1)q_H F_1(q_H) - (p - w_2 - \theta_1)\int_0^{q_H} F_1(x)\mathrm{d}x - \frac{b}{2} \geqslant 0 \tag{4-26}$$

4.3.4.2 固定手续费下纯道德风险的激励机制设计

在纯道德风险下，假如委托人和代理人按支付固定手续费的方式合作，则委托人向代理人提供 $\{T_1, T_2, q_H\}$ 合同。如果代理人销售完成不发生耗损，则按 T_1 协议价结算；反之，按 T_2 协议价结算。

在这种情况下，契约设计的规划问题可表示为 P5：

$$\max_{\{T_1,T_2,q_H\}} E\pi = (p-c)q_H - T_1 + F_1(q_H)T_1 - p\int_0^{q_H} F_1(x)\mathrm{d}x - F_1(q_H)T_2 \quad (4-27)$$

$$\text{s.t. } (1-F_1(q_H))T_1 - \theta_1 q_H + F_1(q_H)T_2 + \theta_1\int_0^{q_H} F_1(x)\mathrm{d}x - \frac{b}{2}$$

$$\geqslant (1-F_0(q_H))T_1 - \theta_1 q_H + F_0(q_H)T_2 + \theta_1\int_0^{q_H} F_0(x)\mathrm{d}x \quad (4-28)$$

$$(1-F_1(q_H))T_1 - \theta_1 q_H + F_1(q_H)T_2 + \theta_1\int_0^{q_H} F_1(x)\mathrm{d}x - \frac{b}{2} \geqslant 0 \quad (4-29)$$

4.3.4.3　变动手续费下纯道德风险的激励机制设计

在纯道德风险下，假如委托人和代理人按支付变动手续费的方式合作，则委托人向代理人提供 $\{\beta_1,\beta_2,q_H\}$ 合同。如果代理人销售完成不发生耗损，则按 β_1 协议价结算；反之，按 β_2 协议价结算。

在这种情况下，契约设计的规划问题可表示为 P6：

$$\max_{\{\beta_1,\beta_2,q_H\}} E\pi = (1-\beta_1)(p-c)q_H(1-F_1(q_H)) + (1-\beta_2)(p-c)q_H F_1(q_H)$$

$$-\int_0^{q_H} F_1(x)\mathrm{d}x - c\int_0^{q_H} F_1(x)\mathrm{d}x \quad (4-30)$$

$$\text{s.t. } (\beta_1(p-c)-\theta_1)q_H(1-F_1(q_H)) + (\beta_2(p-c)-\theta_1)\left(q_H F_1(q_H) - \int_0^{q_H} F_1(x)\mathrm{d}x\right) - \frac{b}{2}$$

$$\geqslant (\beta_1(p-c)-\theta_1)q_H(1-F_0(q_H)) + (\beta_2(p-c)-\theta_1)\left(q_H F_0(q_H) - \int_0^{q_H} F_0(x)\mathrm{d}x\right)$$

$$(4-31)$$

$$(\beta_1(p-c)-\theta_1)q_H(1-F_1(q_H)) + (\beta_2(p-c)-\theta_1)\left(q_H F_1(q_H) - \int_0^{q_H} F_1(x)\mathrm{d}x\right) - \frac{b}{2} \geqslant 0$$

$$(4-32)$$

4.3.5　同时存在逆向选择和道德风险的激励机制设计

在进行单纯的道德风险激励机制设计时，前提假设是代理人没有自己的私人信息。但是在现实中，这种假设往往很难实现。例如，在借贷市场上，债务人比债权人更了解债务人的财务状况、项目的投资回报率等；又如，在保险市场上，投保人比保险公司更了解危险发生的概率，以及发生时所遭受的损失大小。这些例子说明逆向选择和道德风险很少单独出现，常常纠缠在一起。在农产品供应链中，在签订契约前，由于有些信息（如代理商能力水平、销售地区市场供求关系等）不是共同知识，因而双方在合作过程中存在因信息不对称产生的逆向选择问题；在签订契约后，代理商可选择自己的努力水平，而供应商无法观测到销售商的真实努力水平，因而双方的合作还存在道德风险问题。如何解决批发商与其代理商的委托代理问题，就是如何设计一个发生在道德风险之前的逆向选择下的激励合同。该合同的制定发生在代理人拥有私人信息之后，采取行动之前。

考虑在一个批发商（委托人）和一个代销商（代理人）组成的二级农产品供应链中，批发商委托代销商进行农产品销售。此时，委托人需要设计一个激励合同同时解决逆向选择问题——判断代理人的能力类型，促使其公开真实的信息，以及道德风险问题——怎样才能促使代理人付出更多的努力。制定合同的博弈顺序如图 4－22 所示（A 表示委托人，B 表示代理人）。

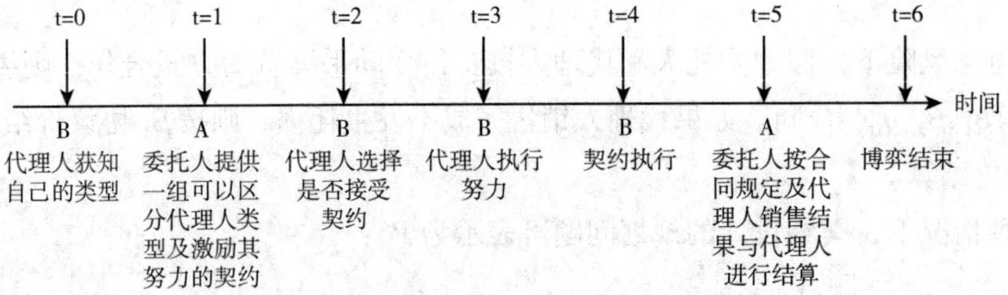

图 4－22　同时存在逆向选择和道德风险下制定合同的博弈顺序

批发商委托代销商进行农产品销售的步骤为：

（1）委托人自然选择代理人的能力高低 θ。

（2）委托人根据代理人的能力类型设计一组随机契约 $\{q(\theta), T_1, T_2\}$，其中 $q(\theta)$ 表示给货量，它是一个关于代理人对自己类型汇报的函数；而 T_1 和 T_2 表示直接影响代理人收益的变量（如视同买断的协议价 w 、固定手续费 T 、代理商所分享的销售额比例 β），其依赖于农产品销售中是否发生耗损。

（3）代理人接受或者拒绝该契约。如果接受，代理人就相当于向委托人报告自己的类型；如果拒绝，则博弈结束。

（4）代理人执行努力 e，选择给货量 $q(\theta)$。

（5）销售完成，委托人按实际销售量或者销售额及合同规定结算方式结算代理人的收益。

4.3.5.1　视同买断下同时存在逆向选择和道德风险的激励机制设计

假如委托人和代理人按视同买断的方式合作，则委托人向代理人提供 $\{q_H, w_{11}, w_{12}\}$ 和 $\{q_L, w_{21}, w_{22}\}$ 两种合同。如果代理人选择 q_H 的给货量，说明代理人是高能力，则：销售完成若发生耗损，就按 w_{12} 协议价结算；若全部售完，就按 w_{11} 协议价结算。如果代理人选择 q_L 的给货量，说明代理人是低能力，则：销售完成若发生耗损，就按 w_{22} 协议价结算；若全部售完，就按 w_{21} 协议价结算。

当高能力的代理人采取高努力水平并如实向委托人报告自己的类型时，其期望效用为：

$$U_1 = (p - w_{11} - \theta_1) q_H (1 - F_1(q_H)) + (p - w_{12} - \theta_1)\left(q_H F_1(q_H) - \int_0^{q_H} F_1(x)\mathrm{d}x\right) - b/2 \tag{4-33}$$

同理，低能力的代理人采取高努力水平并如实向委托人报告自己的类型时，期望效用为：

$$U_2 = (p - w_{21} - \theta_2) q_L (1 - G_1(q_L)) + (p - w_{22} - \theta_2)\left(q_L G_1(q_L) - \int_0^{q_L} G_1(x)\mathrm{d}x\right) - b/2 \tag{4-34}$$

要使上述两种类型的代理人接受合同契约，必须满足的逆向选择的激励约束分别为：

$$U_1 \geqslant \max_{e \in \{0,1\}} (p - w_{21} - \theta_1) q_L (1 - F_e(q_L)) + (p - w_{22} - \theta_1)\left(q_L F_e(q_L) - \int_0^{q_L} F_e(x)\mathrm{d}x\right) - \frac{be^2}{2} \tag{4-35}$$

$$U_2 \geqslant \max_{e \in \{0,1\}} (p - w_{11} - \theta_2) q_H (1 - G_e(q_H)) + (p - w_{12} - \theta_2)\left(q_H G_e(q_H) - \int_0^{q_H} G_e(x)\mathrm{d}x\right) - be^2/2 \tag{4-36}$$

而必须满足的道德风险的激励约束分别为：

$$U_1 \geqslant (p - w_{11} - \theta_1) q_H (1 - F_0(q_H)) + (p - w_{12} - \theta_1)\left(q_H F_0(q_H) - \int_0^{q_H} F_0(x)\mathrm{d}x\right) \tag{4-37}$$

$$U_2 \geqslant (p - w_{21} - \theta_2) q_L (1 - G_0(q_L)) + (p - w_{22} - \theta_2)\left(q_L G_0(q_L) - \int_0^{q_L} G_0(x)\mathrm{d}x\right) \tag{4-38}$$

且假设代理人拒绝合同将获得0的保留效用，则必须满足的参与约束为：

$$U_1 \geqslant 0 \tag{4-39}$$

$$U_2 \geqslant 0 \tag{4-40}$$

最后还需要满足有限责任约束。对于高能力的代理人：

$$(p - w_{11} - \theta_1) q_H \geqslant 0 \tag{4-41}$$

$$(p - w_{12} - \theta_1) k_1 \geqslant 0 \tag{4-42}$$

对于低能力的代理人：

$$(p - w_{21} - \theta_2) q_L \geqslant 0 \tag{4-43}$$

$$(p - w_{22} - \theta_2) k_2 \geqslant 0 \tag{4-44}$$

从上述约束式可以看出，委托人想要代理人采取高努力，必须至少给两种代理人支付其因为协议价不同而产生的差额。

通过上述观察分析可以发现，当约束条件式（4－44）满足时，约束条件式（4－39）~式（4－43）都可以自动满足，而且因为委托人期望收益 $E\pi$ 是关于协议价 w 的增函数，当协议价 w 取最大值时，$E\pi$ 达到最大值。所以视同买断下发生在道德风险之前的逆向选择激励机制设计的规划问题可表示为 P7：

$$\max_{\{q_H,w_{11},w_{12}\},\{q_L,w_{21},w_{22}\}} E\pi = a\left[w_{11}q_H(1-F_1(q_H)) + w_{12}\left(q_HF_1(q_H) - \int_0^{q_H}F_1(x)\mathrm{d}x\right) - cq_H\right] + (1-a)\left[w_{21}q_L(1-G_1(q_L)) + w_{22}\left(q_LG_1(q_L) - \int_0^{q_L}G_1(x)\mathrm{d}x\right) - T_{22}G_1(q_L) - cq_L\right] \tag{4-45}$$

约束条件分别为式（4－35）、式（4－37）、式（4－38）和式（4－44）。

4.3.5.2 固定手续费下同时存在逆向选择和道德风险的激励机制设计

假如委托人和代理人按固定手续费结算收益，则委托人向代理人提供 $\{q_H,T_{11},T_{12}\}$ 和 $\{q_L,T_{21},T_{22}\}$ 两种合同。如果代理人选择 q_H 的给货量，说明代理人是高能力，则：销售完成若发生耗损，就按 T_{12} 协议价结算；若全部售完，就按 T_{11} 协议价结算。如果代理人选择 q_L 的给货量，说明代理人是低能力，则：销售完成若发生耗损，就按 T_{22} 协议价结算；若全部售完，就按 T_{21} 协议价结算。

参照视同买断的相关分析，可将固定手续费下发生在道德风险之前的逆向选择激励机制设计的规划问题表示为 P8：

$$\max_{\{q_H,T_{11},T_{12}\},\{q_L,T_{21},T_{22}\}} E\pi = a\left[(pq_H - T_{11})(1-F_1(q_H)) + p\left(q_HF_1(q_H) - \int_0^{q_H}F_1(x)\mathrm{d}x\right) - T_{12}F_1(q_H) - cq_H\right] + (1-a)\left[(pq_L - T_{21})(1-G_1(q_L)) + p\left(q_LG_1(q_L) - \int_0^{q_L}G_1(x)\mathrm{d}x\right) - T_{22}G_1(q_L) - cq_L\right] \tag{4-46}$$

$$\text{s.t. } U_1 = (1-F_1(q_H))(T_{11} - \theta_1 q_H) + T_{12}F_1(q_H) - \theta_1\left(q_HF_1(q_H) - \int_0^{q_H}F_1(x)\mathrm{d}x\right) - \frac{b}{2} \geqslant \max_{e\in\{0,1\}}(1-F_e(q_L))(T_{21} - \theta_1 q_L) + T_{22}F_e(q_L) - \theta_1\left(q_LF_e(q_L) - \int_0^{q_L}F_e(x)\mathrm{d}x\right) - \frac{be^2}{2} \tag{4-47}$$

$$U_2 = (1-G_1(q_L))(T_{21} - \theta_2 q_L) + T_{22}G_1(q_L) - \theta_2\left(q_LG_1(q_L) - \int_0^{q_L}G_1(x)\mathrm{d}x\right) - \frac{b}{2}$$

$$\geqslant \max_{e \in \{0,1\}} (1 - G_e(q_H))(T_{11} - \theta_2 q_H) + T_{12} G_e(q_H) - \theta_2 \left(q_L G_e(q_H) - \int_0^{q_H} G_e(x) \mathrm{d}x \right) - \frac{be^2}{2} \tag{4-48}$$

$$U_1 \geqslant (1 - F_0(q_H))(T_{11} - \theta_1 q_H) + T_{12} F_0(q_H) - \theta_1 \left(q_H F_0(q_H) - \int_0^{q_H} F_0(x) \mathrm{d}x \right) \tag{4-49}$$

$$U_2 \geqslant (1 - G_0(q_L))(T_{21} - \theta_2 q_L) + T_{22} G_0(q_L) - \theta_2 \left(q_L G_0(q_L) - \int_0^{q_L} G_0(x) \mathrm{d}x \right) \tag{4-50}$$

$$U_1 \geqslant 0 \tag{4-51}$$

$$U_2 \geqslant 0 \tag{4-52}$$

$$T_{11} - \theta_1 q_H \geqslant 0 \tag{4-53}$$

$$T_{12} - \theta_1 q_H \geqslant 0 \tag{4-54}$$

$$T_{21} - \theta_2 q_L \geqslant 0 \tag{4-55}$$

$$T_{22} - \theta_2 q_L \geqslant 0 \tag{4-56}$$

其中约束条件式（4－47）和式（4－48）是逆向选择的激励相容约束；式（4－49）和式（4－50）是道德风险的激励相容约束；式（4－51）和式（4－52）是参与约束；式（4－53）~式（4－56）分别是高能力代理人和低能力代理人的有限责任约束。

4.3.5.3　变动手续费下同时存在逆向选择和道德风险的激励机制设计

假如委托人和代理人按变动手续费结算收益，则委托人向代理人提供 $\{q_H, \beta_{11}, \beta_{12}\}$ 和 $\{q_L, \beta_{21}, \beta_{22}\}$ 两种合同。如果代理人选择 q_H 的给货量，说明代理人是高能力，则：销售完成若发生耗损，就按 β_{12} 的比例分享收益；若全部售完，就按 β_{11} 的比例分享收益。如果代理人选择 q_L 的给货量，说明代理人是低能力，则：销售完成若发生耗损，就按 β_{22} 的比例分享收益；若全部售完，就按 β_{21} 的比例分享收益。

参照视同买断的相关分析，可将变动手续费下发生在道德风险之前的逆向选择激励机制设计的规划问题表示为 P9：

$$\begin{aligned} \max_{\{q_H, \beta_{11}, \beta_{12}\}, \{q_L, \beta_{21}, \beta_{22}\}} E\pi = {} & a \left[(1 - \beta_{11})(p - c) q_H (1 - F_1(q_H)) - \int_0^{q_H} F_1(x) \mathrm{d}x \right. \\ & \left. + (1 - \beta_{12})(p - c) \left(q_H F_1(q_H) - c \int_0^{q_H} F_1(x) \mathrm{d}x \right) \right] \\ & + (1 - a) \left[(1 - \beta_{21})(p - c) q_L (1 - G_1(q_L)) - \int_0^{q_L} G_1(x) \mathrm{d}x \right. \\ & \left. + (1 - \beta_{22})(p - c) \left(q_L G_1(q_L) - c \int_0^{q_L} G_1(x) \mathrm{d}x \right) \right] \end{aligned} \tag{4-57}$$

$$\text{s. t. } U_1 = (\beta_{11}(p-c)-\theta_1)q_H(1-F_1(q_H)) + (\beta_{12}(p-c)-\theta_1)q_H\left(1-F_1(q_H)-\int_0^{q_H}F_1(x)\mathrm{d}x\right)-\frac{b}{2}$$

$$\geqslant \max_{e\in\{0,1\}}(\beta_{21}(p-c)-\theta_1)q_L(1-F_e(q_L)) + (\beta_{22}(p-c)-\theta_1)\left(q_LF_e(q_L)-\int_0^{q_L}F_e(x)\mathrm{d}x\right)-\frac{be^2}{2} \quad (4-58)$$

$$U_2 = (\beta_{21}(p-c)-\theta_2)q_L(1-G_1(q_L)) + (\beta_{22}(p-c)-\theta_2)\left(q_LG_1(q_L)-\int_0^{q_H}F_1(x)\mathrm{d}x\right)-\frac{b}{2}$$

$$\geqslant \max_{e\in\{0,1\}}(\beta_{11}(p-c)-\theta_2)q_H(1-G_e(q_H)) + (\beta_{12}(p-c)-\theta_2)\left(q_HG_e(q_H)-\int_0^{q_H}G_e(x)\mathrm{d}x\right)-\frac{be^2}{2} \quad (4-59)$$

$$U_1 \geqslant (\beta_{11}(p-c)-\theta_1)q_H(1-F_0(q_H)) + (\beta_{12}(p-c)-\theta_1)\left(q_HF_0(q_H)-\int_0^{q_H}F_0(x)\mathrm{d}x\right) \quad (4-60)$$

$$U_2 \geqslant (\beta_{21}(p-c)-\theta_2)q_L(1-G_0(q_L)) + (\beta_{22}(p-c)-\theta_2)\left(q_LG_0(q_L)-\int_0^{q_L}G_0(x)\mathrm{d}x\right) \quad (4-61)$$

$$U_1 \geqslant 0 \quad (4-62)$$

$$U_2 \geqslant 0 \quad (4-63)$$

$$(\beta_{11}(p-c)-\theta_1)q_H \geqslant 0 \quad (4-64)$$

$$(\beta_{12}(p-c)-\theta_1)k_1 \geqslant 0 \quad (4-65)$$

$$(\beta_{21}(p-c)-\theta_2)q_L \geqslant 0 \quad (4-66)$$

$$(\beta_{22}(p-c)-\theta_2)k_2 \geqslant 0 \quad (4-67)$$

4.4 农超对接的利益分配

农超对接是对我国传统农产品流通模式的一个创新，近几年农超对接的发展也给农民、超市以及消费者带来了实惠。但是当前对接中农户和超市基于利益考虑，在对接中都还是采取分权决策方式，没有真正形成一体化的联盟。超市和农户主要还是以讨价还价的方式进行对接。由于超市和农户之间的利益冲突，使得农超对接供应链不能充分发挥供应链的优势。为了更好地发挥供应链优势，有必要在建立农超对接模式时考虑利益的分配和收益的共享。

这里，我们重点分析专业农民合作社组织下的农户与超市对接情况。在我国，专业合作社是不以营利为目的的服务性组织，是代表农户利益的，合作社的利益很大程度上可以看成是农民的利益，合作社可以看作是其下农户的利益代表。因此，为了简化模型，研究代表农户利益的合作社与超市对接中的利益问题时，将合作社方简称为农户[46]。

4.4.1　基于收益共享的农超对接模式模型分析

4.4.1.1　模型符号与假设

农超对接情况下，利益分配的主体主要是参加对接的农户和超市，因此这可以看成是一个两级供应链的利益分配问题。农超对接中的农产品一般是具有生产周期长、销售期短、易腐烂、不易储存等性质的鲜活农产品。在运输途中，由于运输设施等原因不仅会造成一部分产品损耗，导致数量减少，还会影响其品质。对于消费者来说，农产品的品质是其购买时考虑的重要因素，在同样的零售价格下，产品新鲜度越高、品质越好，消费者的购买欲望就越大，市场需求也就越大。

该模型符号设定如下：

C_1：农户生产单位农产品的生产成本（包括土地成本，劳动成本，种子、农药、化肥等中间投入）。

C_2：超市在采购、销售单位农产品时所花费的成本（包括运输费用，装卸搬运费用、加工成本，人力成本等）。

P_1：超市向农户收购单位农产品的价格，即批发价。

P_2：超市向消费者销售单位农产品的价格，即零售价。

q：超市向农户收购的农产品数量。

π_1，π_2：分别表示农超对接时，农户和超市分别获得的利润。

π：表示农超对接供应链上的总利润，$\pi = \pi_1 + \pi_2$。

该模型基于以下假设：

（1）超市到基地订购农产品，运输成本和运输过程中的损耗由超市承担。由于农产品本身的特性以及运输设备等原因，运输途中，必然会有一部分农产品损耗，在此引入一个与运输时间有关的损耗因子 $\rho(t)$，且 $\rho(t) \in [0, 1]$，当 $\rho(t) = 0$ 时表示农产品损耗为 0，$\rho(t) = 1$ 表示农产品全部损耗掉。当超市向农户订购的农产品数量为 q 时，若仅考虑运输途中的损耗，不计较其他环节的损耗，则其实际可销售的农产品为 $q(1 - \rho(t))$，令 $\beta(t) = 1 - \rho(t)$，那么超市实际可用于销售的农产品为 $\beta(t)q$。

（2）农超对接中的农产品主要是鲜活农产品。越新鲜、质量越好的产品，一般来讲营养和价值越好，对农产品来说更是如此。由于生活水平的日益提高，消费者越来越关注农产品的品质。记 λ 为表征农产品品质的因子（$0 \leqslant \lambda \leqslant 1$），$\lambda = 0$ 可看作农产品品质很差，没有利用价值，$\lambda = 1$，表示农产品品质最高。品质对农产品零售市场的需求有着不可忽视的影响。在此采用乘积形式的市场需求函数[47]：

$$D = \theta P^{-k} \lambda$$

其中，θ，k 为常数，且 $\theta > 0$，$k > 1$。

（3）由于市场上不止一家农户与超市对接，则 $D = \sum_{i=1}^{n} q_i$，设其他与超市合作农户提供的农产品是 αq，则有 $D = (\alpha + 1)q = \theta P^{-k}\lambda$，于是有

$$q = \frac{\theta P^{-k}\lambda}{\alpha + 1} \tag{4-68}$$

（4）农户和超市剩余产品的残值均为0，不考虑缺货造成的损失；所有信息都是共有的，包括成本、市场需求信息等；农户和超市都是风险中性的理性决策者，他们追求的都是利润最大化。

4.4.1.2 模型建立

1. 分散决策下农户和超市的利益

农超对接中，由于超市话语权较强，因此可将农超对接看成是超市主导的二级供应链。在分散决策下，农户和超市各自追求自身利益最大化。根据斯塔克伯格（Stackelberg）动态博弈思想，超市和农户通过价格调整达到均衡，其中超市是价格的领导者和先行者，农户则是跟随者。

超市的利益函数可表示为：

$$\pi_2 = P_2\beta(t)q - (P_1 + C_2)q \tag{4-69}$$

将式（4－68）代入式（4－69），得到：

$$\pi_2 = \frac{\theta\beta(t)\lambda}{\alpha + 1}P_2^{1-k} - \frac{(P_1 + C_2)\theta\lambda}{\alpha + 1}P_2^{-k} \tag{4-70}$$

对式（4－70）求导，令 $\frac{\partial \pi_2}{\partial P_2} = 0$，可得超市的最优零售价：

$$P_2' = \frac{k(P_1 + C_1)}{(k - 1)\beta(t)} \tag{4-71}$$

将式（4－71）代入式（4－68），即可求得超市的最优订购量 q：

$$q' = \frac{\theta\lambda}{\alpha + 1}\left(\frac{(k - 1)\beta(t)}{k(P_1 + C_2)}\right)^k \tag{4-72}$$

超市的最大利益为：

$$\pi_2' = \frac{\theta\lambda\beta(t)}{\alpha + 1}\frac{1}{k}\left(\frac{(k - 1)\beta(t)}{k(P_1 + C_2)}\right)^{k-1} \tag{4-73}$$

从式（4－71）～式（4－73）可以看出，超市的最优定价、最优订货量和最大利益都与农户的批发价有关。因为超市的成本和需求是共有信息，农户根据超市的决策做出使自己利益最大的决策。农户的利益函数为：

$$\pi_1 = (P_1 - C_1)q \tag{4-74}$$

将式（4－72）代入式（4－74），可得：

$$\pi_1 = (P_1 - C_1)\frac{\theta\lambda}{\alpha+1}\left(\frac{(k-1)\beta(t)}{k(P_1+C_2)}\right)^k \tag{4-75}$$

令 $\frac{\partial \pi_1}{\partial P_1}=0$，可求得农户利益最大下的批发价：

$$P_1' = \frac{kC_1 + C_2}{k-1} \tag{4-76}$$

将式（4－76）代入式（4－71）和式（4－72），求得超市的最佳零售价和最佳订货量：

$$P_2' = \left(\frac{k}{k-1}\right)^2 \frac{C_1 + C_2}{\beta(t)} \tag{4-77}$$

$$q' = \frac{\theta\lambda}{\alpha+1}\left(\frac{k-1}{k}\right)^{2k}\left(\frac{\beta(t)}{C_1+C_2}\right)^k \tag{4-78}$$

将式（4－76）分别代入式（4－73）和式（4－75），可以求出此决策下农户和超市的最大化利益：

$$\pi_1' = \frac{\theta\lambda\beta(t)^k}{\alpha+1}\frac{(k-1)^{2k-1}}{k^{2k}}(C_1+C_2)^{1-k} \tag{4-79}$$

$$\pi_2' = \frac{\theta\lambda\beta(t)^k}{\alpha+1}\frac{(k-1)^{2k-2}}{k^{2k-1}}(C_1+C_2)^{1-k} \tag{4-80}$$

2. 集中决策下农户和超市的利益

集中决策下，超市和农户是一个经济整体，供应链上的总收益为：

$$\begin{aligned}\pi &= \beta(t)P_2 q - (C_1+C_2)q \\ &= \frac{\theta\beta(t)\lambda}{\alpha+1}P_2^{1-k} - \frac{\theta\lambda}{\alpha+1}(C_1+C_2)P_2^{-k}\end{aligned} \tag{4-81}$$

为使供应链总利益最大，令 $\frac{\partial \pi}{\partial P_2}=0$，求得集中决策下最优零售价为：

$$P_2'' = \frac{k(C_1+C_2)}{(k-1)\beta(t)} \tag{4-82}$$

从而集中决策下超市向农户订购农产品的最优量为：

$$q'' = \frac{\theta\lambda}{\alpha+1}\left(\frac{k-1}{k}\right)^k\left(\frac{\beta(t)}{C_1+C_2}\right)^k \tag{4-83}$$

集中决策下整个供应链的总利益为：

$$\pi'' = \frac{\theta\lambda\beta(t)^k}{\alpha+1}\frac{(k-1)^{k-1}}{k^k}(C_1+C_2)^{1-k} \tag{4-84}$$

供应链总利益最大时，农户和超市的利益分别为：

$$\pi_1'' = \frac{\theta\lambda}{\alpha+1}\left(\frac{k}{k-1}\right)^k\left(\frac{\beta(t)}{C_1+C_2}\right)^k(P_1 - C_1) \tag{4-85}$$

$$\pi_2'' = \frac{\theta\lambda}{\alpha+1}\left(\frac{k}{k-1}\right)^k\left(\frac{\beta(t)}{C_1+C_2}\right)^k\left(\frac{kC_1+C_2}{k-1} - P_1\right) \tag{4-86}$$

由式（4-85）和式（4-86）容易看出，集中决策下，农户和超市的利益都是关于批发价 P_1 的线性函数，P_1 的取值决定了供应链总收益在农户和超市之间的分配。

4.4.1.3 模式分析

下面对分散决策下的供应链和集中决策下的供应链进行比较分析。

首先，由上述分析可得分散决策下农户和超市的利益比率：

$$\varepsilon = \frac{\pi_1'}{\pi_2'} = \frac{k-1}{k} \tag{4-87}$$

ε 的大小由最终市场价格弹性 k 决定，容易看出 $\varepsilon < 1$，即分散决策下，农户所得利益总是少于超市所得利益，且市场需求对价格弹性越大，农户和超市所取得利益越相近。

然后，分析超市在分散决策下和集中决策下的最优市场售价 P_2' 和 P_2''，以及超市最优订购批量 q' 和 q''。由式（4-77）~式（4-80）可以看出，农产品的零售价格与损耗度有关，损耗度越大则零售价越高；最优订购量与损耗度、农产品品质有关，品质越高、损耗越少，则超市最优订购量越大。

$$\frac{P_2'}{P_2''} = \frac{k}{k-1} > 1 \tag{4-88}$$

$$\frac{q'}{q''} = \left(\frac{k-1}{k}\right)^k < 1 \tag{4-89}$$

由式（4-88）和式（4-89）可以看出，分散决策下农产品的零售价较集中决策高，集中决策下的售价在市场上更具有竞争力，并且集中决策下超市订购量增加，这对于农产品供应链来说具有很大的意义。由于农产品具有易腐易烂、不易储存的特性，超市订购量增大可以减少农产品腐烂损耗以及滞销的风险；同时，售价降低，会吸引更多的消费者，提高超市的竞争力。

通过式（4-79）、式（4-80）和式（4-84）可以发现，集中决策下供应链的总利益大于分散决策下的总利益，且不管是分散决策还是集中决策，利益总是与农产品的品质、损耗因子以及种植农户的规模有关，品质越好、损耗率越低、农户的种植规模越大，超市、农户以及供应链的总利益就会越大。

比较式（4-71）和式（4-72）可以发现，分散决策下超市利益最大化时的农产品售价和集中决策使得供应链总利益最大的农产品售价并不一定相同，若超市和农户都只追求自身利益最大化，就会导致供应链总利益达不到最大化，不能有效发挥供应链的优势。

若要同时实现超市利益和供应链利益最大化，则 $P_1 = C_1$，即农户以生产成本价将农产品出售给超市，这意味着，农户的利益为0，供应链上的利益全部被超市所占，这样农户肯定不愿意和超市合作。因此为了在超市和农户都满意的情况下实现供应链利益最大，超市和农户需建立收益共享契约，超市将供应链的总利益以比例 φ 分给农户，即农户占供应链总利益的比例为 φ，超市占供应链总利益的（$1-\varphi$）。由于超市和农户都是理性的决策者，在收益共享契约下，他们所获得的利益应该不低于各自独立决策时的利益，即：

$$\varphi\pi'' \geqslant \pi_1' \tag{4-90}$$

$$(1-\varphi)\pi'' \geqslant \pi_2' \tag{4-91}$$

求解可得：

$$\left(\frac{k-1}{k}\right)^k \leqslant \varphi \leqslant 1-\left(\frac{k-1}{k}\right)^{k-1} \tag{4-92}$$

由式（4－92）可以看出，只要收益分配系数 φ 在 $\left[\left(\frac{k-1}{k}\right)^k, 1-\left(\frac{k-1}{k}\right)^{k-1}\right]$ 区间内，农户和超市所获得的利益都比分散决策下的多，由于农户和超市都是理性的决策者，基于利益的考虑他们将乐意接受这样的约定。在实际运行过程中，农户和超市之间的信息并不对称，收益分配系数与很多因素有关，比如对接中农户和超市投入资源的多少，承担风险的大小，双方讨价还价能力的大小等。

以下通过一个算例对模型进行说明。一位种植茄子的农民与超市实行农超对接。农民生产茄子的单位生产成本为 $C_1 = 1.4$ 元/千克，超市从农户采购到售出茄子的单位物流成本 $C_2 = 1.2$ 元/千克，需求对价格弹性 $k = 4$，其他参数分别设置如下：$\lambda = 1$，$\beta(t) = 0.95$，$\alpha = 1$，$\theta = 10^7$。收益分配系数 φ 的取值区间范围为［0.316，0.578］，取 $\varphi = 0.4$。将相关参数分别代入超市和农户在分散决策和集中决策下的模型中，经过整理后可得到数据如表 4－5 所示。

表 4－5　　超市和农户在分散决策和集中决策下的收益比较

项目	价格 P（元/千克）		订购量 q（t）（吨）	收益 π（元）		
	批发价 P_1	零售价 P_2		农户 π_1	超市 π_2	总收益 π
分散决策	2.3	4.9	8.9	8000	10300	18300
集中决策	1.4	3.7	27	10800	16200	24700
集中决策－分散决策	－0.9	－1.2	1.81	2800	5900	6400
集中决策相对分散决策的变化率	－39%	－24.5%	20.3%	35%	57.3%	35.0%

从表4－5可以看出，集中决策下茄子的零售价下降了24.5%，超市订购量增加了20.3%。降低零售价使得农产品销量增加，既降低了农产品滞销的风险，也使农户和超市收益都得到增加，同时消费者也从中得到实惠，说明采取收益共享模式下的农超对接可以给农户、超市和消费者带来更多的利益。

基于收益共享的农超对接模式，即农户与超市签订收益共享契约，确定农超双方的收益分配系数，合作社组织农户进行农产品的生产，超市负责收购、销售农产品，建立稳定的供销关系。超市作为主导方，根据市场需求决定订购量，并以农产品的生产成本价格收购农产品，待商品售出后，根据契约规定的收益分配系数分给农户应得的利益。基于收益共享的农超对接模式如图4－23所示。

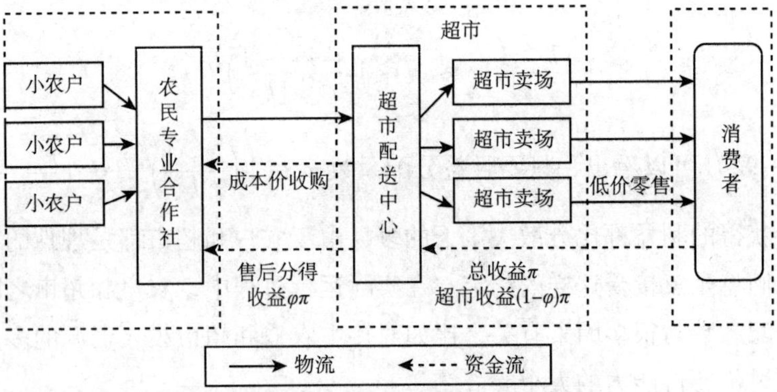

图4－23　基于收益共享的农超对接模式

基于收益共享的农超对接模式使农超对接实现产、销一体化，农户和超市结成产销联盟，超市将市场需求信息反馈给合作社，合作社组织农户专心搞生产，致力于生产出优质的产品，超市获得稳定的货源，更加集中精力对销售环节进行管理。收益共享下，农户和超市的利益是紧紧联系在一起的，这能激励农户和超市提高自己的工作热情，努力增加收益。同时，农户和超市风险共担，可以减少农户因风险承担能力较低带来的不敢扩大生产、销售时节害怕卖贱或滞销的担忧；对超市来说，由于进货成本较低，超市提供的商品更有竞争力，不但能扩大销量，获得较多的收益，而且一旦市场发生变化，超市也可以因与农户共担风险而大大降低损失。

虽然基于收益共享的农超对接模式能够将农户和超市组成战略联盟，使农户利益与超市利益连接起来，增加收益，但是在实际运行中也存在很多障碍，必须加以完善才能保证该模式能够真正发挥作用。管理部门主要可以从以下三个方面着手进行完善：

（1）大力推进合作社的发展。国家要加大对合作社的扶持力度，吸引更多农户入社，壮大合作社的实力，实现农业产业化发展。开展农业技术知识讲座，向农户传授科学种植技术，提高农产品质量和产量，以满足超市对农产品的质量要求，尤其是要建立农产品质量安全检测系统。对合作社管理人员进行定期培训，同时鼓励合作社引进人才，改变其落后的管理观念，提升营销水平。

（2）建立合作社与超市的信息网络。高效快捷的信息系统能够使农户及时了解市场需求，提高供货效率。合作社与超市网上交易、网上支付，不但节约了成本，还能缩短交易时间，可以更快更好地满足市场需求。同时信息更加透明化，能够降低农户与超市的信息不对称，保护农民方的利益。

（3）政府应加强监督管理工作。共享模式下，农户由于不直接面向市场，农民与超市共享联盟带来的总利益信息只能由超市提供，如果超市提供虚假信息或者瞒报收益信息，将侵蚀农户的利益，因此为了防止这样的事发生，政府相关部门应加大监督管理力度，保证农户的利益不受侵害。

4.4.2 影响农超对接模型收益分配系数的因素

4.4.2.1 影响收益分配系数的因素分析

在农超对接运行中，农户和超市多是采用讨价还价的方式进行利益分配的，因此双方谈判力的强弱对收益分配系数影响很大。为了探讨影响收益分配系数的因素，从农户和超市谈判力的角度研究收益分配问题。

根据收益共享契约，农户将农产品以较低的批发价格转让给超市，超市将其卖出以后，将取得的利益拿出一部分分给农户，农户在整个供应链中所得到的利益为$\varphi\pi^*$。将两次农户所得利益与其销售量相比，可以得到农户实际向超市出售单位农产品的价格，也即为农超对接供应链总利益最大时，超市和农户之间的批发价P_1^*。则有：

$$\begin{aligned} \varphi\pi^* &= P_2\beta(t)q^* - (C_1 + C_2)q^* \\ \pi_1^* &= q^*(P_1^* - C_1) \\ \varphi\pi^* &= \pi_1^* \end{aligned} \tag{4-93}$$

由式（4-93），进一步可得：

$$\varphi = \frac{P_1^* - C_1}{P_2\beta(t) - C_1 - C_2} \tag{4-94}$$

通过式（4-94）可以看出，零售价收益分配系数与P_1^*有关，即农户与超市之间的实际交易价格越大，收益共享系数越大，而这个交易价格是与农户和超市的谈判力相关的。建模时假设农户和超市是信息共享的，而在实际运行中，农户和超市之间信息是不对称的。

超市直接与终端消费者相联系，对市场需求信息以及国家相关政策了解较多，而农户由于远离市场，获取信息的能力较低。对相关信息的掌握是提高谈判力的重要因素。目前随着互联网技术等的发展，农产品销售呈现多渠道化，农超对接逐渐发展起来，农产品网上直销也成为一种趋势，农户通过其他渠道销售的意愿也成为影响其谈判力的一个因素。用 C_3 表示单位农产品所分担的市场信息成本，C_4 表示农户直销单位农产品的渠道成本（除物流成本、信息成本以外的成本，如网站运营成本、直销摊点费等），由于农户是理性决策人，他选择与超市对接的条件是，与超市对接时获得的利益不小于其采用其他渠道实行直销所获得的利益，即：

$$P_1 - C_1 \geqslant P_2\beta(t) - (C_2 + C_1 + C_3 + C_4) \tag{4-95}$$

也就是说，当 $P_1 \geqslant P_2\beta(t) - (C_2 + C_3 + C_4)$ 时，意味着农户直接进入市场，单位农产品取得的利润大于与超市对接时所取得的利润，因此他会选择不与超市合作。

由于 φ 与 P_1^* 正相关，于是有：

$$\varphi \geqslant 1 - \frac{C_3 + C_4}{P_2\beta(t) - C_1 - C_2} \tag{4-96}$$

解得 φ 的取值范围为：

$$\begin{cases} \left(\dfrac{k-1}{k}\right)^k \leqslant \varphi \leqslant 1 - \left(\dfrac{k-1}{k}\right)^{k-1} \\ \varphi \geqslant 1 - \dfrac{C_3 + C_4}{\left(\dfrac{\theta\lambda}{\alpha+1}\right)^{\frac{1}{k}} q^{\frac{1}{k}}\beta(t) - C_1 - C_2} \end{cases} \tag{4-97}$$

由式（4-97）容易看出，在农户生产成本和超市订购成本已知的情况下，影响收益分配系数 φ 取值大小的因子主要有：农产品品质 λ；农产品运输途中的损耗率 $\beta(t)$；与超市对接的其他农户的种植规模 α；超市与农户的订购量 q；农户搜集市场信息的成本 C_3；农户直接进入市场销售的除信息和运输成本之外的渠道成本 C_4。这些因素对收益分配系数的影响具体如下：

（1）农产品品质。农产品品质 λ 增大时，φ 的取值也相应增大，因此，提高交易农产品的品质，可以增强农户与超市的谈判力。为了提高谈判力，农户应在生产高品质的农产品上下功夫，加大技术投入，生产优质的农产品。

（2）农产品运输途中的损耗率。$\beta(t)$ 越大表示农产品在采购运输环节的损耗越低，由式（4-97）可以看出，$\beta(t)$ 增大，收益共享系数 φ 的可取值增大，农户分配的利益相对增大。为了取得更多的利益，可以提高对农产品运输中的包装、保鲜技术，减少中间损耗。

（3）与超市对接的其他农户的生产规模。α 值越大，表示与该超市进行对接的其他农户的生产规模越大。α 增大时，农户受其他农户的竞争压力增大，在于超市谈判时，谈判力较弱，φ 的可取值变小，利益分配也相对减少。

（4）超市与农户交易的农产品量。q 增大，农户与超市的谈判力会增强。超市为了稳定供货渠道，保证货源，会采取相应的策略稳定供货商，因此当交易批量较大时，农户谈判力强。

（5）农户直接进入市场所需付出的搜集市场信息的成本。C_3越大，农户直接进入市场的盲目性越高，农户的谈判力越弱，收益分配系数取值越小。即农户搜集市场信息成本越大，难度越高，其选择直接进入市场的意愿就越弱，考虑成本、降低风险等因素，他会更愿意与超市合作，对超市收购依赖性增大，从而降低了谈判力，影响到收益分配。

（6）农户选择其他渠道直接进入市场的除信息和物流成本以外的运营成本 C_4。这个成本越大，农户选择直销的成本就越高，相应的渠道利润就越低，因此其谈判力会被削弱，分配的利益也减少。

4.4.2.2　提高农户收益的建议

为了更好地实现农超对接，提高农户的收益，结合以上对影响收益分配系数的因素的分析，笔者从以下几个方面给出建议：

（1）扩大农民专业合作社的规模，推广先进的农业技术。我国传统农业是以小农户为单位进行生产的，组织化程度低，且分布较为分散。实施农超对接试点以来，我国的农业专业合作社发展迅速，但是由于资金、技术等问题，合作社的发展还远没有达到规模化、标准化，很多合作社规模较小，合作社产品规格化程度较低、管理水平也较低。与超市对接时，超市往往只收购卖相好、质量高的农产品，小规模的合作社由于农产品产量小、品种少、质量良莠不齐，而无法满足超市采购的规模要求，因此谈判中话语权较低，也难以为农户争取更多利益。

一般超市采购量比较大，其寻找供应商需要一定的搜寻成本，因此扩大合作社的规模可以与超市建立长期稳定的对接关系，既节约了超市的采购成本，也为合作社提供了稳定的销售渠道，一定规模的合作社谈判力也较强。因此政府可以通过培训、辅导、技术帮扶等措施，帮助合作社建立规范的管理机制，使合作社向规模化、专业化、规范化方向发展。例如定期对农户进行集中培训，传授科学的种植技术，引导农户发展科学农业；资助合作社购买农产品初加工设备，对农产品进行初加工，运用先进的保鲜保质技术，降低农产品损耗；加强对合作社管理人员进行培训，提高管理能力等。

（2）发展多渠道的农产品流通方式，降低农产品流通渠道成本。由于农产品具有季节性、易腐性、区域性等特点，农产品在销售季节来临之时要尽快进入市场才能确保收益。发展多渠道农产品的流通模式，尤其是直销的模式，对于提高农民收益有着重要意义。当前我国农产品流通方式出现多渠道化，除了传统的流通方式外，还产生了农超对接、农校对接、农企对接、网络销售、供销社平价超市等，日益多元化的流通模式促进了农产品的流通。

目前来说，由于农产品流通体系不健全、物流基础设施落后、信息化水平低、农民受教育程度普遍较低以及农产品渠道成本相对较高等原因，还不能很好地实现农产品的多渠道销售。因此政府应该通过相关政策，鼓励农户拓展销售渠道，并对相关机构进行监管，降低渠道成本，确保农户的利益，并给予农户一定的技术指导和政策扶持，比如支持合作社建立相应的物流基础设施，建设公益性的农贸市场、平价商店，规范对农产品市场的收费，对鲜活农产品车辆进城提供停靠便利措施，对运输鲜活农产品的车辆免收车辆通行费，扩大蔬菜直供直销，免征蔬菜流通的增值税等措施，降低农产品的渠道成本。

（3）加大信息技术投入，完善农产品流通信息网络。信息的不对称是影响农户谈判力的一个重要因素。农户由于远离市场，难以准确、及时地获取市场需求信息，因此在谈判中处于不利地位。政府应该加大对农产品流通市场的信息平台建设，尽快建立完善的公共信息系统，通过电视、广播、互联网等媒体及时、准确地发布农产品的供需信息以及价格信息，尽可能地方便农户或者合作社获取市场信息，降低信息搜索成本，提高信息准确度。

4.4.3 收益分配系数的求解

确定了收益分配系数 φ 的区间，在这个区间内对 φ 取值，可以实现基于收益共享的农超对接供应链利益在农户和超市之间的分配，φ 的取值大小决定了农户和超市所分得利益的大小，也反映了农户和超市对供应链控制能力的大小。由于讨价还价情况下，谈判力的强弱直接影响到利益分配，这对谈判力弱的一方是不利的，尤其是农超对接中，农民的谈判力相对来说较弱，利益也较难得到保障。因此，为使收益分配更加公平，笔者构建了最优收益分配系数目标函数，求解最优的收益分配系数。为了考察利益分配是否公平，在此引入公平熵概念[48]。公平熵是参照物理热力学中有关熵的概念，核心思想是单位投入资源带来的利润应该相等[49]。

由于供应链上利益的分配不仅与投入资源有关，还与成员企业对供应链的重要性、承担的风险、技术创新、努力程度等因素有关，考虑在投入资源和风险承担大小两个因素的影响下求解收益分配系数 φ。

4.4.3.1 投入资源的重要性

农超对接中，投入资源多少是影响利益分配多少的一个重要因素。其他条件都相同的情况下，农户和超市所获得的利益与其投入的资源是正相关的。资源一般可以分成生产资源和创新资源两类。生产资源主要包括实际投入的各种财力、物力等；创新资源不但包括产品创新、技术创新，还包括组织创新，通过组织创新，能够使资源更有效地进行配置。为了便于讨论，本书主要考虑的是农超对接中农户生产农产品过程中的种子、化肥、农药、人力等资源投入 C_1，以及超市从订购到售出农产品过程中的运输、储存、加工、人力等资源投入 C_2。由于农户和超市在供应链中所处的地位和发挥的作用都不相同，其所投入的资源在整个供应链中所做贡献也会有很大的差异。所以，在此引入投入资源价值权数 K_1，K_2，分别表示农户和超市投入资源对供应链所起的作用。

利用专家评分法，确定农户和超市的投入资源在农超对接中的重要性，并据此求解资源价值权数[50]。假设有 m 个专家对对接中的农户和超市投入资源价值进行重要性评价，得到一个重要性评价矩阵 W：

$$W = \begin{bmatrix} w_{11} & w_{12} \\ w_{21} & w_{22} \\ \vdots & \vdots \\ w_{m1} & w_{m2} \end{bmatrix} \tag{4-98}$$

其中，w_{i1}、w_{i2} 分别表示第 i 个专家对农户、超市投入资源的重要性评价，它的取值范围为 1 ~9 的正整数，并且数字越大表示投入的资源在供应链中价值越高，由其所产生的利润也相对越高。分别用 m 个专家对农户和超市的重要性的评价的平均值表示农户和超市投入资源价值重要性得分。

$$w_1 = \frac{1}{m}\sum_{i=1}^{m} w_{i1} \tag{4-99}$$

$$w_2 = \frac{1}{m}\sum_{i=1}^{m} w_{i2} \tag{4-100}$$

那么农户和超市投入资源价值权数 K_1，K_2 分别为：

$$K_1 = \frac{w_1}{w_1 + w_2} \tag{4-101}$$

$$K_2 = \frac{w_2}{w_1 + w_2} \tag{4-102}$$

由式（4 - 101）和式（4 - 102）可得，根据农户和超市投入资源所起作用不同，计算出在供应链中投入资源权重：

$$\nu_1 = \frac{K_1 C_1}{K_1 C_1 + K_2 C_2} \tag{4-103}$$

$$\nu_1 = \frac{K_2 C_2}{K_1 C_1 + K_2 C_2} \tag{4-104}$$

4.4.3.2　风险因子的计算

农超对接相对于传统农产品供应链，缩短了一部分流通环节，降低了传统流通模式存在的部分风险。特别是对生鲜农产品来说，由于保质期较短，传统流通渠道节点较多，流通时间长，变质和腐坏的风险很高。实施农超对接以后，流通时间缩短了很多，从而降低了其变质的风险。但是还有一些风险是无法避免的。农超对接过程中的风险主要是自然风险和社会风险。自然风险主要指干旱、洪涝等造成的风险，社会风险主要有市场风险、组织风险、政策风险、技术风险、财务风险和合作风险等。所谓高风险高收入，由于农户和超市承担的风险不同，所以利益分配时应该考虑到风险的因素。

在对影响农超对接的风险研究过程中发现，根据风险大小，排在前五位的是：价格波动、产量不足、生产过剩、市场经济环境以及技术因素风险[51]。可以利用模糊综合评价法得出农户和超市的风险因子。由专家成立专门的评估小组，对农户和超市承担风险大小进行打分评价，得到模糊关系矩阵，并对其进行处理。五种主要风险用 $U=\{U_1, U_2, U_3, U_4, U_5\}$ 表示，相应的权重集为 $N=(n_1, n_2, n_3, n_4, n_5)$，评语集 $M=\{$无，低，较低，中，较高，高$\}$，给予评语相应的量值 $M=\{0, 0.1, 0.3, 0.5, 0.7, 0.9\}$。由专家组成打分小组，参照评语集 M 对农户和超市的各风险因素进行评价，对评语集中各元素与风险的隶属度进行打分，得到模糊评判矩阵 $B_{5\times6}$。则风险 R 到 M 的模糊关系矩阵 D 可由式（4-105）求出[52]。

$$D = N \cdot B = (n_1, n_2, \cdots, n_5)\begin{bmatrix} b_{11} & b_{12} & \cdots & b_{16} \\ b_{21} & b_{22} & \cdots & b_{26} \\ \vdots & \vdots & & \vdots \\ b_{51} & b_{52} & \cdots & b_{56} \end{bmatrix} = [d_1 \quad d_2 \quad d_3 \quad d_4 \quad d_5 \quad d_6] \tag{4-105}$$

将 D 中的各分量进行归一化处理，用 D' 表示，处理后计算风险系数：

$$R = D' \cdot M^T$$

对农户和超市的风险系数进行归一化处理，得出农户和超市在供应链中的风险因子表示如下：

$$r_1 = \frac{R_1}{R_1 + R_2} \tag{4-106}$$

$$r_2 = \frac{R_2}{R_1 + R_2} \tag{4-107}$$

4.4.3.3 模型建立与求解

由于利益分配与农户和超市投入资源、风险承担都有很大的关系，因此利益分配过程中要考虑到这两个重要因素对利益分配的影响程度。利用专家评价法，对资源投入和风险对农超对接中的利益分配的影响程度进行打分，得到投入资源和风险对农超对接供应链影响程度的权重分别为 ρ_1 和 ρ_2（$\rho_1+\rho_2=1$）。

为了便于量化分析，在此引入一个可用货币衡量的等效投入 ψ 和等效投入系数 μ，将通常不易用货币衡量的风险和投入资源在给定相关权重条件下转化为具有成本价值的等效投入 ψ。定义 μ 表示在考虑投入资源成本价值、风险因子以及在利益分配中资源和风险权重下，单位等效投入所对应的价值。用公式表示为：

$$\psi = \mu(\rho_1 \nu + \rho_2 r) \tag{4-108}$$

因此，根据前面的分析，得到农户和超市的等效投入 ψ_1 和 ψ_2：

$$\psi_1 = \mu(\rho_1 v_1 + \rho_2 r_1) \tag{4-109}$$

$$\psi_2 = \mu(\rho_1 v_2 + \rho_2 r_2) \tag{4-110}$$

供应链中要使利益分配公平，则各成员单位投入资源所得利润率应该相等，根据此思想[50]，将其扩展到考虑投入资源和风险两个因素下的公平分配，即单位等效投入所得利润率应该相等，利益的分配才公平。分别用 e_1 和 e_2 表示农户和超市的单位等效投入所分的利益：

$$e_1 = \frac{\varphi \pi''}{\psi_1} \tag{4-111}$$

$$e_2 = \frac{(1-\varphi)\pi''}{\psi_2} \tag{4-112}$$

$|e_1 - e_2|$ 的大小反映了在资源投入和风险的共同影响下，农户和超市利益分配的公平程度，值越小分配就越公平，值越大则说明分配越不公平，在此引入公平熵来确定这个指标值[50]。

农超对接利益分配的公平熵定义为：

$$H = -\frac{1}{\ln 2}(\gamma_1 \ln \gamma_1 + \gamma_2 \ln \gamma_2) \tag{4-113}$$

假设：

$$X = \frac{\psi_2 \varphi}{(\psi_2 - \psi_1)\varphi + \psi_1} \ln \frac{\psi_2 \varphi}{(\psi_2 - \psi_1)\varphi + \psi_1} \tag{4-114}$$

$$Y = \frac{(1-\varphi)\psi_1}{(\psi_2 - \psi_1)\varphi + \psi_1} \ln \frac{(1-\psi_1)\varphi}{(\psi_2 - \psi_1)\varphi + \psi_1} \tag{4-115}$$

因此，式（4－113）可写作：

$$H = -\frac{1}{\ln 2}(X + Y) \tag{4-116}$$

$$\frac{\partial H}{\partial \varphi} = -\frac{1}{\ln 2}\left(\frac{\partial X}{\partial \varphi} + \frac{\partial Y}{\partial \varphi}\right) = 0 \tag{4-117}$$

可以求得：

$$\frac{\partial X}{\partial \varphi} = \frac{\psi_1 \psi_2}{[(\psi_2 - \psi_1)\varphi + \psi_1]^2}\left(\ln \frac{\psi_2 \varphi}{(\psi_2 - \psi_1)\varphi + \psi_1} + 1\right) \tag{4-118}$$

$$\frac{\partial Y}{\partial \varphi} = \frac{\psi_1 \psi_2}{[(\psi_2 - \psi_1)\varphi + \psi_1]^2}\left(\ln \frac{(1-\varphi)\psi_1}{(\psi_2 - \psi_1)\varphi + \psi_1} + 1\right) \tag{4-119}$$

最后得到：

$$\frac{\partial H}{\partial \varphi}=-\frac{1}{\ln 2}\frac{\psi_1\psi_2}{[(\psi_2-\psi_1)\varphi+\psi_1]^2}\ln\frac{\psi_2\varphi}{(1-\varphi)\psi_1}=0 \tag{4-120}$$

根据前面分析，可知，$\psi_1>0$，$\psi_2>0$，$\varphi>0$，$\frac{\psi_1\psi_2}{[(\psi_2-\psi_1)\varphi+\psi_1]^2}>0$，于是可以求出：

$$\varphi=\frac{\psi_1}{\psi_1+\psi_2}=\frac{1}{1+\frac{\psi_2}{\psi_1}} \tag{4-121}$$

式（4－121）即为农超对接中利益分配系数的求解式子，代入相关的数据，即可得到其值，从而可以求得利益共享下，农户和超市所分得的利益。从式（4－121）可以看出，利益分配系数 φ 的最优解与 ψ_1 和 ψ_2 的比值有关。

进一步地，由式（4－109）和式（4－110）可以得到：

$$\frac{\psi_2}{\psi_1}=\frac{\rho_1 v_2+\rho_2 r_2}{\rho_1 v_1+\rho_2 r_1} \tag{4-122}$$

由式（4－121）和式（4－122）可以看出，最优的收益分配系数 φ 与投入资源和承担的风险有关。在投入资源和风险的权重 ρ_1、ρ_2 已知的情况下，超市相对农户投入的资源越多，承担的风险越大，则收益分配系数 φ 越小，超市所分利益越多，农户所分利益越少。若超市相对农户投入的资源越少，则收益分配系数越大，超市所分利益越少，农户利益相应增多。

第5章 农产品供应链绩效评价与物流服务质量

5.1 农产品供应链绩效评价指标体系

5.1.1 绩效评价指标体系构建原则与思路

农产品供应链与一般的供应链有着一些相同点，但是也有着较大的差异性。农产品在进行供应的时候跟其他传统产品一样，都得经历生产、加工、存放、输送以及销售等步骤。不过因为农产品具有一些特殊性，在各个流程处理中有着更苛刻的要求。

农产品一般供给消费者的日常食用，它的质量安全保证密切关系到消费者的健康状况，所以有关这类产品的供应链绩效评价，必须加以注意的指标里面最为重要的就是产品品质。由于农产品的易腐性和鲜活性，要求物流配送必须要高效、快速，因为农产品是在低温环境下进行存储和配送，高效快速的流通会使企业的成本降到最低，实现利润最大化，所以流通效率成为农产品绩效评价的侧重点。因此，在对农产品供应链绩效进行评价时，需要着重考虑好两个层面的问题：质量安全和物流流转效率。

5.1.1.1 农产品供应链绩效指标体系构建的原则

和别的供应链不一样，农产品供应链中农产品的存放和输送有着相对严苛的要求，还得尽可能降低损耗，这是烦琐而特别的。基于此种原因，该体系的建设不仅要遵循一般供应链的目标性、客观性、科学性，还应该遵循一些特殊原则。

（1）普遍性与特殊性相结合的原则。所有供应链均有着一个共同之处，那就是通过对商流、信息流和物流的调节与控制，将原材料经过加工等一系列过程形成产成品配送至消费者手中，在这一行为活动中，生产、供应、分销以及零售的商家跟消费者组合成一个健全的链条或者网状系统。不过不同领域的供应链各自有着自己的特别之处，农产品特别容易腐烂，因此在存放和运送时必须恰当地调控其温度，一般采用冷链物流进行配送，这就需要耗费一定的成本和精力，其供应链在环境控制和质量安全方面相比于普通供应链而言要求更高，所需要的投入也会大很多。所以，这类供应链绩效评价体系需要依照普遍以及特殊性彼此结合这一原则，一方面表现出共性，另一方面表现出个性。

（2）定量与定性相结合的原则。定量、定性指标在这类评价体系里面均特别重要。定量指标可以清晰地体现某项指标数字上的客观差异，所以在供应链评价体系中能够做到定量的指标一般就定量处理。而定性指标也有其优势，它可以反映出定量指标无法表现出的信息，单一的定量指标是没有办法展示出供应链绩效的全部信息的，必须用定性指标加以辅助。一个恰当的、健全的绩效评价体系必须遵守定量和定性二者彼此结合的原则，兼顾所有信息，定性指标辅助定量指标使管理者对供应链绩效有更准确的了解。

（3）短期目标与长期目标相结合的原则。短期目标本质上来说就是公司制定的在短时间内要实现的目标。长期目标本质上来说就是公司为实现可持续成长而谋划的目标，长期目标可以是很多的短期目标构建而成的，但又不是所有短期目标的集合体。为了完成长期目标，企业必须提升自身的竞争力和效率，借助最小的成本使得价值最大化，通过这样的方式才可以在进行市场竞争时拥有一定的抗衡能力。供应链战略目标的实现，需要每个供应链成员和企业的共同努力，不能只局限于眼前的利益而忽略长远的发展，供应链管理人员必须将短期目标与长期目标联系起来，形成供应链绩效评价体系，使得获利最大。

（4）投入与产出相结合的原则。投入成本与获得的效益是供应链绩效评价当中最为基础的两个因素。供应链绩效评价体系需要合理地评判投入和产出的关系，及时进行调整，并督促供应链各环节不断完善自我，以使得投入最小、盈利最大，实现供应链收益最大化。

5.1.1.2 农产品供应链绩效指标体系构建的思路

农产品运输、储存时形成的数据是农产品供应链的特征表现，在进行绩效评价的时候怎样择取正确的信息加以评价，选取多少数据量的信息进行评价，信息分类的标准是什么，这都需要我们采取一些巧妙正确的思路对这些存在的问题进行处理。基于这类供应链的特征，本书构建出如下两种构思。

（1）确定绩效评价指标时需着重关注绩效评价相关的成本以及获利。恰当地选取对应的评价指标可以给这类供应链形成相对更好的成效。所以在绩效指标的选取中要注意抉择，一些评价指标需要参考供应链投入和成本去收集数据信息，可能最后收益的获取还不如成本，这样就造成了资源的浪费。如果对绩效评价要求过于严格和全面，必然会造成成本的大幅提高，这是得不偿失的。相反，如果这一体系太简单，则无法达成关键信息回馈，致使各个流程无法进行调整和改进，投入成本不能赚取合理的利润，对于供应链相关绩效管理的作用是负面的。所以必须要找到绩效投入和收益的平衡点，选取一些可获取的有实际评判价值的指标。供应链指标一定要做到合理和切实可行，这样才能够将真实情况展现出来，通过绩效评价环节使供应链效益获得提升。

（2）过程绩效和结果绩效同样重要。结果绩效重点评价其运营的最终成果，但是过程绩效却是重点关注供应链情况以及实际效率。过程绩效和结果绩效两者在绩效评价体系中是密不可分的，必须将二者相结合进行系统评价，这样才能达到最优的结果。借助于对过程还有结果绩效的评价，绩效管理将过程调节与相应的结果评价联系了起来，管理者能够站在整个供应链的视角查看其中的任何一个指标，确保供应链长时间稳定地成长。

5.1.2　农产品供应链绩效评价的主要内容

结合供应链管理及其绩效评价的相关理论方法，可以把农产品原料绩效评价分为内部和外部两方面的评价内容[53]。

5.1.2.1　外部绩效评价的主要内容

外部绩效主要为外部公司和顾客对农产品供应链的物流服务进行的整体评价，重点查看的是供应链所开展的物流服务价值对消费者产生的一系列影响。外部公司和顾客跟供应链里面的物流服务供应商的联系是外部绩效关键的评价点，评价时关键的指标就是物流服务供应商供给的该项服务能不能满足外部公司和顾客的需要，是不是可以使得外部公司获得顾客认可。外部绩效评价能够展示出相应的服务在物流市场里面的成效以及意义，所以此类外部绩效评价侧重点关键涵盖以下两个方面：

（1）顾客服务绩效。顾客服务绩效主要包含两个方面：第一是供应链物流提供的可靠性；第二是顾客对物流服务的满意度情况。物流服务给消费者产生了时间以及空间价值，其增值具体展现为产品价格的改变。农产品作为一种特殊的产品，它在存储和运输的过程中容易腐烂和变质，所以在顾客服务绩效指标中往往加入质量安全方面的评价。顾客服务绩效并不能准确地进行定量分析，只能通过问卷形式或者通过对物流提供商发展情况的分析间接了解。消费者服务的绩效能够借助于对供应链成员的绩效加以探析，择取部分定性标准来加以描述。

（2）物流服务柔性绩效。物流服务柔性主要是指物流服务对市场的反应能力，好的物流服务柔性可以在市场波动或者发生特殊情况时，及时开展关于物流服务的整顿工作，制定较好的应对策略，确保物流服务供应的稳定性。农产品在物流柔性方面的要求十分高，由于在其进行输送的时候有极大的概率会产生变质、仪器损坏的情况，所以供应链企业要有很好的应变能力，及时解决问题，将产品送至目标市场。在对物流服务柔性绩效进行评估时，应从产品、数量以及时间的柔性三方面进行解读。

5.1.2.2　内部绩效评价主要内容

内部绩效评价的主要内容包含供应链各个企业的经营效果及企业合作关系，即对供应链内部主体通过合作经营所创造和获得的价值的度量。内部绩效既具备一般的企业绩效评价的特点，又有企业作为供应链的一部分所具备的特性。同企业绩效评价相似，供应链绩效也不能脱离企业绩效的范畴，只是内部绩效关注的焦点并非单纯地以货币计算净损益，而主要考虑超越企业层面的信息沟通、一体化运作流程、组织管理制度等方面的绩效。农产品供应链的内部绩效评价就是要实现农产品供应链企业间的一体化运作，这需要各企业的协调与合作。因此，对供应链内各企业合作关系进行评价是绩效评价必不可缺的一部分。结合农产品供应链的特点，可从以下五个维度对于农产品供应链进行内部绩效的评价：

（1）成本绩效。成本逐步降低是公司的一大目标，供应链公司也是这样，成本投入是公司经营的基本保障，为了获得竞争优势，供应链企业只能利用各种方法将有限的成本发挥最大的作用。供应链相关的一系列成本绩效评价关键就是评估实现客户目标将会耗费的物流服务支出，重点涵盖了存放、输送等各个方面的成本。成本绩效的合理评价有利于供应链的管理者加强供应链各环节的成本管理，为下一步成本投入或缩减制定有效的行动方针。

（2）时间、效率绩效。时间、效率绩效基本上起到的评价作用是相同的，均为对该类供应链效率的评价。其时间越短、效率越高，说明其供应链的活力与效率均是满足要求的；供应链时间越长，效率越低，就表明供应链可能在某些环节出现了问题，需要对供应链进行优化，使其恢复活力。

（3）质量和安全绩效。生鲜农产品是与消费者密切相关的食物，供应链必须保证配送至消费者手中的生鲜农产品在质量安全方面没有问题。生鲜农产品的质量还有安全依然是维护消费者关系、维持消费者黏性的关键指标。但是这种指标是十分脆弱的，供应链一旦发生生鲜农产品质量安全的问题，客户态度会发生反转，而处理此类问题就必须投入很多的人力以及财力，并且还将给公司造成不良干扰，因此质量以及安全绩效评价在内部评价里面特别重要。

（4）资产绩效。这一绩效的重点是评价供应链公司资源的使用效率，涵盖了供应链设备的使用频率、效率以及固定资产的投资回报率等。

（5）收益绩效。供应链企业所做的所有努力都是为了获得更大的收益和谋求更好的市场竞争力，这是供应链企业追求的目标，也是改进供应链环节、提高效率、节约成本的原动力。这类供应链的利润绩效重点涵盖了跟货币有关联的利润和公司的成长力。把二者联系起来，加以综合性地分析就可以知道供应链公司的整体绩效和市场潜力。

5.1.3 农产品供应链绩效评价体系的构建

5.1.3.1 外部绩效评价体系的构建

外部绩效评价阐述的是物流服务质量及其输送能力方面的绩效评价。将其分为三个方面进行分类：消费者服务质量、物流服务柔性、物流服务集成性。建立此类供应链外部绩效评价体系如图5－1所示。

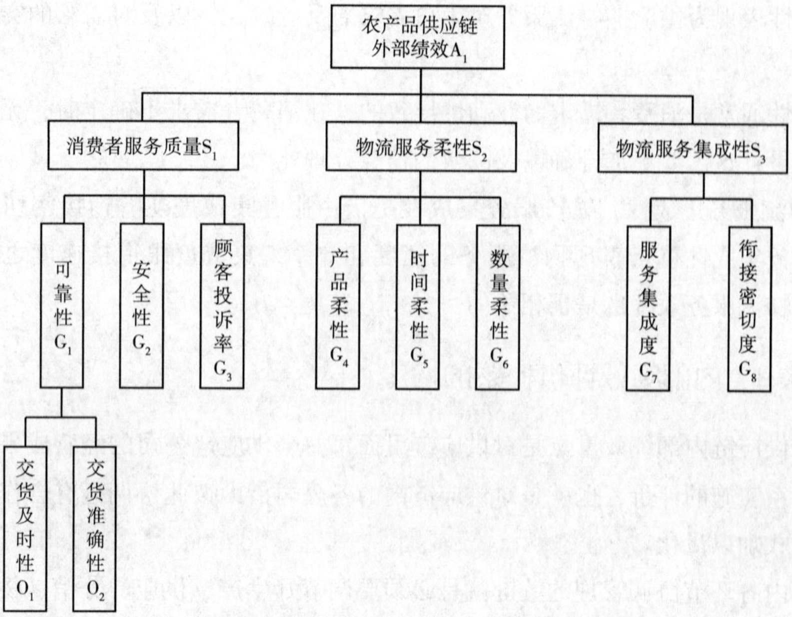

图 5－1　农产品供应链外部绩效体系

（1）消费者服务质量。消费者服务质量是从外部公司或者客户的视角对相应的供应链物流服务以及质量加以评价，可以将消费者服务质量区分成三方面：可靠性、安全性和顾客投诉率。

可靠性直接展示了消费者对供应链物流服务的信任程度，良好的物流服务可以给消费者的需求进行充分的保证，及时准确的物流服务可以快速积累用户，获得用户黏性。通常能够借助按时交货比率来开展可靠性的一系列相关评价。

安全性是此类供应链绩效评价里面最为特别的一个指标，以前产品的安全性指标仅仅是产品的盗失以及丢失两方面，而现在又增加了质量安全性评价指标。整个农产品供应链需要确保产品质量符合安全标准，避免在仓储以及输送时产生质变或者损坏，哪怕产生损坏也必须及时加以清理，确保到客户手里时产品是新鲜并且健康的。

顾客投诉率可以准确地体现出顾客对于供应链物流服务具有怎样的感知，对于消费者的不满要理性对待，在第一时间进行调整可以有效提升供应链企业在顾客眼中的形象，有利于提高企业效益。

（2）物流服务柔性。物流服务柔性主要指供应链物流服务在面对各种各样的突发状况时的应变能力，也可以理解为对环境的适应能力。顾客和消费者不会考虑企业遇到的各种困难和突发状况，他们最关心的是能否将他们所要的产品及时、准确地配送到位。因此，这需要供应链公司以相对更高的物流服务柔性来处理面临的一系列突发状况。物流服务柔性分为三类，分别是产品柔性、时间柔性、数量柔性。

产品柔性重点表现为农产品供应链可以给消费者供给的农产品的类别，在消费者巨大的需求下，供应链公司需要在这些方面加以充分准备。

时间柔性表现为供应链物流服务对用户需求的反应时长，以及对需求的突然改变能做出快速反应。

数量柔性通常是消费者需求的波动性导致的，在消费者需求不确定时，无法得知产品所需的输送量，这需要更加准确以及高效的信息处理能力。

（3）物流服务集成性。物流服务集成性是借由服务集成度还有衔接密切度组合而成的。物流服务集成性重点表现物流服务的速度和效率，集成度跟衔接速度之间是正相关的，并且跟物流服务效率也是正相关的。

5.1.3.2 内部绩效评价体系的构建

农产品供应链内部绩效重点是对供应链里面每一个供应链公司的经营成果还有公司之间的合作关系实施的评价，也就是对供应链内的各公司借助彼此协调还有合作产生的价值用计量的方式加以量化。

供应链内各环节协调管理的关键就是必须要调节好生产、供应、分销、物流服务供应还有零售等各个商家之间的关系，让供应链的每一个步骤能够紧密衔接，使得供应链运行效率最大化，最终获得供应链整体的共赢。其内部绩效评价可以使得供应链公司了解自身的弱势还有缺陷，及时整顿跟优化，并促使本公司跟别的供应链公司之间的协调合作，携手为同样目的奋斗。供应链内包括生产、采购、加工、存储、配送、销售等六个环节，对此我们可以从供应链系统的成本、经营、产出三个方面指标对农产品绩效进行综合评价，并建立相应的供应链内部绩效评价体系（见图5-2）。

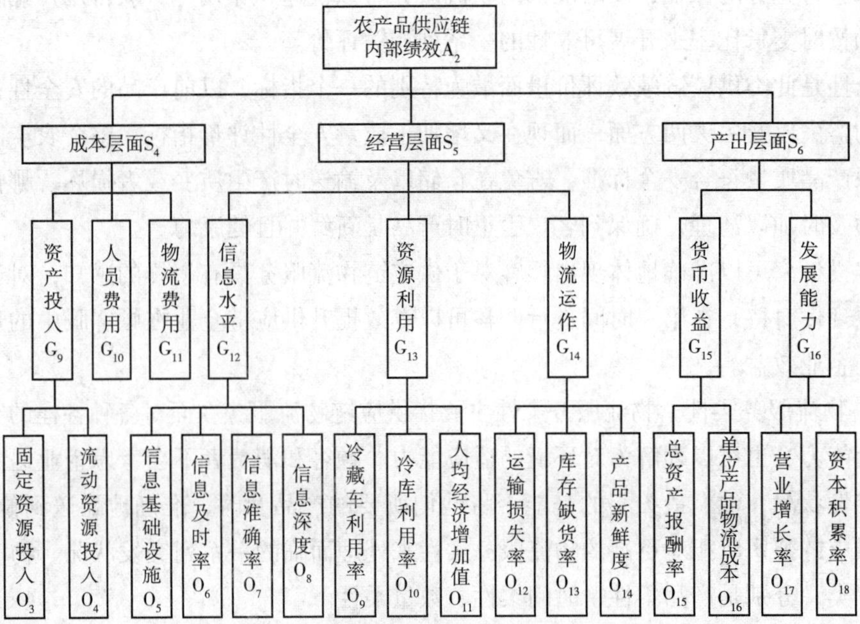

图5-2 农产品供应链内部绩效评价体系

（1）成本层面。农产品供应链的成本投入通常说的是供应链在运行的时候必须投入的成本，涵盖了固定资产、流动资产、人工费用还有物流配送等各种费用。考虑经济性及可实现程度两方面，重点从资产投入、人工费以及物流成本等角度对成本进行绩效评价，择取恰当的绩效指标加以探析。在这其中，变化程度最严重的是物流成本，比如有关的订单费、打包费、存放费、配送费还有管理费等。

（2）经营层面。农产品供应链的运营关键就是将供应链的成本投入转变成实际价值。在供应链的经营层面，供应链各企业通过信息的共享处理、供应链设备的利用和物流服务的提供构成供应链的一体化运作，集中提高整个供应链的价值。根据农产品供应链的特点，本书选取了覆盖信息共享水平、资源利用和物流运作的 10 个绩效指标对经营层面进行绩效评价。

第一，信息水平。该类供应链作为一个集成化的系统，对信息系统的依靠程度逐渐增大，其信息的分享程度也越来越大，各个供应链节点企业间的信息沟通将会变得更加密切，企业间的调控和合作会变得更加紧密，整个供应链的效率也将得到提升。因此，信息分享对供应链产生的影响是特别大的。在探讨供应链信息分享时，主要考虑供应链信息传递的及时性、准确性以及信息分享程度等三个方面。

第二，资源利用。对供应链进行评价的过程中最重要的一环就是资源利用程度，在供应链运作过程中，即生产、加工、存储、运输过程中，供应链公司将使用到大量的资源，比如人力资源、供应链设施以及设备，较高的资源利用率可以展示出供应链的发展情况。不同的资源利用率对供应链的影响也是不同的，那么，该如何选取合适的资源利用率对供应链系统进行评价呢？那就是必须按照真实情况对供应链的干扰情况加以选择。该类供应链的经营环节较为烦琐，它将核心公司当成主体，以上游的供应商还有生厂商作为出发点，借助加工厂的进一步加工以及包装，输送到下游的分销商以及零售商手里面，最后成功地送到消费者手中。存储和配送仍然是供应链的重心，对供应链效益而言它所具有的影响是非常大的，因为农产品的特殊性，存储和配送过程中需要严格要求，可以用冷藏车利用率和冷库利用率来评价产品的存放、配送时的资源实际使用情况。另外，农产品供应链需要投入更多的人力来保证农产品的质量和配送的效率，所以人均经济增加值也可以作为一个重要指标。

第三，物流运作。农产品在进行物流配送的时候特别容易出现质变，跟别的产品比起来，进行物流配送的时候损失会更严重，因此配送耗费率是评价的一项关键绩效标准。综合考虑农产品物流运作过程，库存损失率、运输损失率这两个绩效指标可以比较准确地表现物流运作情况。

（3）产出层面。农产品供应链运行的结果就是为了给外部公司还有消费者供给很好的供应链服务，并且也得到货币盈利以及成长空间的增加。将这类供应链的产出层绩效评价区分成盈利以及成长能力两方面，择取四个关键指标对其开展绩效评价相关工作。

首先是货币收益方面。货币收益是供应链运作在财务方面最直观的结果，也是每个供应链企业最关注的一个指标，它能准确地在财务报表中进行量化，反映出供应链企业在一段时间内投入的直接产出。可以采用净总资产收益率以及单位产品物流成本作为货币收益的两个绩效评价标准。

其次是发展能力方面。供应链公司的成长能力可以反映出供应链将来成长的潜力，本质上来说，就是该类供应链借助于对每个步骤的优化，不断节约成本，提高效率，扩大供应链成本，提升供应链的影响力。这种成长能力会在供应链发展的过程中逐渐体现作用。可以将营业增长率和资本积累率当成是评价供应链公司成长能力的绩效指标。

5.1.4 农产品供应链绩效指标的量化

本书结合农产品及农产品供应链特点与供应链管理的共同点，建立相关的内部和外部绩效评价体系。但是在一般情况下，原始指标往往不能直接提供参数，需要进行适当的量化处理。

5.1.4.1 外部绩效指标的量化

农产品供应链外部绩效重点评价的是其物流服务的质量还有柔性。在物流服务质量中，物流的可靠性和安全性并不能准确地用数据定量计算，只能通过客户不断积累的经验进行评估，而顾客投诉率能被用于准确地定量分析，通过顾客投诉次数占总的交易次数比即可得到；在物流服务柔性方面，产品柔性为新增农产品种类占市场上总的农产品种类比，时间柔性为从收到顾客请求到完成需求所耗费的时间，数量柔性等于供给的需求总量占市场总的需求量比；在价格方面，性价比可以用半定量分析进行计算，即农产品质量和价格的比值来判断产品的性价比是否符合消费者心中的标准，而价格优势可以通过对比市场上其他产品的价格得出。农产品供应链外部绩效评价指标及其量化方法如表 5－1 所示。

表 5－1　外部绩效指标的量化方法

指标	指标属性	评价指标量化方法
可靠性 G_1	定性	专家评分
安全性 G_2	定性	专家评分
顾客投诉率 G_3	定量	顾客投诉次数/总的交易次数
产品柔性 G_4	定量	新增加产品类别/市场上总的产品种类数
时间柔性 G_5	定量	从收到顾客请求到完成需求所耗费的时间
数量柔性 G_6	定量	能提供的需求总数/市场的需求总数
服务集成度 G_7	定量	供应链供给的服务总量/消费者需要的物流类别
衔接密切度 G_8	定性	专家评分
交货及时性 O_1	定量	及时交货数/交货总量
交货准确性 O_2	定量	准确交货数量/交货总量

5.1.4.2　内部绩效指标的量化

农产品供应链内部绩效指标重点涵盖了供应链流程出现的每项费用以及各个流程的效率是否满足要求。

从成本层面出发，资产投入主要是指设备或者消耗品的购置和维护费用，人员费用主要包括供应链支付给员工的工资及其他人员支出等，物流费用可以为仓储、配送管理支出的总和，这三项都可以定量计算，可以从财务数据计算得出。

以经营角度为起点，在信息共享程度里面，信息的传达效率能够借助及时信息传递的次数占信息传递总量比计算出来，信息准确率可以借助准确的信息传递次数占信息传递总量比而得出，但是信息深度是无法精确地借助量化方式加以计算的，只能通过定性分析由专业人士进行鉴别；在资源利用方面，农产品供应链势必会采用冷链运输，其中冷链设施利用率会显得尤为重要，它可以用容积利用率和冷藏车次利用的平均值进行计算，而人力资源利用率不能通过相应数据进行精确计算，只能通过定性的手段进行评估；在物流运作方面，准时运输率可以利用准时的运输频次占总的运输次数比得出，运输损失率也可通过运输损失的价值占总的产品价值总和比得到，这些都是可以定量计算的。

以产出角度作为起点，有关货币利润，可在财务数据里面选择净资产收益率和总资产报酬率加以分析，这两者的定量分析分别为净利润与净资产比以及供应链利润总和与供应链资产总和比；在发展能力方面，营业增长额可以表现为某一时期的营业额同比或环比增长，资本积累率也可用供应链的资本总额同比或环比增长计算。农产品供应链内部绩效评价指标及量化方法如表 5－2 所示。

表 5－2　　内部绩效指标的量化方法

指标	指标属性	评判指标或量化方法
人员费用 G_{10}	定量	工资与其他人员支出的费用
物流费用 G_{11}	定量	仓储、配送、管理支出的总和
固定资产投入 O_3	定量	冷藏车、冷库等物流设备的费用
流动资产投入 O_4	定量	托盘、包装箱等消耗物品的购置费用
信息基础设施 O_5	定性	计算机、网络、条形码、EDI、RFID 应用
信息及时率 O_6	定量	及时的信息总数/信息传递总量
信息准确率 O_7	定量	准确的信息总数/信息传递数总量
信息深度 O_8	定性	专家评分
冷藏车利用率 O_9	定量	容积、载重以及车次使用率的均值
冷库利用率 O_{10}	定量	冷库面积和体积利用率平均值
人均经济增加值 O_{11}	定性	（营业利润－资本成本）/员工总数
运输损失率 O_{12}	定量	运送损失的产品价值/运送产品总价值

续表

指标	指标属性	评判指标或量化方法
库存损失率 O_{13}	定量	库存损失的产品价值/总的产品价值总和
产品新鲜度 O_{14}	定性	专家评分
总资产报酬率 O_{15}	定量	净利润/净资产
单位产品物流成本 O_{16}	定量	供应链总的净利润/供应链总资产
营业增长率 O_{17}	定量	某一时期的营业额同比或环比增长
资本积累率 O_{18}	定量	供应链的资本总额同比或环比增长

通过对内部绩效指标和外部绩效指标的量化，可以将市场和财务数据转化为我们所关注的重要指标。农产品绩效指标体系的实施会进一步提升供应链的响应速度，提高供应链的效率，使供应链的总体效益得到实质性增加。

5.2 农产品供应链绩效评价方法

5.2.1 农产品供应链绩效评价方法概述

广泛使用的供应链综合绩效评价方法主要有如下几种：

（1）模糊评价法。重点以模糊数学为基础，借助于模糊关系组合形成这一原理；对部分模糊指标加以定量化处理，然后对其加以整体评价的一种措施。这种方法先是借助建立的评价指标体系里面的各个指标进行相应的等级评定以及制定对应的标准，然后给予评语集，凭借隶属度函数来阐释区别的中间过渡，并且实施单指标评价形成交换矩阵，制定符合科学要求的相应的指标权重，对那些相对烦琐的系统还得进行多级模糊综合评价才能获得最终的综合评价结果。模糊评价法能够较好地处理评估里面的模糊性，它是使用范围最大的综合评价方法之一。

（2）BP 神经网络。BP 神经算法最为基础的计算原理就是梯度最快下降法，整体的指导方针就是调节比重让网络总的误差相对最小。换句话说，就是使用梯度探寻技术，希望可以让网络的真实输出值跟期望值之间的误差均方值最小。神经网络有着极强的无法确定的信息处理能力，倘若输入的方式临近训练样本，评价系统就可以得出正确的推理结果。所以神经网络是处理供应链绩效评价里面信息无法确定这一问题的最佳选择。

（3）数据包络分析法。数据包络分析法是运筹学家查恩斯、库伯研究获得的。它不单单是一种进行统计分析的手段，还是一种非参数的数学筹划策略。它站在相对有效这一角度对每一个决策单元加以恰当的评价，择用的指标仅仅只跟投入还有产出相关。因为它不取决于具体的生产函数，对解决多样的投入还有产出指标相关的评价十分有效，适用于对效益、规模经济还有产业动态相关的一系列分析，不过计算的过程十分繁杂，在使用时遭受的制约力度较大。

（4）灰色关联度评价法。此方法作为一种多因素的统计分析手段，是一种可以通过定量分析两个因素间彼此关联度的一种手段，按照各个因素的样本资料来阐释各个因素间的关联关系，倘若样本资料列表里面显示的两个因素改变的趋势大体上是一致的，那么这两个因素之间的关联程度就十分大；反之，两个因素之间的关联程度相对较小。灰色关联度评价法对样本数目的要求相比以前的多因素分析法，其在计算方面的量是比较小的，所以使用的范围相对比较广泛。

农产品供应链绩效评价系统本质上是一个灰色系统。首先，农产品供应链绩效的评价指标十分多并且很烦琐，绩效评价时只可以择取部分重要指标加以评价。其次，所择取的绩效评价指标部分是已经为大众所知晓的，能够从目前拥有的数据和资料里面找到，而有一部分评价指标是未知的，不能从相关数据或者文本资料中提取。因此，此类供应链绩效评价系统有着“灰色”的，或者说是信息残缺的特点。

部分供应链绩效评价体系可以借助层次分析法加以构建，因为这类供应链绩效评价体系可以分为定性以及定量两个方面，因此有必要规范指标以及标准。定性评价指标是行业里各个学者打分形成的，这些定性指标评价本身有着灰数的特点，也就是说“范围是能够确定下来的但是数值却没法确定”，因此借助灰色系统理论的有关知识对此类指标加以处理，把这部分定性指标白化测算出它的权重，比起别的手段来说，这样的手段能够有效地处理学者的主观判断对于绩效评价最终结果的影响。

定量指标有着“模糊”的特征，也就是说“数值是能够确定的但是范围没有办法加以确定”，因此要先按照统计获得的数值，联系行业里面的学者制定出相应的评价标准，也就是相应的数值范围，然后借助线性差值法把这一系列的指标加以标准化解决，并借助模糊数学等一系列有关的理论获得指标对每一个评价等级的模糊归属度，然后再使用模糊评价法对该类供应链的绩效评价体系加以模糊综合评价。企业可以借助灰色关联度评价法对不同模型进行合理的改造和使用，同时根据系统特点和需求进行集成。对该类供应链绩效评价时，不同流程使用不同解决方法。最后，可以得到相对更加准确的评价结果。利用这些最终的评价结果，就可以给供应链的日常运作实施相应的优化策略，从而使企业获得更高的效益。

5.2.2　农产品供应链绩效评价过程

首先，在农产品供应链的内外部绩效评价体系的基础上，借助层次分析法可以明确建立的绩效评价体系的占比。然后，运用灰色系统理论学者的评分，获得定性评价指标灰色评估权值，运用线性差值法计算定量评价指标，并利用模糊数学法求得其对应的隶属值，利用学者咨询法知悉一致的评价标准，明确每一项指标的评价等级。最后，综合利用定性评价指标的灰色评估占比以及定量评价指标的模糊隶属度获得基础指标的单因素评价矩阵，并借助模糊综合评价获得评价结果，详细流程如下。

5.2.2.1 底层指标的处理

设置指标体系的底层指标为 $O = [o_1, o_2, \cdots, o_n]$。指标是借由定性以及定量指标构成的，针对不一样的指标使用不一样的处理手段。其中，定性指标经由专家学者评判直接获得指标分值，定量指标依据其数值的类型分为成本型、效益型以及区间型 3 种指标。成本型指标本质上来说就是评价值越小代表效果越好的指标；效益型指标本质上来说就是评价值越大代表实际效果越好的指标，比如客户满意度、资源利用效率等一系列类似的指标；区间型指标实际上指的是某一个区间范围里最佳的指标。

因为农产品相关的一系列绩效评价指标中的定量指标涉及成本型指标和效益型指标两类，因此必须使用线性差值法对这两类指标进行预处理。

（1）对于效益型指标的预处理公式为：

$$f_i = f_{\min} + \frac{x_i - x_{\min}}{x_{\max} - x_{\min}}(f_{\max} - f_{\min}), i = 1, 2, \cdots, n \tag{5-1}$$

（2）对于成本型指标的预处理公式为：

$$f_i = f_{\max} + \frac{x_{\max} - x_i}{x_{\max} - x_{\min}}(f_{\min} - f_{\max}), i = 1, 2, \cdots, n \tag{5-2}$$

其中：x_i 为第 i 个定量指标的真实值，f_i 为它相应的评价值；$x_{\max}$ 为指标 i 的最大值，$f_{\max}$ 为其对应的评价值；$x_{\min}$ 为指标 i 的最小值，$f_{\min}$ 为其对应的评价值；$x_{\max}$，$f_{\max}$，$x_{\min}$，$f_{\min}$ 等经过专家学者按照调查问卷中各问项获得的各个单因素指标数据加以处理得到。

5.2.2.2 确定指标的评价值矩阵，确定指标评价等级

设有 r 位学者进行了评价 $E = [e_1, e_2, \cdots, e_r]$，第 i 位学者根据调查问项/咨询表对第 i 个指标 q_i 的评价样本记作 d_{li}，为了能够更加便利地计算，约定打分的范围是 0～10 分，把 r 位学者的评价数据组合成评价指标样本矩阵 D：

$$D = (d_{li})_{r \times n} = \begin{pmatrix} d_{11} & \cdots & d_{1n} \\ \vdots & & \vdots \\ d_{r1} & \cdots & d_{rn} \end{pmatrix}, 1 \leqslant l \leqslant r \tag{5-3}$$

按照灰度理论，并在定性和定量指标的基础上进行综合考虑，确定此类供应链评价的等级是集合 $V = [v_1, v_2, v_3, v_4]$，这里的 v_1, v_2, v_3, v_4 分别表示“好”“相对比较好”“一般”“差”4 个指标级别。

5.2.2.3　确定定性指标的评估灰度

确定定性指标的评估灰度也就是需要确定评估灰度的等级数、灰度的灰数还有灰数的白化权函数。灰度要按照评价等级 V，借助定性分析加以确定。3 种经常使用的白化权函数如表 5－3 所示。

表 5－3　　灰数的 3 种常用白化权函数

级	灰数	白化权函数	权函数分布图
上端级	$\oplus \in [d_1, \infty)$	$f_1(d_{li}) = \begin{cases} \frac{d_{li}}{d_1}, d_{li} \in [0, d_1] \\ 1, d_{li} \in [d_1, \infty) \\ 0, d_{li} \in [-\infty, 0) \end{cases}$	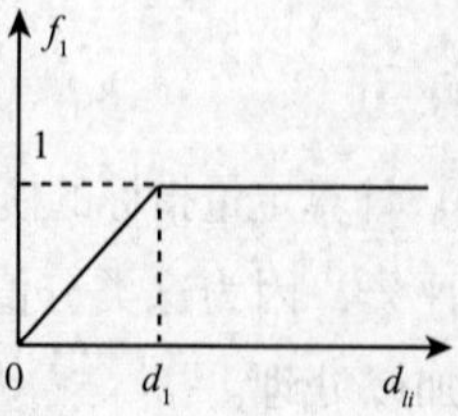
中间级	$\oplus \in [0, d_1, 2d_1]$	$f_2(d_{li}) = \begin{cases} \frac{d_{li}}{d_1}, d_{li} \in [0, d_1] \\ 2 - \frac{d_{li}}{d_1}, d_{li} \in [d_1, 2d_1] \\ 0, d_{li} \notin [d_1, 2d_1] \end{cases}$	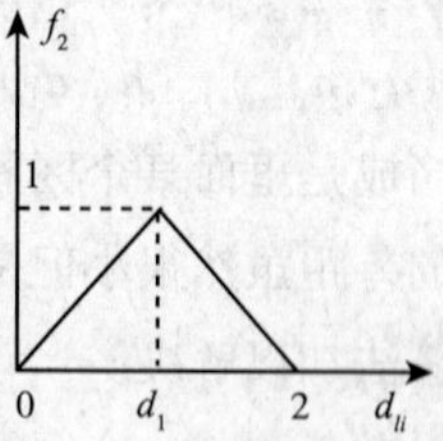
下端级	$\oplus \in [0, d_1, d_2]$	$f_3(d_{li}) = \begin{cases} 1, d_{li} \in [0, d_1] \\ \frac{d_2 - d_{li}}{d_2 - d_1}, d_{li} \in [d_1, d_2] \\ 0, d_{li} \notin (0, d_2] \end{cases}$	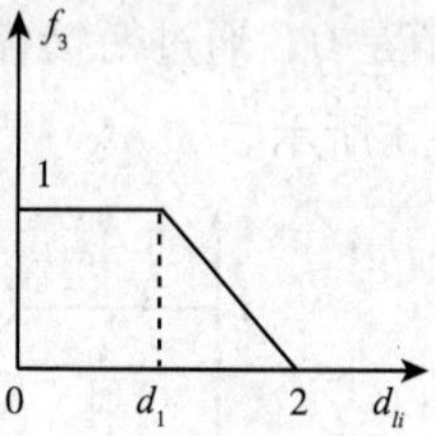

这一函数在其转折点的数值是阈值。阈值的取得方式有两种。第 1 种能够从样本之外，根据一些相关的经验或者规则，依照类比的形式获得，这样的阈值被称作客观的阈值；第 2 种能够从样本矩阵里面获取，从样本矩阵里面选择最大值、最小值、居中值，分别当成是上限阈值、下限阈值、中等阈值，这样的阈值被称作相对的阈值。

按以上评价相关的一系列等级集合 V，将评估灰度分为 4 种：

$$\otimes = (\otimes_1, \otimes_2, \otimes_3, \otimes_4) = (v_1, v_2, v_3, v_4)$$

对这样的白化权函数加以分类，分成上端级、中间级和下端级。

5.2.2.4　构造模糊权矩阵

（1）对定性指标的灰色值加以计数，然后计算得到灰色评估权重。运用灰数的白化函数和灰色统计法，得到 d_{li} 隶属于第 j 灰度评价等级的权重 $f_j(d_{li})$，然后通过式（5-4）和式（5-5）分别计算获得评价判断矩阵的灰色统计值 n_{ij} 和总灰色统计值 n_i：

$$n_{ij} = \sum_{l=1}^{r} f_j(d_{li}) \tag{5-4}$$

$$n_i = \sum_{j=1}^{r} n_{ij} \tag{5-5}$$

通过计算获得 r 位学者建议对 i 评价指标实施第 j 种评价等级的灰色权重：

$$r_{ij} = \frac{n_{ij}}{n_i} \tag{5-6}$$

（2）计算定量指标的模糊权重。定量指标借助线性差值法进行相应的处理后，获得 1～10 的对应评分，因为这类分值不隶属灰色值，因此不可以借助灰色系统的一系列相关理论知识手段加以处理。

假设经过专家集体讨论得出的评语等级为 $V = [v_1, v_2, v_3, v_4]$，每个评语相对应的取值空间为 $(a_2, a_{\max})$，(a_3, a_1)，(a_4, a_2)，$(a_{\min}, a_3)$。若把这一系列的指标将供应链绩效的评价水准当成是里面某个区间的一般集合，那么就会出现部分散落在附近或者边缘的点，导致数值的差距虽然很小但是评价等级却出现差异。对这样的情况，该系列定量指标可以通过模糊算法加以解决。

假设散落到某一个区间中间点的数值是 1，但是散落在这个区间附近的两个区间中间点的数值是 0，通过衔接各 0 和 1 的值能够获得这个区间的相应评语 v_i 的隶属数值函数，如图 5-3 所示。

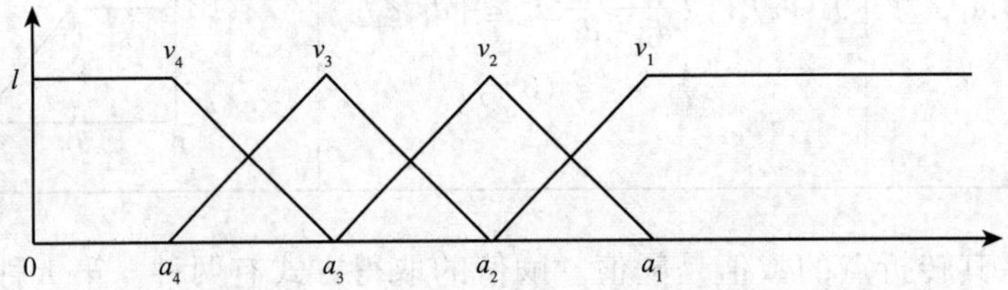

图 5-3 每个区间的相应评语 v_i 的隶属数值函数

根据指标本身的特别性质，拟定这一系列指标的隶属值构成线性函数，并同时符合如下要求：$r_{v_i}(r_j) = 1$，$r_{v_i-1}(r_j) = 0$，这里 $j = 1, 2, 3, 4$。

（3）把上面的灰色值和模糊隶属数值结合起来，可得到单因素模糊评价权矩阵，把定性指标的一系列相关灰色评估权值和定量指标的一系列相关模糊隶属值加以综合，获得单因素模糊评价权矩阵：

$$R = \begin{pmatrix} r_{11} & \cdots & r_{im} \\ \vdots & & \vdots \\ r_{n1} & \cdots & r_{nm} \end{pmatrix} \tag{5-7}$$

5.2.3　绩效评价指标权重的确定方法

绩效评价指标的权重按各个指标对于绩效来说的重要性来分配。权重的大小能够显示出各个指标在绩效里价值的高低，不同的权重分配将得到不同的绩效评价结果。因此，在绩效评价体系里，恰当、科学地确定各指标的权重是一个重要环节。

用来分配评价指标权重的方法有几十种。根据相应评价指标一手数据的获得方式可分成主观赋权法、客观赋权法、组合赋权法 3 种类别。主观赋权法是让行业专家主观判断该指标在评价目标中的作用和地位，确定其分配权重的方法，主要有专家咨询法、层次分析法、特征值法等。客观赋权法本质上就是直接借助一系列统计学或数学方法对相应指标的一手数据加以处理，从而得到对应指标权重的一种方法，主要有熵值法、逼近理想点法等。

5.2.3.1　层次分析法

层次分析法也被称作多层次解析法，从根本上来说，这是一种定性和定量相结合的评价办法，能准确有效地分析出体系内各层次间存在的序列和非序列关系。细究本质，可以发现层次分析法其实就是一种思维数学化的过程，它将一些复杂的问题分解成具有阶梯形状特征的或者层层相扣的组成因素，借助于对各层因素的彼此对比来明确各层元素对该层目的的重要程度，建立形成判断矩阵，计算获得各层因素相应的重要程度的权重，最后通过综合排序的方法确定最终排名。层次分析法确定各项指标权重的关键环节是：

（1）构建层次结构模型，借助分析系统里面各个因素之间的联系，形成系统的阶梯性层次模型。

（2）构建判断矩阵。判断矩阵是以上一层次的层次指标为基础，使得这一层次的指标彼此相互比较，用以明确各个指标之间相对的重要性程度。为了进行合理的判断量化，使得决策人员的判断更加明了，需要引入合适的度量值对每一种相对重要性做出量化，然后用得到的度量值构建判断矩阵。表 5－4 为一种将定性绩效评价转化为定量绩效评价的 1～9 标度法。

表 5－4　定性绩效评价转化 1～9 标度法

标度	含义
1	表示两个指标相比，具有相同重要性
3	说明两项指标相互比较，一项指标相较于另外一项指标来说稍微重要
5	说明两项指标相互比较，一项指标相较于另外一项指标来说明显重要
7	说明两项指标相互比较，一项指标相较于另外一项指标来说强烈重要
9	说明两项指标相互比较，一项指标相较于另外一项指标来说极端重要
2，4，6，8	介于以上两组相邻判断的中值

用依据 1 ~9 标度法得出的评分结果为元素，构建出 n 元素的 $n \times n$ 阶判断矩阵 A：

$$\begin{array}{c} \\ A_1 \\ A_2 \\ \vdots \\ A_n \end{array} \begin{array}{c} \begin{array}{cccc} A_1 & A_2 & \cdots & A_n \end{array} \\ \begin{bmatrix} a_{11} & a_{12} & \cdots & a_{1n} \\ a_{21} & a_{22} & \cdots & a_{2n} \\ \vdots & \vdots & & \vdots \\ a_{n1} & a_{n2} & \cdots & a_{nn} \end{bmatrix} \end{array}$$

（3）层次单排序和一致性检验。在建立判断矩阵 A 之后，求得判断矩阵 A 的数值最大的特征值 $\lambda_{\max}$，再借助它相应的特征方程 $A \cdot W = \lambda_{\max} \cdot W$ 求解，获得对应的特征向量，并且使得特征向量 W 归一化。也就是说，以上一层因素为基准，给同一因素的重要性程度设置权重，这个过程我们称作层次单排序。

特征值 $\lambda_{\max}$ 所对应的特征向量 $W = (w_1, w_2, \cdots, w_n)$ 的大概数值可借助根法或和法获得。在精确度要求不高的情况下，采用的方法一般是“和法”，计算过程如下：

首先把矩阵的各个列的数值加总起来，求得各列的总数 $Y_i = \sum_{j=1}^{n} a_{ji}$。然后将矩阵中的每一个值与相应列之和相除，得到 $\dfrac{a_{ij}}{\sum_{j=1}^{n} a_{ji}}$，用新得到的值组成新的矩阵 B。最后将获得的新的矩阵 B 当中的每一行相加求和，获得的值也就是各个指标最终确定下来的权重值。

有关判断矩阵对应的一致性检测，从理论方面就能够证明，倘若判断矩阵是一个正互反阵，而且每一个指标都有着 $a_{ij} = \dfrac{a_{ik}}{a_{jk}} (i, j, k = 1, 2, \cdots, n, i \neq j)$ 的联系，那么这个判断矩阵必然就是一致性矩阵，并且这个矩阵 A 的数值最大的特征根的值 $\lambda_{\max} = n$。

然而在现实中，人们评价时会由于主观性、片面性、专业素质、个人偏好等原因影响，导致 1 ~9 标度法无法准确地描述各个指标之间的重要性程度。在这种情况下，就无法确保判断矩阵有着彻底的一致性。不过实际生活里面还是需要所形成的判断矩阵必须有基本满意的一致。

为处理判断矩阵相关的一致性问题，本书借助了随机的一致性概率 CR，这一比率是处理判断矩阵一致性使用最普遍的一种形式。CR 较小，本质上来说获得的判断矩阵一致性相对来说更好；CR 较大，就表示这个矩阵的一致性相对来说更差，将有极大的可能性使得结果差距特别大。通常情况下，如果 $CR \leqslant 0.1$ 且 $n > 2$ 时，大体能够知道这个判断矩阵满足一致性的有关要求，能够当成是系统的评判矩阵；否则就必须再次重新调节判断矩阵的本来赋值，让它满足上面所描述的一致性原则。CR 的求解方式如下：

首先获得判断矩阵 A 的数值最大的那一个特征值 λ_{max}，如式（5－8）所示：

$$\lambda_{max} = \sum_{i=1}^{n} \frac{(A \cdot a)_i}{na_i} = \frac{1}{n}\sum_{i=1}^{n} \frac{(A \cdot a)_i}{a_i} \tag{5-8}$$

其中 a 为权系数，即各个指标的权重值。

其次获得判断矩阵相应的一致性指标 CI：

$$CI = \frac{\lambda_{max} - n}{n-1} \tag{5-9}$$

最后求出 CR：

$$CR = \frac{CI}{RI} \tag{5-10}$$

RI 的值在表5－5中可以查出。

表5－5　随机一致性指标

矩阵阶数	3	4	5	6	7	8	9	10	11
RI	0.58	0.90	1.12	1.24	1.32	1.41	1.45	1.49	1.51

假如 $CR>0.1$，则需要对判断矩阵重新赋值，方法如下：把判断矩阵里面处于第 n 列的系数统一起来，即：

$$\begin{pmatrix} a_{11} & \cdots & a_{1n} \\ \vdots & & \vdots \\ a_{n1} & \cdots & a_{nn} \end{pmatrix} \rightarrow \begin{pmatrix} a_{11}/a_{1n} & \cdots & 1 \\ \vdots & & \vdots \\ a_{n1}/a_{nn} & \cdots & 1 \end{pmatrix} \tag{5-11}$$

然后，对各列数值进行检查，如果发现有相差比较大的数值，则需要对其进行调整，使其相近。

5.2.3.2　专家咨询法

专家咨询法主要是指让多名专家在匿名情形下对绩效系统的各个指标进行权重衡量，这是一种定性的判断方法。专家做调查问卷的过程中，不能进行沟通交流和横向讨论，结果来自学者们各自的主观判断，故其本身所具有的客观性相对来说比较差。

为了避免专家咨询法的主观性过大，通常选取10名行业内从业人员和专家，通过层次分析法和专家咨询法相结合的方式，最大可能地使指标相关的权重分配符合科学要求。

5.2.4　模糊综合评价方法的计算

（1）将之前计算获得的加权子集和单因素模糊矩阵进行复合运算，得到模糊综合评判矩阵：

$$B = [b_1, b_2, b_3, b_4] = W \cdot R \tag{5-12}$$

为了更好地对供应链企业绩效指标进行评价，拟对 B 值进行单值化处理，由行业人士和专家对评价的各个等级进行赋值，确定评价等级向量 C：

$$C = (c_1, c_2, \cdots, c_m)^T \tag{5-13}$$

最后得到综合评价结果 Z：

$$Z = B \cdot C \tag{5-14}$$

（2）为了便于一级指标得分情况的比较，可将二级指标分别计算，得出的模糊综合评判矩阵和专家确定的评价等级向量 C 进行复合运算，得出相应的一级指标的综合评价结果。

5.3 农产品物流服务质量的评价

5.3.1 农产品物流服务质量

5.3.1.1 农产品物流服务质量的内涵

由于物流的概念从20世纪70年代才引入我国，而农产品物流服务的概念更因为农产品的特殊性质及“食品安全”才在近几年得以关注。早期对农产品物流服务的研究侧重于农产品物流运输的顾客服务思想，并将此思想引入农产品物流运输服务指标模型中，为第三方运输企业提供参考。

目前对农产品物流服务质量没有一个明确的定义。事实上，农产品物流服务质量的概念可以认为是物流服务质量的一个延伸。结合农产品物流的概念及农产品物流服务体系的概念，农产品物流服务质量可定义为：以满足顾客需求为基准，农产品从生产者到最终消费者之间的连续性的物理性经济活动总和的好坏程度。关于农产品物流服务质量的相关研究主要集中在以下几个方面：

（1）以物流服务供应商、第三方物流为研究载体，研究和测量其农产品物流服务质量。

（2）从信息技术入手，研究信息技术对提高农产品物流服务质量的作用，并为农产品物流设计、优化信息系统。

（3）以农产品物流服务体系为研究对象，描述服务体系应用现状、存在的问题及对策等。

对于农产品物流服务质量的评价模型的研究以往多以局部模块或领域作为研究对象。对农产品物流服务质量的测量研究有必要从单一对象向服务链整体思路转变，研究范围也将从单一领域向多元领域发展。

5.3.1.2　农产品物流服务体系

农产品物流服务体系可以定义为：通过设置农产品物流的渠道节点，将分散的农产品专业物流服务商进行集成化管理，使得农产品物流的功能活动一体化，从而形成为农产品供应链提供低成本的、高效率的农产品物流服务以及其中所有关系的总和[54]。

虽然近年来我国农产品物流服务体系发展比较迅速，但仍然存在诸多问题。这些问题主要包括：农产品物流服务体系中政府职能转变不够、基地建设薄弱、缺少农业科技人才、市场建设不够完善等[55]；农产品物流服务体系还存在主体分散经营、节点布局不合理、运行方式落后等问题。可以通过扩大规模经济效应、集成供应商、共生原则等手段来优化农产品物流服务体系结构[56]。

农产品物流服务体系的建设与农产品流通息息相关，而目前我国农产品流通方式主要采取的是“产地收购—产地集散—销地集散—城乡零售商”的传统自营物流模式。想要脱离自营模式，一方面需要快速发展专业的农产品第三方物流服务企业，将配送、储存、信息服务等资源集中管理，降低成本，更快更有效地将农产品输送至全国各地，最大可能避免农产品“鲜活性、易腐性”带来的损失。另一方面需要加快发展信息技术及冷链物流技术。国家为促进农产品物流服务发展，在 2006 年初曾出台“五纵二横”鲜活农产品运销的“绿色通道政策”，很大程度上降低了农产品物流运输费用、促进了农产品流通及农村经济的发展。但是这种“绿色通道”并不能从本质上解决农产品的季节性、易腐性等带来的损失。发展冷链物流技术，使农产品流通全程冷链将是农产品物流服务体系中必不可少的、重要的环节。

5.3.1.3　基于服务链的农产品物流服务体系评价要素

（1）构成要素。基于服务链的农产品物流服务体系一般由农产品物流服务需求方、供给方、渠道节点以及农产品物流功能活动组成。需求方主要是指农产品的生产者、加工组织方等；供给方主要指第三方物流服务企业、政府监管和检测部门等；渠道节点主要涉及集散中心、批发市场等；物流功能活动则指冷藏、包装、运输和信息处理等。

以“农户—农村合作社/交易市场—批发商/零售商—用户”为主线，第三方物流企业与政府检测方贯穿整个主线，建立服务评价体系。其中服务外包方的评价内容主要涉及收购、加工、包装、分销、运输、信息处理、配送等活动；政府服务主要包括产品检测、质量监督、信息服务、政策支持等活动。由此构建农产品物流服务链内容，其结构如图 5－4 所示。

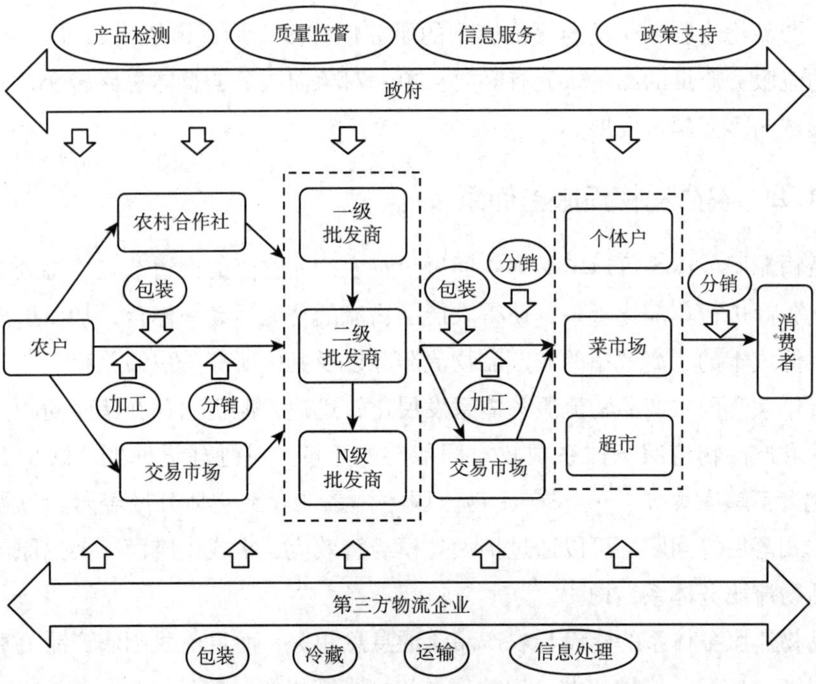

图 5-4　农产品物流服务供应链结构

（2）测量模型。目前，从农产品物流服务链整体测量服务质量的模型相对较少。多数研究从供应商或者第三方物流服务企业等单一视角建立服务质量的评价模型。在基于第三方物流服务企业的评价模型中，结合农产品物流的特殊性并运用层次分析法（AHP），从技术性、经济性、硬件设施、资源性等 4 个维度共 10 个指标来建立农产品第三方物流服务商评价模型[57]。在基于农产品的特性方面，综合运用数据包络分析法和层次分析法，针对农产品物流服务商建立包括经济型、信息化水平、发展潜力等 3 个一级指标和 15 个二级指标的评价模型[58]。

事实上，对农产品物流服务的评价仅仅考虑供应商、第三方物流企业等是远远不够的。需要结合政府的政策及监督环境，从接受物流服务的一方入手，基于农产品物流服务链的整体视角来构建综合测量模型。

5.3.2　农产品物流服务质量理论测量模型

5.3.2.1　测量模型框架初探

农产品物流服务质量的测量需要考虑相对于其他普通物流服务存在的一些特殊因素：

（1）农产品物流的运作方式存在特殊性。因为农产品含水量高、保质期短并易腐，因此，在包装、储存、运输等物流过程中都需要冷藏技术，且尽可能缩短运输时间以减少腐败变质带来的损失。

（2）农产品物流存在明显的季节性与地域性，因此形成自营物流模式。想要脱离自产自销，需要从多方面提升农产品物流能力。

（3）加工增值是农产品物流中必不可少的环节。政府方面除了需要给予技术、政策的支持，还需对农产品进行严格监督。

根据农产品物流的特殊性，结合国内外学者对服务质量、物流服务质量、农产品物流服务质量等评价量表的研究，本节通过现实观察数据选取 6 个变量，构建了农产品物流服务质量评价模型。6 个变量的来源说明如下：

考虑到服务质量（Servqual）量表中的“可靠性”变量具有通用性，且该变量是衡量物流服务的基础保障，因此将“可靠性”引入农产品物流中，作为假设模型中的测量变量之一；借鉴 LSQ 模型中的“时间性”，结合农产品的特性，保证时间性有利于降低腐败变质带来的损失，因此纳入“时间性”维度；结合 LSQ 模型中的“信息技术”变量，同时考虑农产品运输中极其重要的全程冷链技术，以及各地格外关注的信息综合平台建设，将“信息与技术”也纳入测量变量；借鉴林敬东（2009）研究工作中的“企业整体形象”变量，结合在农产品物流过程中物流企业为服务的主要主体，将“企业形象与服务”作为测量变量之一；由“食品安全”问题引申出来的政府监督问题，从全面的角度考虑增加了“政策与检测”变量；最后一个测量变量为“成本”，因为成本与企业利润息息相关，而物流功能活动是农产品物流服务中的组成要素。因此解决成本问题才能更有效保障物流功能活动质量，从而提高农产品物流服务质量。包含 6 个变量的农产品物流服务质量评价模型如图 5－5 所示。

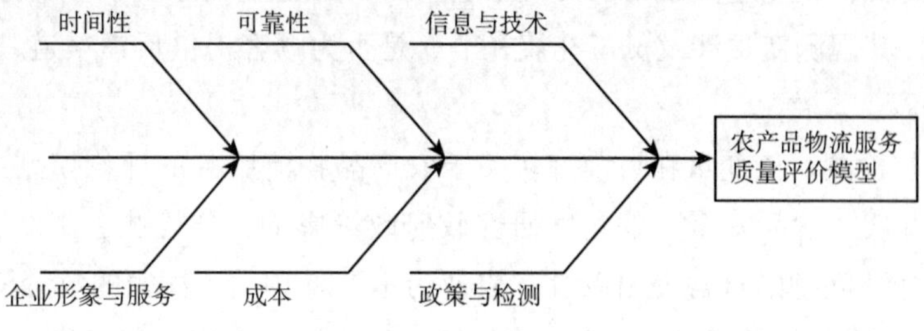

图 5－5　农产品物流服务质量评价模型

5.3.2.2　研究变量与操作性定义

操作性定义（operational definition）是指：根据可观察、可操作、可测量的特征来确定变量含义的一种方法。也就是说，从具体的行为、指标和特征上对变量的操作进行一定的描述，从而将抽象的概念转换成为可被观测、可被检验的项目。因此，操作性定义在实证研究中是非常重要的，它是衡量该研究是否有价值的重要前提。

各变量的操作性定义分析如下：

（1）可靠性。可靠性结合农产品物流的差异性，定义为：在农产品物流过程中，能够准确地履行服务承诺的能力。物流服务质量评价模型中对可靠性的二级指标设定为3个：订单满足率、货物完好率、突发事件处理能力。借鉴相关研究，从货品的完好度、订单满足率、储藏变质率、配送时间短等方面定义可靠性。

（2）时间性。此变量来源于门策（Mentzer）等提出的LSQ模型，其将时间性定义为农产品是否按时交货。按照LSQ模型中对时间性设计的观测变量，将时间性的二级指标设为3个：按时交货、及时处理顾客订单、及时处理顾客投诉。

（3）成本。成本的定义为：在整个农产品物流的服务链中耗费的资源，包括人力、物力和财力等。此处的成本与许多学者提出的“经济性”变量概念有一定重合性，通常经济性观测变量包括运价水平、物流成本、货损赔偿等。此处把成本的观测变量设为3个：仓储成本、运输费用、货损赔偿。

（4）信息与技术。信息与技术来源于LSQ模型中的信息质量。考虑到全程冷链在农产品物流中的重要地位，冷链技术是评定农产品物流服务质量不可或缺的方面，因此将信息质量与冷链等相关技术合并为一个观测变量——信息与技术。LSQ模型中将信息质量定义为“物流企业为顾客提供产品信息的多少”，信息质量可以进一步分为货物追踪质量、信息交互质量、信息系统投入比例3个变量来观测。

此处把信息与技术定义为：顾客所能获取的农产品相关信息的程度及农产品物流中涉及的包装、储存、运输等信息以及冷链技术。结合相关研究对该变量的操作性定义设定，本书从冷链技术、信息反馈制度、查询货物信息3个方面观测该变量。

（5）企业形象与服务。企业形象与服务的定义是：影响企业在顾客心中印象的因素以及为满足顾客需要，企业应具备的能力或素质。为突出企业服务的概念，将变量设定为企业形象与服务，其观测变量涉及员工礼貌礼节、是否为顾客提供反馈渠道、是否具备相关专业知识等方面。

（6）政策与检测。该变量在目前许多关于农产品物流服务的评价模型中没有被考虑，但已有诸多学者从“食品安全”的角度研究政府政策影响，如检测、制度、管理等问题。随着“食品安全”问题的日益突出以及“农业为本”的国情，国家的政策扶持与安全监督是必不可少的，也是尤为重要的。因此，在模型中纳入了从政府角度出发的“政策与检测”变量。政策与检测的定义为：政府给予农产品物流服务体系中的支持性条款，并对农产品质量合格与否进行监控管理。其观测变量从政策补助、技术支持、农产品检测等方面设置。

5.3.2.3 农产品物流中基于服务链的服务质量评价假设模型

依据Servqual量表、LSQ量表、服务质量模型以及量表设计，结合我国农产品物流的实际状况，运用美国社会心理学家李克特提出的七点尺度来进行计量，可得农产品物流服务质量评价的假设模型，如图5-6所示。

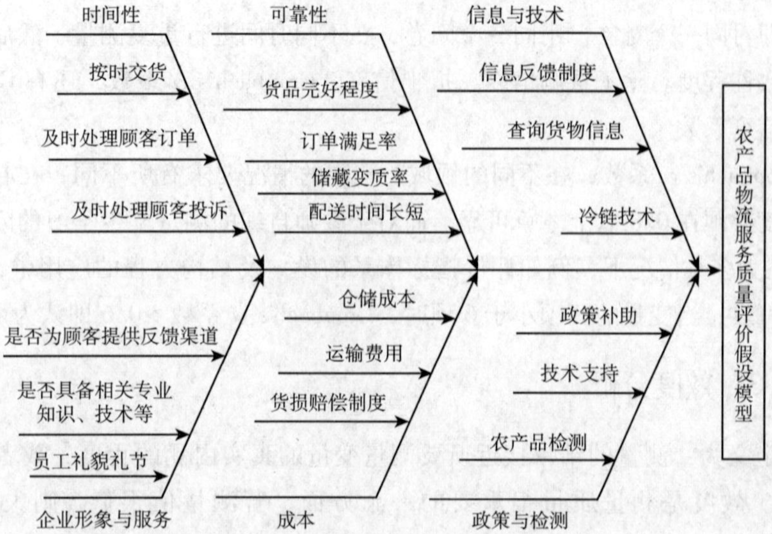

图 5-6　农产品物流服务质量评价假设模型

5.3.3　服务质量评价研究的数据分析方法

在进行问卷设计、样本调研、问卷数据收集后，通过 SPSS19.0 统计软件对回收后的样本数据进行分析，使用到的分析方法有描述性统计分析、信度分析、效度分析及因子分析，最后通过变异系数给每个研究变量赋权重值。

5.3.3.1　描述性统计分析

描述性统计主要用来查看填写者背景信息（如年龄、性别、职位、从事工作年数等），便于了解受访者分布是否合理，是否满足统计的基本要求。本研究中涉及的描述性统计指标为受访者的年龄、性别、从事工作的年数等指标，并采用频率分布百分比来观察指标。

5.3.3.2　信度分析

信度最早是由斯波尔曼（Spearman）于 1904 年引入，应用在心理测量领域。信度就是测量结果的稳定性，或一致性（也称可靠程度）[59]。

有人指出，信度反映的是测量中的随机误差情况。随机误差大，则信度低；随机误差小，则信度高。那么什么会影响随机误差的大小呢？据分析，主要有三个方面：一是受访者的情绪、观点、视角的变化；二是测试内容含糊不清或存在多重理解；三是受访时的情景不同。

信度分为外在信度与内在信度。内在信度是测量内在一致性的程度，意在说明问卷中的一组问题测量的是否是同一个概念。常用的内部信度系数为 Cronbach's α 系数和折半信度。外在信度意在测量不同时间的问卷的测量结果的一致性程度。常用的外在信度指标是重测信度，即对同一个对象，用同一个问卷，在不同时间进行重复测量，然后对比重复测量结果的一致性程度。除了重测信度、折半信度、Cronbach's α 系数，还有 Guttman 系数、平行模型的信度系数。

对于 Cronbach's α 系数，在不同的领域、不同的情况要求有所不同，在心理学领域要求较高，信度必须在 0.8 以上才算可靠。而对于教师自编的测量学生学习的问卷信度只需达到 0.6。在大多数情况下，例如评价指标体系的设立及结构方程的应用中，维持在 0.7 以上即认为可靠；当变量的问项小于 6 项时，Cronbach's α 系数 >0.6 即认为可靠。

5.3.3.3 效度分析

效度的定义为：测量的结果接近所要测量变量的真实内涵的程度，或者说，测量到真值的程度。效度是测量质量很重要的一个方面，若测量值很低，则失去了测量的价值[59]。

通常测量效度的方法有以下几种：

（1）表面效度（face validity）。表面效度是指研究者通过审视所要测量的概念或变量，判断设计的问题是否可以有效地反映所要测量的变量概念。这种测量方法具有较高的主观意识，因此对效度的测量不够精准。

（2）内容效度（content validity）。内容效度是指所要测量的变量的所有问项是否已将这个变量所要表达的所有概念涵盖在内。通过的方式为请熟悉这方面的专家对测量变量的所有问项进行审查。

（3）准则效度（criterion validity）。当一个测量变量测量出的结果与一个已经被证实有效的测量模型进行比较，对同一个变量所测量的结果一致，我们就称这个测量变量是准确有效的，具有准则效度。

（4）构想效度（construct validity）。它是指测验能够测量到的理论上的构想和特质的程度。有些变量本身是无法直接观测到，也无法测量，但是学术界假设它是存在的。因此需要给出这些概念的构想或者特质，并通过测量证明这些概念的构想。若构想能够解释这些概念，那么就说是有构想效度的。

本书在对农产品服务质量评价中，采用了表面效度、内容效度与构想效度。其中构想效度从常用的因子分析与构建效度的角度着手。

5.3.3.4 因子分析

因子分析是斯皮尔曼在 1904 年提出来的，现已成为统计学领域重要的分支，因此斯皮尔曼被誉为“因子分析之父”。

因子分析是从若干个指标中提炼出公共因子，使这几个公共因子再现原始变量与指标之间的相互关系及其关系程度的一种分析方法。该分析方法能有效地反映这些指标是如何受公共因子支配的。因子分析属于多元分析中降维分析的一种。因子分析可分为探索性因子分析（EFA）和验证性因子分析（CFA），区别此两种分析方法最重要的因素是看测量变量及问项是否已经得到验证或认可。若还未得以验证，那么需要对假设模型做探索性因子分析；若已经得到验证或是公认的现成量表，就可做验证性因子分析或直接引用。

因子分析有几个使用条件：

（1）样本量不能过小。从比例关系上说，样本量需要大于变量数的5倍，如需得到的结果良好，则以10倍为佳，且理论上的要求样本量应该达到100个以上。

（2）各变量间应该具有相关性。此相关性可通过Bartlett球形检验来判断。若出现的是单位阵，则说明变量各自独立，因子分析法不可用。检验是否为单位阵可通过以下方法观测：Bartlett球形检验统计值若较大，且对应的概率值小于显著水平，即说明相关系数矩阵不是一个单位阵，具有公因子，适合进行因子分析；反之，则不适合。当Bartlett球形检验值的显著性概率小于0.01时，则拒绝零假设，因子分析法可用[59]。

（3）KMO检验。KMO检验是用来观察变量间的偏相关性的，取值范围为0～1，KMO值越接近1，说明偏相关性越强，因子分析的效果也越好。经验显示在应用中，一般KMO值在0.7以上即认为可做因子分析，若低于0.5，则认为不适合做因子分析。

用因子分析提取的公因子需要有实际意义。事实上在做因子分析的主成分提取时，主成分只不过是矩阵变换后的结果，没有实际意义。但在因子分析时需要提取各因子的实际意义。若没有实际意义，则需要重新分析。

5.3.3.5　变异系数法确定权重

当两组数据量纲不同时，或需要比较两组数据的离散程度时，用简单的标准差来进行是不可靠的，此时需要用到变异系数（coefficient of variation）。

变异系数法计算变量及问项（指标）的权重是一种客观赋权的方法。其基本原理是：问项标准差取值差异越大，意味着该问项越难实现，这样的指标更能反映差距。变异系数的计算公式为：

$$V_i = \frac{\sigma_i}{\chi_i}, i = 1,2,3,\cdots,n \tag{5-15}$$

式中，V_i是第i项指标的变异系数，σ_i是第i项的标准差，χ_i是第i项的平均数。

考虑到各个测试变量间的差异性，选择用变异系数来设定指标模型中的权重。计算公式为：

$$W_i = \frac{V_i}{\sum_{i=1}^{n} V}, i = 1,2,3,\cdots,n \tag{5-16}$$

变异系数法确定权重无疑可以避免指标由量纲所带来的“不平等”因素。因此选择用变异系数法来确定各测量变量及变量下的各指标的权重。

5.4 农产品物流服务等级协议

5.4.1 基于服务等级协议的农产品信息服务平台信任模型

5.4.1.1 服务等级协议的定义

简单来说，服务等级协议（service level agreement，SLA）就是服务提供商和服务使用者之间签订的关于服务质量（quality of service，QoS）的保障条款以及违规的处理方式。服务等级协议（SLA）最早出现于电信业，用以衡量运营商所提供的服务质量。通常，一个SLA是由服务提供商和服务使用者通过正式或者非正式的协商方式所得出的，其中包括一系列用以达到和维持特定服务质量的程序和目标：平均故障间隔时间（mean time between failures，MTBF）、服务完成日期（ready for service date，RFSD）、平均服务恢复时间（mean time to restore service，MTRS）等。一个标准的SLA涵盖了服务提供商与服务使用者之间的多个方面，如服务提供、计费模式、服务性能、事件响应及技术合规性等。

对企业或农户而言，当他们使用平台提供的各类服务时，云服务等级协议（cloud service level agreement，CSLA）成为两者之间的关系纽带。平台的开放性和动态性将导致云服务等级协议的管理变得更加复杂。根据《云计算用例白皮书》（Cloud Computing Uses Cases White Paper），CSLA可以定义为云服务提供商和云服务使用者之间的互动关系，主要包含7点[60]：

（1）云服务提供商所提供的完整服务。

（2）对服务的详细定义。

（3）云服务提供商和云服务使用者的权责关系。

（4）一套能够确定云服务提供商是否按承诺交付服务的体系。

（5）对服务监测的审核机制。

（6）服务不满足SLA时的补救措施。

（7）服务存续期间SLA的变化。

5.4.1.2 农产品信息服务平台的SLA需求

针对农产品信息服务平台提供服务过程中可能出现的服务中断、服务延迟、数据泄露损害用户隐私及数据破坏等情况，SLA需要能够将双方均认可的服务类型、服务等级参数、付费模式及保障措施等进行详细阐述，尤其重要的是需要在SLA内容中将违规惩罚措施进行明确。因此对于农产品信息服务平台的SLA，分别从平台和用户的角度来看，需要明确和满足以下几点需求：

（1）对能够完成的业务和能力进行清晰的描述，如在线交易、物流管理、市场分析等，便于企业或农户理解和使用平台。

（2）对平台所提供的业务和能力的服务等级进行说明。

（3）明确业务参数进行监控的方式及监控报告的格式。

（4）明确在服务中断或其他不能持续提供服务的情形下所需要承担的责任。

（5）明确付费模式及业务参数。

5.4.1.3　农产品信息服务平台的SLA重要方面

农产品信息服务平台的服务涉及用户以租户身份使用服务的动态性、数据的云存储、用户所需资源的弹性变化、付费模式的变化等独特特点，因此农产品信息服务平台的SLA需要涵盖以下几个重要方面：

（1）服务可用性（service availability）。服务可用性是衡量服务质量的重要指标，服务可用性指在所需资源得到保障的前提下，农产品信息服务平台能够在规定条件和时间间隔内，根据SLA向企业或农户提供服务且不会出现服务失败等情况。

（2）服务配置化（service configuration）。企业或者农户在使用平台时能够根据实际需求定制服务，例如农产品销售企业希望实时更新市场的最新状况；农产品生产企业希望安排生产计划，通过平台能够实现基于虚拟机的服务配置和服务实现。

（3）付费计算（billing calculation）。平台的不同使用者对服务诉求不同，因此基于服务的计费模式也将不同，需要根据业务的不同特点采取不同的方式计费，如数据存储服务按数据量大小收费；大的农产品企业则会根据用户的数量进行计费等。

（4）服务导向性（service orientation）。对于农产品信息服务平台的用户而言，更多的是对SaaS服务的使用，服务导向性主要指的是对服务应用的保障，例如平均响应时间、订单处理时间、发货准确情况等。

（5）数据安全和隐私保护（data security and privacy）。云计算下数据的安全和隐私保护一直是备受关注的话题，如何保护企业或者农户存储在服务平台中的数据的安全，是平台需要最先解决的问题。

5.4.1.4　农产品信息服务平台信任模型

信任是一个主观概念，是指在指定的时间和背景下，信任的一方对被信任一方的某一服务在安全、可靠及可依赖性等方面的主观性肯定，具有不确定性的特点。信任的本质是对信任实体的未来行为进行预测，这里的信任就是指小企业或农户对平台所提供的服务的可靠性、可用性、稳定性等的认可，即平台所提供的SLA和相应保障措施能加强用户对平台所提供服务的信任度，用户通过平台提供的 SLA 能客观了解到平台的能力，提高对平台的使用意愿。

图 5-7 为农产品信息服务平台信任模型架构。其中包括用户、农产品信息服务平台和信任中心等几个部分。

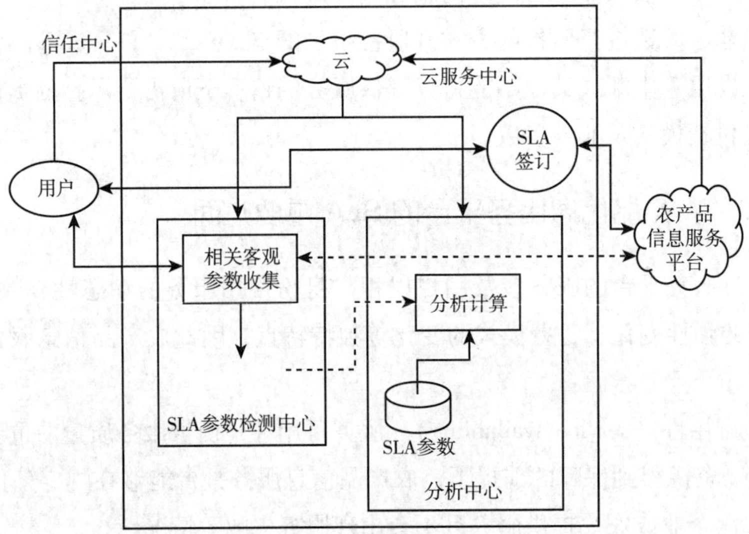

图 5-7 农产品信息服务平台信任模型架构

信任中心主要负责服务的发布和接收请求，并根据收集的数据，对服务信任值进行分析，信任中心主要包含云服务中心、SLA 参数监测中心和分析中心三个部分：

(1) 云服务中心。该中心主要由云、SLA 签订两个模块组成，农产品信息服务平台可以通过云模块注册和发布服务；用户和农产品信息服务平台通过 SLA 签订模块签订服务等级协议。

(2) SLA 参数监测中心。对各项服务参数进行实时的收集，并通过对比分析模块进行交叉分析验证，防止用户端和平台端对监测结果进行伪造，得到准确的监测值后再传送给分析中心进行计算。其中所制定的 SLA 参数中，部分是无法通过监测中心进行监测获得的，例如易用性和可扩展性等，该部分参数可以通过用户端获得。

(3) 分析中心。根据经典的服务质量差距理论，以双方服务等级协议作为用户期望的基础，以 SLA 参数监测中心的客观值和用户感知的主观值对实际服务质量进行评测，推导出服务质量计算模型。

5.4.2 农产品信息服务平台的 SLA 参数分析与评价

5.4.2.1 针对农产品信息服务平台 IaaS 层的 SLA 参数

农产品数据存储服务层（IaaS）是将底层的虚拟机、网络和存储等资源作为服务提供给用户。在农产品信息服务平台中，服务对象主要是具备技术的企业或者地方政府机构，这类用户可以租用其数据中心和网络服务，用以存储数据或者部署开发环境。因此，针对IaaS层的SLA参数主要涉及虚拟机、服务响应时间、数据安全等参数，如表5-6所示。

表5-6　针对IaaS层的SLA参数

参数项	描述
内存容量	平台所使用虚拟机的内存大小
CPU能力	平台所使用虚拟机的CPU速度
存储	平台提供的数据存储空间的大小
导入时间	虚拟机正式使用前的准备和导入所消耗的时间
规模上限	一个用户可以使用平台虚拟机的最大数量
所需时间	在平台增加/减少虚拟机数量的时间
规模下限	一个用户可以使用平台虚拟机的最小数量
响应时间	服务响应和处理用户需求所需时间
弹性服务	支持根据实际需求自动调整虚拟机规模大小
启动时间	虚拟机从启动到可用所需的时间
网络带宽	平台所能提供的网络的上下行带宽
安全与隐私	平台所提供的安全和隐私保护的能力

5.4.2.2　针对农产品信息服务平台PaaS层的SLA参数

农产品平台服务层（PaaS）的作用是将应用集成、应用开发、应用运行和环境部署的能力以服务的形式提供给用户。PaaS层对开发和处理能力进行了封装，为SaaS层的服务提供基础，具备技术实力的企业或地方政府可以根据自身需要在PaaS层进行自定义开发。例如，政府可以通过PaaS层建立农产品在线交易平台，或者大型农产品企业可以基于此建立满足自身业务流程的IT系统。因此，针对PaaS层的SLA参数要涉及平台服务能力扩展性和部署环境等，如表5-7所示。

表5-7　针对PaaS层的SLA参数

参数项	描述
可扩展性	对大规模应用的可支持情况
部署环境	平台应用混合云的部署方式，是否合理、方便不同用户使用
开发环境	开发工具是否具备可开源性，方便开发者开发和测试
可集成性	平台是否支持对其他应用和服务的集成能力
开发者数量	可以介入平台环境的开发者数量
服务器	应用程序可获得的CPU和存储空间的大小

5.4.2.3 针对农产品信息服务平台 SaaS 层的 SLA 参数

农产品数据交互层（SaaS）的作用是通过互联网、物联网和各类终端等将服务以需求的方式提供给农户、企业或者政府等。该层所提供的服务都是已实现可使用的服务，例如营销管理、物流管理、仓储管理、客户管理、财务管理、产品管理等，即用户不再需要做定制开发和维护，只需要根据自己的业务订购满足自身需求的在线软件服务。一般来说，基于我国农业发展水平和农业信息化的现状，小企业或农户对于 SaaS 层服务的最大应用需求主要集中在以下三个方面：

首先是实现农产品电子商务及高效管理。电子商务的不断发展对商品交易模式和用户消费习惯产生了巨大的变革，农产品领域也不例外，通过线上交易，能够拓展农产品的交易渠道、提高农产品交易效率及降低物流成本等，以往众多小企业或农户由于受限于技术和资金的实力，无法进入农产品电子商务领域。现在通过平台入驻和服务订购的方式，将全面改善这一局面，此外，更多服务信息的整合能实现“采、销、存”统一的支撑和高效的物流管理等。

其次是追踪市场动向和用户需求，实现产销的精准匹配。农产品讲究时令和新鲜，而且逢年过节的时候，国人对于农产品购买的习惯也不同于平时，特别是对于生鲜产品来说。例如，中小企业或农户可以通过平台选择预测分析服务，利用大数据分析结果，充分结合预售和直销等创新模式，有效地促进生产和消费的衔接和匹配，避免出现“滞销卖难”的境况。再如，对于农产品供应链中的物流企业来说，通过选择路线规划服务和供求管理服务，可以有效规划配送路线，实现精准配货。

最后是利用农业生产各要素的耦合，精准安排生产计划。通过对农业生产中各类要素，如天气预报、水肥管理、作物育种、高效养殖和病虫害防范等进行分析，有助于帮助各类要素更好地认识到自己的作用，充分发挥各要素间的耦合作用。例如中小企业或者农户可以将需种植的农产品基本信息在应用终端输入，平台通过物联网终端采集的各类数据并结合大量的天气模拟和土质分析进行“诊断”，根据诊断结果安排对应的生产计划，明确是否适合种植、如何种植等，并提供相应的在线生产指导和培训。

此外，由于 SaaS 层服务是面向用户可直接使用的，用户对于 SaaS 层服务的 SLA 不同于其他两层，例如某个用户通过平台的 SaaS 层选择了物流管理和在线交易服务，则订单响应时间、货损差异率、发货准确率等是其关注的重要点，相较而言，对于能力集成和可扩展性等性能而言关注度会相对较低。

基于以上对我国当前阶段农业信息化发展过程中主要应用需要的分析，可以将对 SaaS 层的 SLA 参数分析分为两个部分：服务应用和服务性能。

（1）服务应用的通用 SLA 参数。基于小企业或农户对服务的应用诉求分析得出的这类参数可以通过平台进行监测，主要涵盖平均响应时间、服务可用性、平均恢复时间等，并定义 4 级服务等级，参数如表 5－8 所示。

表5-8 针对服务应用的SLA参数

参数项	描述
平均响应时间	用户提出新增或变更服务需求后，完成服务部署所需的时间
服务可用性	在使用平台服务的过程中被成功访问次数与总访问次数的比率
平均恢复时间	服务一旦出现错误或不可用，从不可用到可用所花费的时间
订单处理时间	使用平台服务后，从收到在线订单到实际发货所花费的时间
配送准时率	使用平台进行配送路线规划，订单配送是否达到满足顾客要求
发货准确率	使用平台仓储服务，接收订单后的发货是否符合订单要求
客服响应	在使用平台服务过程中客服成功解决次数与总问询次数的比较
用户培训保障	平台所提供的用户培训的次数

（2）服务性能的通用SLA参数。服务性能主要是从技术层面对该层服务的SLA参数进行定义，由于SaaS服务的服务器、存储等都是由平台进行维护和管理的，用户对于应用资源和数据不具有管理能力。选择服务后，只能被动地使用，一旦平台服务遭受恶意攻击或者不可抗力因素影响也无能为力。此外服务性能是不可以被监测的，服务性能的SLA参数都是软件服务在被设计时固有的特征，不会在服务运行的过程中发生任何改变。主要涵盖服务的易用性、可扩展性和能力集成等方面，并定义4级服务等级，参数如表5-9所示。

表5-9 针对服务性能的SLA参数

参数项	描述
定制性	满足企业或农户的不同工作界面、数据以及各类个性化需求
易用性	能够提供简单易用、方便快捷的操作方式
能力集成	通过开发接口实现与第三方软件或服务的集成
可扩展性	能够应对企业或农户的不同的组织结构的需求

SaaS服务质量领域的评价研究正处于起步阶段，目前对SaaS服务质量评价的研究主要是采用传统PZB的质量差距模型SERVQUAL、Talyor的服务感知绩效模型SERVPREF以及电子服务质量等，并进一步结合SaaS服务的特点展开的。以下我们基于服务质量经典模型SERVQUAL的质量差距理论，以平台与用户达成的SLA为用户对服务的期望，以用户使用过程中各SLA参数的统计结果为用户的感知服务绩效（其中服务应用的感知服务绩效为实际监测值或转换效益值），构建SaaS服务质量评价方法。

用CS_i表示农产品信息服务平台SaaS层所提供的第i次服务，$i=1,2,3,\cdots,n$。同时为了便于标记，用∂_i^k来表示CS_i的第k个SLA参数的服务质量值，$k=1,2,3,\cdots,n$。

（3）服务应用SLA参数计算模型。针对服务应用的SLA参数可以直接通过SLA参数监测中心进行直接监测，属于可测量参数，可直接获得。服务应用SLA参数中，部分SLA

参数属性值越大，表示服务质量越高，例如发货准确率等（增量型参数）；部分则是值越小服务质量越高，如时间等（减量型参数）。

第一，增量型参数。该参数主要包括服务可用性、配送准时率、发货准确率、客服响应和用户培训保障。设 $A1$、$A2$、$A3$、$A4$、$A5$ 分别表示服务可用性、配送准时率、发货准确率、客服响应和用户培训保障的客观值，其服务等级定义如下：

$$A1_1 > A1_2 > A1_3 > A1_4$$

$$A2_1 > A2_2 > A2_3 > A2_4$$

$$A3_1 > A3_2 > A3_3 > A3_4$$

$$A4_1 > A4_2 > A4_3 > A4_4$$

$$A5_1 > A5_2 > A5_3 > A5_4$$

假设平台和用户达成的服务等级协议应用的各 SLA 参数满足最低指标为：$A1 \in [A1_i, A1_{i+1}], A2 \in [A2_j, A2_{j+1}], \cdots, A5 \in [A5_l, A5_{l+1}]$，其中 i、j、l 均为 1 ~ 3 的整数。

将用户培训保障换算成效益型，作如下变换：$A5' = A5/A5_i$，其中 $A5_i$ 为 SLA 中固定范围的最低值（最少培训次数），当服务可用性满足或者不符合 SLA 时，$A5' \in (0, 1]$，$A1$、$A2$、$A3$、$A4$ 本身为效益型，且均属于（0，1］区间，则在 SLA 基础上，用户对于服务可用性、用户培训保障等的期望值分别为：

$$Q_1' = (A1_i + A1_{i+1})/2 \tag{5-17}$$

$$Q_2' = (A2_i + A2_{i+1})/2 \tag{5-18}$$

$$Q_3' = (A3_i + A3_{i+1})/2 \tag{5-19}$$

$$Q_4' = (A4_i + A4_{i+1})/2 \tag{5-20}$$

$$Q_5' = A5_i/(A5_i + A5_{i+1})/2 \tag{5-21}$$

服务质量值 Q 除用户培训保障外，均为通过 SLA 参数监测中心所获得的客观值，用户培训保障服务质量值 Q 为 $A5'$。

第二，减量型参数。该参数主要包括平均响应时间、平均恢复时间和订单处理时间。设 $B1$、$B2$、$B3$ 分别表示平均响应时间、平均恢复时间和订单处理时间的客观值，其服务等级定义如下：

$$B1_1 < B1_2 < B1_3 < B1_4$$

$$B2_1 < B2_2 < B2_3 < B2_4$$

$$B3_1 < B3_2 < B3_3 < B3_4$$

假设平台和用户达成的服务等级协议应用的各 SLA 参数满足最低指标为：$B1 \in [B1_i, B1_{i+1}]$，$B2 \in [B2_j, B2_{j+1}]$，$B3 \in [B3_l, B3_{l+1}]$，其中 i、j、l 均为 1 ~ 3 的整数。

将其换算成效益型，作如下变换：

$$B1' = B1_i/B1,\ B2' = B2_j/B2,\ B3' = B3_l/B3$$

其中 $B1_i$、$B2_j$、$B3_l$分别为 SLA 中固定范围的最低值（最低响应时间、最低恢复时间、最低处理时间），则在 SLA 基础上，用户对于平均响应时间、平均恢复时间和订单处理时间的期望值分别为：

$$Q'_1 = B1_i/(B1_i + B1_{i+1})/2 \tag{5-22}$$

$$Q'_2 = B2_j/(B2_j + B2_{j+1})/2 \tag{5-23}$$

$$Q'_3 = B3_l/(B3_l + B3_{l+1})/2 \tag{5-24}$$

服务质量值 Q 分别为 $B1'$、$B2'$、$B3'$。

（4）服务性能 SLA 参数计算模型。针对服务性能的参数无法通过 SLA 参数监测中心进行监测，它们由不同的指标构成，属于不可测量参数。

第一，定制性，记为 C，包括3个指标：

①业务流程定义，指根据业务需求自定义流程的触发顺序和条件，其中包含可评价的不同点。设定总分1分，按点打分，记 $C1$，$0 \leqslant C1 \leqslant 1$。

②自定义模块，指平台提供低耦合的模块插件，用户可根据业务需要定制相关服务，构建个性化平台。设定总分1分，按点打分，记 $C2$，$0 \leqslant C2 \leqslant 1$。

③自定义数据分析，指用户可根据需要选择所需分析和统计报告。设定总分1分，按点打分，记 $C3$，$0 \leqslant C3 \leqslant 1$。

其服务等级定义如下：

$$C1_1 > C1_2 > C1_3 > C1_4$$

$$C2_1 > C2_2 > C2_3 > C2_4$$

$$C3_1 > C3_2 > C3_3 > C3_4$$

假设平台和用户达成的服务等级协议中定制性满足最低指标为：$C1 \in [C1_j, C1_{j+1}]$，$C2 \in [C2_j, C2_{j+1}]$，$C3 \in [C3_j, C3_{j+1}]$，其中 i、j、l 均是1~3的有效整数。则在双方达成的 SLA 基础上，用户对于定制性的期望值为：

$$Q' = \left(\frac{C1_i + C1_{i+1}}{2} + \frac{C2_j + C2_{j+1}}{2} + \frac{C3_l + C3_{l+1}}{2}\right)/3 \tag{5-25}$$

同时用户对于定制性的服务质量感知值为：

$$Q = (C1 + C2 + C3)/3 \tag{5-26}$$

第二，易用性，记为 F，包括2个指标：

①操作易用性，即用户无须花费过多时间学习使用等。设定总分1分，按点打分，记 $F1$，$0 \leqslant F1 \leqslant 1$。

②操作友好性，即平台所提供的界面美观且具备有效的帮助文档等。设定总分1分，按点打分，记 $F2$，$0 \leqslant F2 \leqslant 1$。

其服务等级定义如下：

$$F1_1 > F1_2 > F1_3 > F1_4$$

$$F2_1 > F2_2 > F2_3 > F2_4$$

假设平台和用户达成的服务等级协议中定制性满足最低指标为：$F1 \in [F1_i, F1_{i+1}]$，$F2 \in [F2_i, F2_{i+1}]$，其中 i、j 均是 1 ~3 的有效整数。则在双方达成的 SLA 基础上，用户对于定制性的期望值为：

$$Q' = \left(\frac{F1_i + F1_{i+1}}{2} + \frac{F2_j + F2_{j+1}}{2}\right)/2 \tag{5-27}$$

同时用户对于定制性的服务质量感知值为：

$$Q = (F1 + F2)/2 \tag{5-28}$$

第三，能力集成，记为 I，包括硬件、软件、网络和数据四个指标，分别用 $I1$、$I2$、$I3$、$I4$ 表示。其期望值 Q'和服务质量感知值 Q 的计算结果如下：

$$Q' = \left(\frac{I1_i + I1_{i+1}}{2} + \frac{I2_j + I2_{j+1}}{2} + \frac{I3_m + I3_{m+1}}{2} + \frac{I4_l + I4_{l+1}}{2}\right)/4 \tag{5-29}$$

$$Q = (I1 + I2 + I3 + I4)/4 \tag{5-30}$$

第四，可扩展性，记为 S，包括业务环境、运行环境和使用环境三个指标，分别用 $S1$、$S2$、$S3$ 表示。其期望值 Q'和服务质量感知值 Q 的计算结果如下：

$$Q' = \left(\frac{S1_i + S1_{i+1}}{2} + \frac{S2_j + S2_{j+1}}{2} + \frac{S3_m + S3_{m+1}}{2}\right)/3 \tag{5-31}$$

$$Q = (S1 + S2 + S3)/3 \tag{5-32}$$

同时，引入市场学中的期望不一致理论，通过期望值与感知值的比来计算服务应用和服务性能 SLA 参数的服务质量评价值：

$$\partial_i^k = \frac{Q_k}{Q'_k}$$

其中 k 表示服务应用或服务性能中第 k 个 SLA 参数。

当 ∂_i^k 大于 1 时，表示用户对于该 SLA 参数对应的服务质量是满意的；反之，则表示用户对于该 SLA 参数对应的服务质量是不满意的，可以根据 SLA 中规定的惩罚策略对服务提供方罚款。

通过监测或者计算每项服务参数的服务质量值，最终可以得到一个 SLA 服务质量评价向量值：

$$\Delta(\delta^1, \delta^2, \cdots, \delta^n)$$

由于不同用户对于服务应用和服务性能的关注程度点不同，分别给服务应用和服务性能赋予不同的权重：

$$a \text{ 和 } b \geqslant 0, \text{且 } a + b = 1$$

同时针对服务应用和服务性能中的各项 SLA 参数，不同用户对于服务属性的需求不同，通过设定参数权重来区分，记为 $\Gamma(\gamma_1, \gamma_2, \cdots, \gamma_n)$，可以得到针对 SaaS 层的服务质量分析值：

$$T = a \times \sum_{i=1}^{n} \gamma_i \times \delta^i + b \times \sum_{j=1}^{n} \gamma_j \times \delta^j \tag{5-33}$$

其中，$\sum_{i=1}^{n} \gamma_i = 1$，$\sum_{j=1}^{n} \gamma_j = 1$。

5.5　农产品物流服务质量的确定：以生鲜 O2O 为例

服务等级协议定义了服务类型、服务质量和客户付款等术语。它的提出将服务引向一个易于量化、管理、控制和改进的状态，服务不再是模糊的，也不再只停留在内在的层面。而服务等级协议的核心在于确定其服务质量（QoS），即 QoS 参数。针对目前我国生鲜 O2O 服务现状，本节主要对常规性生鲜 O2O 供应链服务的指标进行分析，具体包括线上服务与线下服务两部分。客户体验价值是生鲜 O2O 闭环的关键，基于顾客的角度，本书对生鲜 O2O 在线上服务与线下服务过程中应遵守的指标做重点探讨[61]。

5.5.1　生鲜 O2O 线上服务主要的 QoS 参数

生鲜 O2O 的线上服务平台存在两种类型：第三方独立的 O2O 运营平台；企业同时负责线上和 O2O 平台服务搭建。采取后一种类型的企业有实力整合大数据、大资源。但不管是哪一种，以客户为中心的运营流程始终不变，平台应持续向客户提供服务，增加顾客的价值，不断满足顾客对质量、服务及便利性的要求。

（1）线上线下信息的对称性程度。由于线上的条件限制，生鲜商品的展示以图片和视频为主居多，不能够如线下般触摸实物以充分掌握其品质和外观等充分的信息。因此平台服务需要充分整合线上与线下的有效信息，尽可能最真实地反映生鲜产品的信息，产品信息是否对称从客户的评价中就可以分析出来。线上线下信息的对称性程度表示为：

$$S_1 = 1 - \frac{O_1}{Q_1} \times 100\%$$

其中，S_1为对称性程度，O_1为一个周期内出现的虚假信息的订单数，Q_1为该周期内生成的订单总数。

（2）流量转化率。用于衡量某个生鲜电商在一个周期内吸引客户、促成下单的程度。

这就需要在线上的生鲜电商运营团队在丰富生鲜品类信息、加强促销活动力度、增强客户对商品的视觉感官冲击方面多下功夫，不断完善。流量转化率可表示为：

$$C = \frac{O_2}{Q_2} \times 100\%$$

其中，C 为生鲜电商转化率，O_2为一个周期内浏览生鲜网站后下单的客户总数，Q_2为该周期内浏览生鲜网站的总用户人数。

（3）客服及时反馈率。用于衡量线上的客户人员在生鲜产品售前、售中、售后三个环节上反馈客户各种疑问的有效及时性。客服及时反馈率表示为：

$$F_1 = \frac{q}{Q_3} \times 100\%$$

其中，F_1为及时反馈率，q 为一个周期内能够及时反馈的问题数量，Q_3为该周期内需要反馈的问题总数。

（4）客服反馈满意度。用于衡量客服的服务程度。客户反馈满意度表示为：

$$S_2 = \frac{N_1}{Q_4} \times 100\%$$

其中，S_2为客户反馈满意度，N_1为用户评价在满意及其以上评价的次数，Q_4为用户评价的总次数。

5.5.2 生鲜 O2O 线下服务主要的 QoS 参数

（1）生鲜体验店的网络密集度。以一座市级城市的区/镇为单位，该区域内生鲜实体店的数量为参考对象。由于自建成本过高，线下的体验店大部分以加盟的形式出现，通过加盟的方式，平台管理商实行规范化管理。网络密集度越高，客户服务效率就越高。网络密集度参数表示为：

$$I = \frac{N_2}{Q_5} \times 100\%$$

其中，I 为网络密集度，N_2为区/镇生鲜体验店或社区店的数量，Q_5为原传统生鲜店面总数。

（2）生鲜体验店的饱和度。该参数表示：随着时间的推移，体验店根据市场及当地消费者的实际需要，对生鲜品类的补充及设施设备的完善程度。生鲜体验店的饱和度表示为：

$$S_3 = \frac{D}{Q_6} \times 100\%$$

其中，S_3为饱和度，D 为已使用的设施设备加上生鲜品类，Q_6为可使用的设施设备及技术加上可食用的当季生鲜品类的总和。

（3）生鲜品新鲜度。该参数衡量生鲜体验店对生鲜产品采取的保鲜程度，即客户对生鲜品本身在色泽、形状、口味方面的认同感。生鲜品新鲜度参数表示为：

$$F_2 = 1 - \frac{R}{Q_7} \times 100\%$$

其中，F_2为单类生鲜品新鲜度，R 为因残损、腐烂霉变等原因出现的不良品总数，Q_7为单类生鲜产品总数。

（4）生鲜订单处理及时率。该参数评价生鲜体验店从订单接受开始到货物发出为止的及时性。生鲜订单处理及时率参数表示为：

$$T_1 = \frac{N_3}{O_3} \times 100\%$$

其中，T_1为生鲜订单处理及时率，N_3为及时处理生鲜订单的次数，O_3为生鲜订单总数。

（5）订单准时送达率。该参数反映配送员根据订单上的要求在客户指定的时间内将生鲜包裹送达目的地的程度。订单准时送达率参数表示为：

$$T_2 = \frac{N_4}{O_3} \times 100\%$$

其中，T_2为生鲜订单准时送达率，N_4为准时送达次数，O_3为生鲜订单总数。

（6）生鲜订单完好签收率。该参数衡量配送员在送达生鲜包裹后客户完好签收的情况。即送达给客户的生鲜包裹在品种、数量/重量、新鲜程度等方面均符合客户的订购要求，客户好评签收。生鲜订单完好签收率参数表示为：

$$P = \frac{N_5}{O_3} \times 100\%$$

其中，P 为生鲜订单完好签收率，N_5为生鲜订单完好签收数量，O_3为生鲜订单总数。

（7）生鲜订单货损差率。该参数衡量在一段时间内配送员累计配送生鲜品出现差错或破损的订单占总配送订单的比率。生鲜订单货损差率表示为：

$$W = 1 - P$$

其中，W 为生鲜订单货损差率，P 为生鲜订单完好签收率。

生鲜 O2O 的服务质量对终端消费者的影响决定着生鲜 O2O 服务供应链能否顺利闭环。本节基于定性的角度分析了生鲜 O2O 在客户关系管理中应该注意的问题，又从定量的角度分析了对应的 QoS 服务参数，有助于生鲜 O2O 企业能从细节中改善服务质量，实现线上与线下的互动体验。

第 6 章　农产品流通中的质量安全及其检测体系

6.1　农产品质量安全现状及问题

6.1.1　农产品质量安全现状

6.1.1.1　我国农产品质量安全生产现状

质量安全始终贯穿于农产品从生产到最终被消费的整个生命周期的所有环节。要彻底解决农产品的质量安全问题，一个最为重要的途径就是加强农产品生产阶段的标准化管理。一直以来，国家高度重视农业生产标准化。一方面，2020 年，国务院办公厅发布关于进一步做好农业标准化工作的通知。通知强调农业标准化是促进农业结构调整和产业化发展的重要技术基础，是规范农业生产、保障消费安全、促进农业经济发展的有效措施。但长期以来，我国农业标准化工作比较薄弱，缺乏统一的标准体系和建设规划，与国际标准存在较大差距。另一方面，农业部门也加大对农业生产基地的投入力度，并定期对农产品生产基地实行包括绿色无污染环境生产等在内的“无公害认证”考核。在国家高度重视以及各行业、部门等的大力支持和配合下，我国农产品质量安全生产状况得到了很大改善。但是不容否认的是，我国农产品在质量安全方面仍然存在诸多问题。除了标准化流程不完善，提高农产品的生产管理水平也是当务之急。

6.1.1.2　我国农业投入品的质量安全现状

农业投入品是指在农产品生产过程中使用或添加的物质。由于农业投入品贯穿农产品生产的各个环节，因此它是农产品最主要的污染来源。在各种农业投入品中，农药对农产品的污染尤为严重。随着人口的增长和农作物产量的提高，全世界农药的种类和消耗量也随之显著增加。农药的施用在大幅提高农作物产量的同时，导致环境污染，特别是导致水体污染、土壤污染等。农药残留引起农产品的质量安全问题，已经成为危害人类健康的一个重要问题[62]。一项 2013 ~ 2014 年对中国七个主要产区的栗子、核桃及松仁的农药残留物的调查显示：25.0% 的样品具有多种残留物（含有两种以上的农药），高达 9.1% 的样品含有五种农药残留物，15.9%的样品的残留量高于最大残留限值（MRLs）[63]。

为了解决农药污染问题，我国自1978年至今不断完善相关规定，加强对农药使用的管理。虽然相关部门在之后颁布了《农药安全使用标准》和《农药质量管理条例》等规定，国务院也于1997年发布了我国农药管理的第一部全面的法规《中华人民共和国农药管理条例》，但是我国关于农药使用方面的法律法规仍存在不完善的地方，这使得政策法规的实施效应大打折扣。

6.1.1.3　我国农产品质量安全消费现状

随着人类生产和生活的不断进步，人们的饮食习惯和饮食方式发生了很大的变化。随着大棚技术、物流行业等的发展，非季节性食品的消费也变得愈发简单。饮食方式及饮食习惯的变化，一方面拉动了农产品消费的增加，另一方面随之而来的农产品质量安全问题也不容忽视。农产品质量安全从最初的气味、颜色等的检测，到现在已演变到科技难以检测的程度（如转基因产品）。这很大程度上造成了生产者和消费者间信息不对称。由于对农产品生产过程的不了解、对农产品流通过程的不清晰，农产品受到化学污染的机会日益增多。

目前备受关注的是少量化学污染物长期通过农产品进入人体而造成的慢性健康危害。此类化学性污染一旦进入食物链，很难消除。所以，农产品也被称为“经验产品”甚至是“后经验产品”，这主要是因为消费者没有办法在消费之前对农产品质量安全进行充分的辨识。因此，仅仅依靠个人力量消费者是不能保护自己权益的。政府需要发挥其“监管人”的角色，做好全面充分监管与信息披露，消除信息不对称现象。消费者需要学习、了解和清楚农产品质量安全、农产品流通过程等相关知识，从而保障消费者权益。

6.1.1.4　我国农产品质量安全市场管理现状

农产品质量安全不仅需要工商、技术监督、卫生等机构的行政手段，也需要借助市场准入机制和规律进行调节。农产品质量安全问题是一项社会系统工程，它既要政府部门建设健全完善的质量安全机制和运作管理体系，又需要消费者、企业、供应商、生产者等农产品物流链上各个成员的积极参与。虽说在各级单位齐心协力的监督和整治下，农产品质量在近几年有了明显的提升，然而，当前因冷链物流市场不完善导致农产品质量安全问题频频发生。

从20世纪80年代开始，我国逐步建立健全农产品质检体系，并在一些规模较大的农产品生产基地建立了站点或速测中心，而且质检中心、工商、卫生等部门也积极配合，相关监督机构也逐渐建成，这些措施有力地助推了我国农产品监督检测体系的形成。与此同时，实现市场准入不仅需要建立健全我国农产品检测体系，还要完善相关的法律法规。

6.1.2 农产品流通中的质量安全问题

农产品供应链可以被描述为农产品沿着农户、加工企业、配送中心、批发商、零售商以及消费者运动的一个网状链条。图6-1描述的是农产品物流安全监控流程。由图中可知，我国的农产品供应链由农户、生产加工企业、批发市场、农贸市场、超市以及消费者组成，而质检、工商等行政部门，对我国农产品供应链来说相对独立，在不同环节或不同方面行使其监督检查职能。

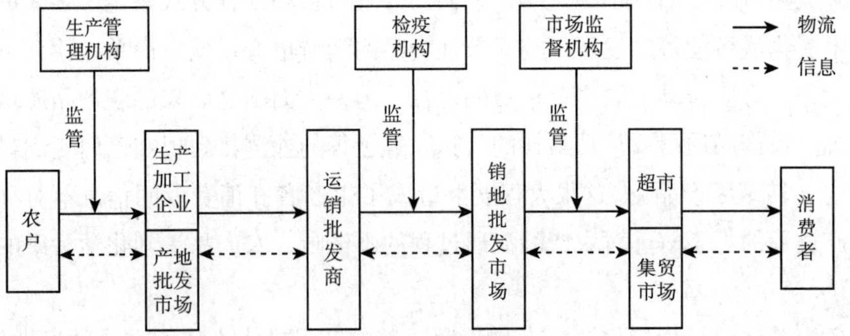

图6-1 农产品物流安全监控流程

从图6-1还可以看出，农产品质量安全问题有可能发生在农产品供应链的各个环节。如红心鸭蛋、染色馒头等发生在生产环节；配送时间过长、温度不适应等问题发生在流通环节；过期产品销售、篡改产品到期日等发生在销售环节的人为或技术上。农产品物流安全还存在诸多问题，以农产品供应链为主线，可以梳理出我国农产品物流安全监控存在的问题。

（1）批发市场不完善。主要表现在以下两个方面：一是批发市场中农产品储藏设施老旧，且更新较慢，导致农产品保鲜水平较低；二是批发市场信息不充分。

（2）农贸市场中农产品质量无法保证。我国目前农贸市场分布广泛，并且农贸市场中的销售者主要是小商小贩，规模较小且缺乏管理经验，且产品质量安全意识较低，导致农产品缺乏可追溯性。

（3）农产品安全缺乏规范标准。在农产品供应链中，由于缺乏统一的质量安全标准和物流标准，导致交易成本过高，对供应链合作伙伴联盟的形成和农产品的安全质量监控十分不利。

（4）物流技术不健全。物流环节对产品的储藏、保鲜是影响农产品冷链物流质量最核心的问题。但由于我国目前技术不够先进，导致物流成本较大，因此，不少物流企业出于降低成本的动机而忽略产品质量安全问题。归根到底，还是物流技术不健全。

（5）供应链各节点之间信息不对称。供应链节点上各企业之间由于存在信息不流畅、不对称的现象，导致对农产品质量安全的监控缺乏系统性。农产品供应链各环节信息存在差异，各部门之间缺乏协同，导致我国农产品物流业发展缓慢。另外，也不利于政府监管部门的监督监控。农产品从生产经过物流到消费，涉及一个庞大的信息网，但由于成员的分散性，并且我国尚且没有一个统一的信息网络平台，导致上游信息无法传达到下游，下游反馈也无法到达上游。信息链出现中断，是导致农产品物流监管不到位的一个重要原因；而且还导致了农产品物流链的衔接不畅，使我国农产品物流还停留在时间长、效率低的低层次上，与经济社会的快速发展相悖。

6.1.3 我国农产品质量安全监控问题

近年来，我国在农产品质量安全监控方面取得了一定成效，监控体制更加完善，法律法规更加健全，监管手段更加多样，农产品质量安全较之以前也得到很大改善，但是质量监管工作仍有待进一步改进，下面将对我国农产品质量监控存在的问题进行具体分析。

6.1.3.1 多头监管现象严重

根据《中华人民共和国产品质量法》（2000年）的相关规定，我国产品质量监管主体有工商行政管理部门、质量技术监督部门以及各级人民政府授权的其他地方部门。多头监管容易出现推诿扯皮的现象，从而影响监管效率。2001年，国务院提出对生产和流通领域的产品质量由质量技术监督部门和工商行政管理部门分段监管，质量技术监督部门负责生产环节，工商行政管理部门负责流通环节，从而形成“分块监管、条块结合”的产品质量监管模式。这种监管模式表面上看能有效避免多头监管、权责不清的问题，但是在实际生活中，生产和流通往往是紧密相连的、一体化的，并没有明显的界线，由此很容易产生监管模糊地带，出现监管真空问题[64]。

6.1.3.2 行政执法效率不高

目前，我国农产品质量监管相关法律实际运用过程中问题突出。如果监管部门严格按照国家标准对农产品生产加工企业进行监督抽查，将有许多农产品质量不达标，出于维持地方经济发展、保持地区生产总值增长和创造就业机会等各方面经济利益考虑，基层监管部门选择放松监管，以求在促进当地经济发展、创造就业和加强农产品质量监管之间建立平衡，从而导致有法不依问题产生。许多药品更新换代的速度日益加快，而农产品质量标准的更新速度明显滞后。很多标准制定后，在相当长的时间里并未进行修订。按照原有质量标准对农产品进行监管已不能满足当前人们对于农产品质量的高标准、高要求，从而使执法监督部门陷入有法难依的困局。

6.1.3.3 监管能力不足

监管能力不足主要表现在以下几个方面：一是被监管对象数量巨大、种类多样，而质量安全问题又不易被发现，通常需要通过检测才能发现问题，而监管人员数量相对较少，监管任务繁重，导致现有监管力量不足，有心无力。二是在监督抽查基层，执法现场快速检测设备数量严重不足，在信息网络建设方面与发达国家相比还有一定差距，基础设施设备有待完善，这都会严重影响检验检测的可靠性、准确性，进而影响到执法的公正性、权威性，最后影响政府的公信力。三是许多监管部门工作人员专业化程度低，并没有掌握农产品质量监督检测的方法。以上提到的问题导致许多情况下抽检工作并未起到真正的效果。

6.1.3.4　质量违法成本低

实践中，我国民事纠纷处罚力度比较低，关于产品或农产品责任的赔偿还只是损害赔偿，没有惩罚性赔偿的内容。因此，在生产劣质农产品所获利润高于违法罚款、守法成本高于违法成本的情况下，制度规章的框架并不能震慑违规者，不能阻止违法行为的发生。

6.1.3.5　监管理念落后

目前，我国政府对农产品质量的监管主要倾向于事前的审批和控制。由监管部门对企业进行检查，检查合格后，颁发生产许可证和营业执照，只有在取得这些“通行证”后才能进行生产。种类繁多的许可证加大了农产品生产加工企业进入市场的难度，一旦投入生产，证后监管的力度微乎其微。因此，一些农产品生产加工企业取得证照后，很难保持取证时的质量水平，薄弱的证后监管也给质量违法行为提供了生长空间。

6.2　农产品质量安全监控体系

6.2.1　农产品质量安全监控体系的形式与特征

农产品质量安全监控体系是为了确保农产品供应链过程中的质量安全，整合管理职责、组织机构、监控程序、过程和资源等要素而建立的一个完整的有机体系，其主要包括过程监控体系、要素监控体系和功能监控体系等三种形式，如图 6－2 所示。

（1）过程监控体系。它是根据农产品生产过程建立的，监控的关键点由产前、产中、产后三个子系统组成。产前监控主要为对生产地环境如水、大气、土壤的质量安全和农业投入品如化肥、种子（苗）、农膜、农（鱼、兽）药的质量监控；产中监控对象主要包括采收、农艺标准、田间管理等作业质量；产后监控对象主要包括农产品的预冷处理、冷冻贮藏、加工、包装和冷链流通等环节。因此，整个过程监控体系是以农产品质量安全法规、法律、标准为依据，由农产品安全委员会及其下属机构对农产品供应链的全过程实行监控。

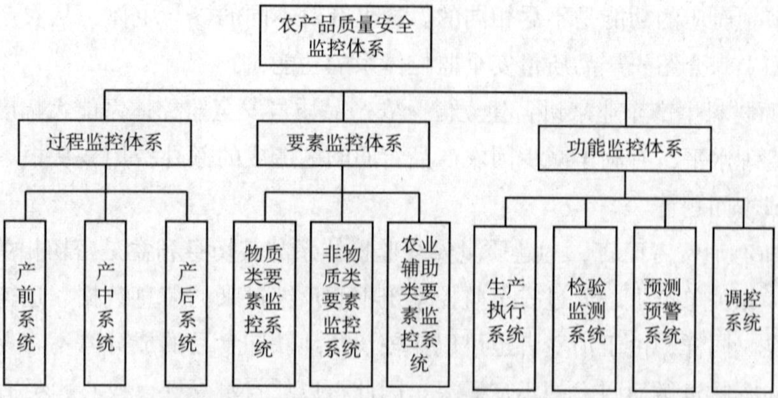

图 6-2　农产品质量安全监控体系的三种形式及其子系统

(2) 要素监控体系。它根据影响农产品质量安全的要素建立，由三个子系统组成：物质类要素监控系统、非物质类要素监控系统及农业辅助类要素监控系统。物质类要素监控系统由饲料、肥料、农（兽）药、种子、大气、水和土壤等要素构成。非物质类要素监控系统由生产的农艺过程标准、冷藏储存、加工、包装、配送销售、质量监管、检疫检验方法等要素组成。农业辅助类要素监控系统由农业机械、环境保护、农业工程等要素组成。

(3) 功能监控体系。它根据农产品质量安全监控系统的功能而建立，由四个子系统构成：生产执行系统、检验监测系统、预测预警系统及调控系统。生产执行系统是农产品生产系统，它受其他三个子系统的影响。检验监测系统通常运用经济上、技术上、法律上及行政上的手段，对农业生产经济活动进行检查、评价与控制，监督农产品质量安全情况正常与否，即实时地跟踪监测生产执行系统。预测预报系统根据检验系统提供的数据信息加上经济贸易等市场信息对农产品质量安全需求情况和农产品质量情况做出预测与预报。作为监控体系的核心，调控系统与另外三个子系统实时地保持协调配合，对影响农产品质量安全的各方面因素进行经常性动态调节。

农产品质量安全监控体系是一种在生产、供应、流通、销售各个环节中监控某类农产品及其质量状况、特性的信息记录的应用系统。农产品物流过程是极其复杂的，以现阶段获得的理论成果和科学技术很难设计出一种能够详细记录和传递一类农产品生产过程中所有输入、输出或期间变化信息的系统。一方面这种系统的信息数量极其繁杂巨大；另一方面，获得这些详细且细小的信息需要高昂的成本。所以，构建一个系统来实现对农产品全过程中的安全监控是不切实际的，而我们所能做的就是依据被监控对象的不同特性，建立一种特定的质量安全监控系统来确定记录的信息及广度，即农产品质量安全监控体系的三个特征：精确度、深度和宽度。

6.2.2　农产品质量安全监控体系的功能

农产品质量安全监控体系在农产品的种植养殖、加工包装、冷藏运输到最终销售的供应链各个环节中对应的功能是不尽相同的。这里针对不同的参与主体，从农产品的生产和销售两个层面上来介绍农产品质量安全监控体系的功能：

（1）对原材料生产企业来讲，建立健全农产品质量安全监控体系能大幅度提升供应环节的效率和管理水平，有利于减少因农产品召回问题造成的额外费用，从根本上解决高昂的配送环节成本问题等。

（2）对所有消费者而言，构建质量安全监控体系与其切身利益是密切相关的。一旦遇到紧急状况，相关单位可以通过安全监控系统中心反馈过来的信息数据，迅速召回出现安全问题的产品。同样，由于消费者也可以比较清楚地获知食品的成分，不容易造成因食物的不耐性或对食物过敏而引发的不良后果，因此可以凭自身喜好，放心购买适合的食品。

（3）对政府主管机构而言，构建质量安全监控体系与政府利益是密切相关的。为了保证农产品的质量安全，执法机构可以对市场上销售的问题产品下达下架命令；为了避免不法商家欺诈行为，检测机构可以通过调看监控、检测及分析来辨别真伪；若遇到突发状况，相关行政部门可以对影响人类和动物健康的问题进行有效及时的控制。

（4）对农产品生产企业而言，构建农业生产系统本身就包含了农产品质量安全监控系统。建立该体系可以监督农产品生产企业在生产过程中遵从相关法律法规；发生农产品安全事件时，企业可以在第一时间做出应对措施，把正准备上市的产品从销售过程中快速转移并以此保护企业名誉与品牌信任度；通过监控系统实时反馈过来的数据信息，将产品召回造成的损失和因此产生的额外费用减小到最小；对生产过程的监控数据和其对应的责任义务过程中所存在的问题进行诊断；提供身份验证，如生鲜肉及它的成分等；最大化降低家畜家禽中的传染性疾病病发率和减小传染规模，避免农产品在冷链过程中受动物疾病的污染，同时也保证家禽和肉品质量，从而保护消费者权益；按照生产方式的不同实施农产品分区销售等。

6.2.3 农产品质量安全监控体系建设要点

对农产品质量安全实施监控，需要从农产品质量安全的源头抓起，严格控制从农田到餐桌过程的各个环节。

6.2.3.1 产地环境安全监控

农产品产地环境以大气中的氮氧化物、土壤及水质中的重金属、农药残留、有毒有害物质为影响农产品质量安全的首要因素，尤其是土壤中重金属背景值的残留情况，因为一旦造成污染结果是不可逆转的。因此，要根据无公害农产品生产标准要求对产地环境进行调查分析，区分适宜生产区和不适宜生产区[65]，对不适宜生产区的环境要明令禁止生产或改良环境。同时对适宜生产区环境进行监督管理，严禁向产地排放“三废”、城市垃圾及有毒有害物质等。严格按照无公害农产品的产地环境标准，科学规划无公害农产品产地布局，并提高设施农业建设水平，保证农产品产地环境符合要求，从源头把好质量安全关。

6.2.3.2　农业投入品应用监控

农业投入品的质量安全监管涉及生产、经营和使用等多领域多环节，是提高农村社会质量安全保障水平的社会系统工程，也是保障广大消费者身体健康的民生质量工程。具体工作如下：

一是应以我国颁布的各类农业投入品管理条例为法律依据，严格执行农业投入品市场准入制度及生产、经营许可、登记制度，农产品生产和经营者要严格按照生产技术标准和操作规范进行生产和加工，科学合理使用农业投入品及化工产品等。二是应针对农业生产的特点，随时掌握生产过程中病、虫、草害发生情况并结合风险监测和预报，采取综合控制措施，综合运用农业、物理和生物等手段防治病虫草害，注意保护和利用天敌，发挥自然控制措施等。积极推广应用生物农药，保护生态环境，保证农产品不受污染。推广应用高效低毒、低残留农药，正确把握用药时期和剂量及次数，采用先进施药机械，不断改进施药技术，以提高防治效果和效率。三是举办农业生产技术和科学合理使用农药培训班，提高农民生产技术水平和安全用药意识，并经常开展打击制售假冒伪劣农资专项行动，强化和规范农资市场，确保农业投入品的安全使用。

6.2.3.3　农产品生产过程监控

制定和完善保障农产品质量安全的生产技术要求和操作规程，加强对农产品生产的指导。农产品生产企业和农民专业合作经济组织应当建立农产品生产记录，对农业投入品的基本信息与使用情况做好记录；对可能影响农产品质量安全的投入品（农、兽药、饲料和添加剂等）实行许可制度，并定时进行监督抽查。委托检测机构对农产品质量安全状况进行检测；对不符合农产品质量安全标准的农产品，禁止上市销售。在生产过程各环节中，执行标准化生产，坚持环境友好的生产方式，按照循环农业的要求，解决生产过程中的技术问题。加大无公害农产品生产技术标准和规范的实施力度，加快推广动植物病虫害综合防治技术、高效低残毒农业投入品以及平衡施肥等先进技术，健全动植物保护体系，加强对动植物疫病的监管。农业部门要指导生产者，建立生产档案制度，实行无公害农产品生产全程监控。

6.2.3.4　农产品质量安全标准体系建设

应在借鉴发达国家全程质量控制体系的基础上，以科技为手段，以质量为核心，以市场为导向，尽快建立健全农产品生产、加工、储藏、销售全过程以及操作环境、安全控制等方面的标准体系，把农业生产的产前、产中、产后诸多环节都纳入标准化管理轨道，逐步形成符合中国国情的并与国际标准相配套的农产品全程质量控制标准体系。标准体系推出后应配备专业标准化工作人员，进行农产品质量安全标准的普及、推广；并在标准的执行过程中加强政府监管及监测部门的监督检查，切实保证农产品质量安全标准化生产落实到位。

6.2.3.5 农产品质量安全风险评估体系监控

开展农产品质量安全风险评估，是当今世界各国的普遍做法，也是世界贸易组织《实施卫生与植物卫生措施协定》的基本要求。通过风险评估，对农产品中的农、兽药残留及重金属、生物毒素等对人类健康和动植物生长的潜在危害进行风险分析和评价，可以逐步建立起我国农产品中病原微生物、农药和兽药残留、化学污染物（含生物毒素）等风险评估技术体系、模型，为生产、消费提供技术支撑，为农产品质量安全管理和决策提供科学依据，逐步实现农产品安全保障从“被动应付型”向“主动保障型”转变。

我国应尽快建立农产品质量安全预警系统、农产品质量追溯系统等长效、稳定的农产品质量安全管理系统，提高预防和控制能力；建设我国农产品质量安全风险评估体系，尽快缩小与发达国家农产品质量安全检测与控制技术研究的差距，对农产品质量安全进行系统的监测，摸清农产品质量安全生产、加工和储藏等各方面存在的主要问题；并为制定农产品质量安全标准及农业部门采取相应的管理措施提供重要依据，确保农产品消费安全和公众饮食安全。

6.2.3.6 农产品质量安全检测评价体系

农产品检测评价体系是农产品安全监控体系的重要组成部分，是实现农产品从产地环境、农业投入品、农产品安全生产规程到农产品市场准入的质量监控管理的重要技术保障，是实施好农业标准化的重要保障措施，以便在生产过程监控中及时发现质量安全问题，及时采取调整和补救等措施[66]。

6.2.4 国外农产品质量安全监控体系概况

西方发达国家经过多年发展，依赖经济和技术实力的优势，已经形成一整套健全的农产品质量安全监控体系。目前国外广泛采取的主要措施是：

（1）建立“从农田到餐桌”的全程质量控制。全程质量控制已成为世界各国公认的农产品安全最佳防控模式，是对农产品的生产、收获、加工、包装、运输、贮藏和销售等各个环节，以及对生产过程所涉及的化肥、农药、兽药、饲料、包装材料、运输工具和食品标签等进行有效的安全监管，并在控制中广泛采用良好农业规范、良好生产规范、良好卫生规范、标准卫生操作程序，以及危害分析和关键点控制技术等方法。

（2）以风险评估为基础的科学管理。目前，世界贸易组织（WTO）各成员已基本达成共识，未来的食品安全管理体系应该是建立在风险评估基础上的预防性体系。在发达国家，风险评估是制定食品安全标准、技术法规的必要手段，也是仲裁贸易纠纷的基本准则。美国、英国和欧盟等由专业的风险评估机构在农产品和水产品等多个领域开展农药残留、兽药残留、微生物和重金属等多种残留物在不同产品中的风险评估，提供权威的风险评估结论和风险管理对策建议，为政府决策提供科学依据[65]。

6.3　农产品质量安全监控机制的构建

6.3.1　农产品监控机制建设的设计思路

在建设农产品监控机制时，为了提高效率、避免重复建设、充分利用现有资源等，我国政府对农产品监控机制的建设，主要建立在现有农产品质量检测部门实践的基础之上，对已有的检测体系进行完善和创新，对缺陷及不能适应当前要求的地方进行补充，对国外发达国家的经验进行借鉴，拓展现有检测体系的新功能；本着“填平补齐、充实提高、全面规划、重新认可”的原则，保证监控体系的完整、公平。

我国农产品监控机制建设的整体设计思路是：在从农田到餐桌的整个农产品供应链中，注重运输作业、规范生产作业、净化产地条件、严抓市场准入、确保投入品质量、巩固监控预警等重要环节，建立完善农产品安全法律法规体系、监测体系、管理体系、认证体系、标准体系、市场信息服务体系、科技创新扶持体系等，企业、消费者、政府、大众媒体、科研和教育部门等社会各阶层协同合作，构建农产品全程监控机制，并构建批发商、农户、政府、零售商及消费者间多方行为博弈的模型，确保农产品质量安全。

6.3.2　农产品监控机制的组成

农产品质量安全监控机制应由如图 6－3 所示的六大体系组成。一是农产品质量安全法律法规体系，它是监控机制有效运行的法律保障，是监控机制实施调控功能的基础和关键因素；二是农产品质量安全标准体系，它是监控机制的核心，赖以运行的依据；三是农产品质量安全检验检疫体系，它是监控机制的关键技术执法体系，是整个体系的“耳目”；四是农产品质量认证体系，它是监控机制的基础；五是农产品质量安全市场信息体系，它对监控体系运行提供信息服务，进行质量安全预警预报；六是农产品质量安全技术创新体系，它是监控机制的技术支撑。

该机制以法律法规体系为保障，标准、技术体系为技术支撑，检验检疫体系为手段，认证认可体系为规范，市场安全信息体系为服务，结构完善，机制合理，相互协调，有机衔接，功能强大，运行有序高效。

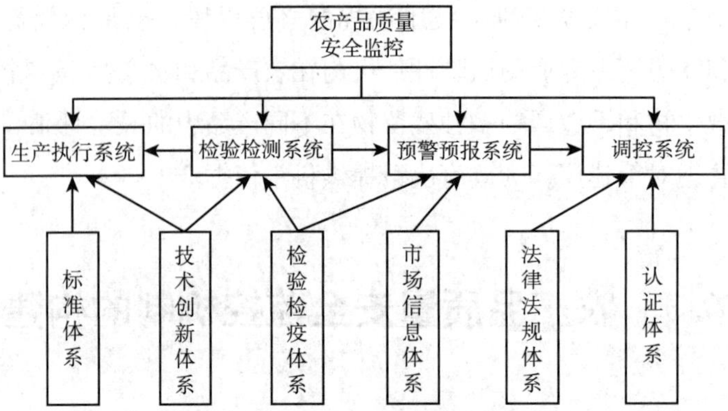

图6-3　农产品质量安全监控体系构成

6.3.3　我国农产品质量监控机制的构建

为保护消费者健康安全、促进国际贸易，必须完善现有的农产品质量安全管理体制，通过执法和控制，采用HACCP（危害分析与关键点控制）的思想，反馈供应链中农产品质量安全出现的问题信息，并经调查统计和危害分析、风险评估，找出整条供应链中最薄弱环节或最大危害环节，然后通过重点监控，以技术支持和改进进行配合，建立一个以法律为保障，农产品质量安全评价和科学风险评价为基础，政府、企业、消费者和中介组织各负其责，政府的各监管机构之间协调配合、分工明确、反应敏捷，能够实现“从农田到餐桌”的农产品质量安全监控机制。

构建农产品质量安全监控机制，需要政府、企业、农户、消费者和行业组织的共同努力，协同作战。从法治建设、管理模式、组织体制以及监控方式等方面入手，根据质量安全监控的基本原理和监控目标，构建农产品质量安全监控管理框架，建立和实施以预防为主，科学、动态、高效的农产品质量安全监控机制。

6.3.3.1　农产品质量安全法律法规体系的构建

农产品质量安全法律法规需解决带有制度性、方向性、全局性和政策性的重大问题，需要包括以下四方面内容：所有农产品、明确监控环节（即明令规定市场准入、生产过程、加工包装、冷藏运输及冷藏销售等环节）、产地环境监控（生产地环境包括周边空气质量、浇灌用水情况、产地土壤情况和外源污染情况等）、农业投入品的管理情况。

在程序上，监管部门必须遵照《中华人民共和国行政诉讼法》等相关规定依法办事，出台国家级的农产品质量标准，制定农产品质量认证制度，协同配合与监督各单位有关工作。引导生产企业进行自我管理，遵照供应链过程的危险性分析、明确质量安全责任、预防为主、公开性、溯源性等原则完善和制定法律法规体系。重点从以下几个方面进行建设。

（1）建立标准制度来约束农产品生产者。约束制度的对象指全部农产品生产企业，包括个体农户。规定农产品生产者在农业生产作业过程中，必须建立生产记录，包括农产品的收割、捕获、屠宰情况，病虫害突发情况及农业投入品（农药、化肥、饲料等）的用量情况等，并对市场流通中的产品实行自检。各级农业行政单位和技术指导部门对广大农民开展培训指导工作，要求其规范生产作业，合理、科学地使用种子、兽药、农药、肥料、饲料等投入品。

（2）构建风险评估体系。在法律法规的制定过程中，成立专业的技术评估部门，明确规定农产品质量安全风险评估制度的标准要求，评估农产品质量安全中存在的危害和潜在的隐患，定期对外公布风险评估报告，并提出合理、科学实施风险管理的建议与措施。

（3）构建产地环境管理体系。产地环境的质量好坏直接关系到农产品的质量安全，将产地分类制度归入管理范围，从法律的角度明确地把产地分成三类：禁止农产品生产区、限制农产品生产区及适宜农产品生产区。生产者根据不同的产地环境类别选择合适的农产品生产品种进行生产，实现产地环境达到产品质量安全生产的要求，从而发挥出农产品区域化生产与质量安全水平有机结合的最大功效。

（4）构建农业投入品管理体系。影响农产品质量安全的一个重要因素为是否科学、合理地使用了高质量的农业投入品，因此要定期开展监管检测农业投入品质量安全的工作，及时淘汰具有危害或潜在隐患的不合格农业投入品。与此同时，加快研发新型农业投入品及大力推广生产高效低残毒农业投入品。

（5）构建市场进货检测体系。从经营加工者质量安全责任制度的落实和控制手段的有效性看，要求冷链加工企业、冷藏配送中心、冷冻仓库、农贸市场、批发市场等配置专门的农产品质量安全检验设备，依据规范的检验技术标准、检测过程质量控制及检测信息档案制度的要求，有目的、有规划地开展自律性的进货把关检测。

（6）构建质量安全认证体系。发达国家在质量安全管理方面的成功经验，都是对农产品质量安全进行认证。结合我国现阶段农产品质量安全和农业发展的实际情况，将健康、安全的有机食品、绿色食品和无公害农产品归入管理范围，同时将危害分析与关键点控制（HACCP）管理体系、良好农业投入品生产规范（GMP）、良好农业操作规范（GAP）纳入法制管理的轨道。

（7）构建农产品市场准入体系。作为质量安全法律法规的核心内容和管理层面的重要环节，当务之急是构建统一、规范的农产品市场准入体系。农产品市场准入分为质量准入和安全准入，而后者更是当前建设的重中之重。一方面在农产品物流各环节中实施准入措施，另一方面对已上市的农产品提出相应的规章制度。为维护消费者的选择权和知情权，实行产品分级包装销售制度。对此类农产品，规定生产企业在包装材料上注明产品名称、生产日期、原产地、产品成分等内容。

（8）构建召回和溯源体系。对于检测出问题或上市后被曝光的问题农产品，在第一时间内迅速采取应急措施，公布于社会大众，对有问题的农产品进行召回处理。针对供应链中的各个环节要制定对应的责任，并要求所有农产品生产者或供销商建立产品信息档案以供追溯，信息包括产品名称、原材料来源、农业投入品情况、生产加工运输过程、销售网络等内容，以防今后出现安全问题时进行调查，及时找出原因并采取措施。

6.3.3.2 农产品质量安全标准体系的构建

为了提高我国农产品的国际竞争力，需要建立一套与国际接轨的农产品质量安全标准体系，此类标准体系还应该充分考虑我国基本情况，使之与我国国情相适应。构建产品质量安全标准体系首先从市场的角度出发，致力于改善农产品质量，提高农产品质量安全，制定可落实的农产品质量标准，并要以农业生产实际经验和科技为基础，切实提高我国农产品质量安全水平，规范我国农产品市场，增强农产品的国际竞争力，促进出口。

（1）构建的主要原则。农产品质量标准体系的建立应该有法律法规可依，有规则要求可循。农产品质量标准体系不仅要符合我国现有的法律法规的要求，如农业和农村经济工作中的相关法律法规，还要与国际规则法规相适应，如 WTO 规则、发达国家的农业技术法规等。农产品质量标准制定要实现“三个转变”，即：由注重品种标准向品种标准和保护农业生态环境标准并重转变；由注重技术标准向技术标准和质量标准并重转变；由注重生产向生产和产品分等分级并重转变。

（2）建设的重点。首先，加快完善标准体系。目前我国对于一些公认的重要食源性危害，在检测方法标准方面，尚存空白或不够完善，不仅不能满足对农产品质量安全控制的需要，而且在一些利用检测方法设置的技术措施中缺乏有效的应对手段。其次是优化标准结构。要借鉴发达国家经验做法，参照国际惯例，以科学的风险分析评价为基础，逐步将农产品质量标准与农产品卫生或安全标准分离。要转变观念，以农产品质量安全的事前预防控制为重点，改变原来以事后检查为主的做法。要从检验检疫方法标准制定和标准制定互相配合的角度解决基础标准、产品标准和方法标准之间的协调问题。

6.3.3.3 农产品质量安全检验检疫体系的构建

农产品质量安全检验检疫体系，是农产品质量安全体系的重要技术支撑，也是农产品行业、农产品国际贸易公平的重要执法支撑，构建农产品质量安全检验检疫体系的最终目的是提高农产品质量安全。检验检疫工作的重点应放在源头控制上，以疫病疫情防治、农兽药和化肥残留控制为关键，在相关法律法规的指导下，升级相应的检测仪器，建立一套与国际接轨的农产品质量安全检验检疫体系，且此类标准体系应该充分考虑我国基本情况，使之与我国国情相适应。

（1）构建的中心原则。建设农产品质量安全检验体系应以主要农产品为重点，有机结合综合性、区域性和专业性，符合农业自然生态区域特点，参照农业质量安全检验检测的实际情况以及结合农村和农业经济发展的实际需求。利用目前农业检测部门日趋完善的检测水平和能力，重点加强对县市地区的农产品检测，包括大型农产品批发市场、农产品生产基地和领军龙头企业的质量安全检测。在建立健全省级综合性、地方性和部级专业性农产品检测中心的基础上，加大县级综合性检测站的建设力度。重点发展优势农产品区域，突出此区域的产品特点。

（2）建设的重点。冷链农产品的质量安全涵盖整条供应链的所有环节，即产前、产中和产后环节，因此需在满足实时监控这三个环节的质量安全基础上建立检验检测体系。

首先需要整合现有检验检疫部门。目前我国多数政府检测机构缺乏统一管理，职责分工不明确，必须进行规范整合。应充分利用并发挥各地方及各单位已有的监测监控网络的优势，以条块结合的手段实现中央各部门机构之间、地方机构与中央机构之间、针对国内和进出口产品检测机构之间的有效配合。

其次需要提高检验检疫机构能力建设。借鉴发达国家先进的农产品检测技术，全力研发我国自主的检验检疫技术。重点研发农产品冷链物流监控中与安全限量标准相关的兽药、农药、重要有机污染物、饲料添加剂、违禁化学品与食品添加剂的快速检测技术和相关设施。为全面确保消费大众的合法权益，应建设面向全国性的信息数据共享平台，各个机构之间协同配合、信息共享，及时记录、反馈、监控农产品质量安全情况。

6.3.3.4　农产品质量安全认证体系的构建

农产品质量认证体系是根据中央和各地方政府的认证制度和相关标准，对指定范围内的农产品生产地条件、产品质量、冷链设施标准、技术标准等方面进行真实、客观的检测后，确认其达到质量安全卫生的相关等级要求，为其进入相应级别市场提供有效准入凭证的一种区域性认证实施体系。其主要有农业投入品认证、农产品生产全过程认证、农产品产地认证、最终农产品质量认证、农产品质量管理体系认证。构建认证体系，要以产品认证为中心，在无公害农产品的生产基地评定和标识认证等基础上，将体系认证与产品认证两者相结合。

农产品认证的主要对象包括有机食品、绿色食品及无公害农产品，后两者产品实行“标识管理、质量认证、首尾监控、过程控制”的基本原则。有机食品遵照国际统一标准和通行的认证准则运作；绿色食品采取“以商标管理为方法，质量认证为形式，技术标准为基础”的认证管理模式，将商标使用许可制度与质量认证体制相结合；无公害农产品的认证管理模式结合了产品认证和产地认证。

认定认证工作实行强化监督、统一规划、提升效率、规范市场和与国际接轨的基本原则，在国家认定认证监督管理委员会统一监督、管理、整合协同和相关部门共同实施的工作机制下，建立健全农产品认定认证体系，提高农产品认证评价的有效性与一致性，提高农产品的质量安全水平。

（1）构建的基本原则。一是权威性原则。质量认证的功用就是让社会大众认可那些经过认证的产品，即具有权威性。二是独立性原则。执行质量认证的相关机构必须保持公正的立场，没有成见地评定产品及其品质，要求认证机构与生产者和消费者之间保持独立，没有直接的利害关系。三是客观性原则。质量认证须根据事实情况，客观真实地评定产品及其品质。

(2) 建设的重点。一是建立规范、统一的农产品认证认可体系。在经验和工作方式上可以借鉴和引入工业产品的认证认可体系，统一认可程序、认可标准、认可机构和认可制度，大力开展认证工作。二是制订有利于促进良性竞争和工作监督的农产品认证标志管理办法。通过认证标志，构建可追溯系统，认证单位要对其认证结果承担相应的法律责任。必要时针对可直接食用的农产品实施强制认证措施和出口验证制度。三是加强对农产品认证机构、认证培训机构和认证咨询机构的监督管理工作。政府可以发布政策，引入市场竞争机制，培育一批社会信誉高、运作规范、符合国际通行规则要求的农产品认证机构。

6.3.3.5 农产品质量安全市场信息体系的构建

市场信息系统是依据特定的需求对市场信息进行收集、加工、分析并传播给特定用户的人机系统。农产品质量安全市场信息系统是一个复杂的、综合的系统，是自然、社会和经济系统的交织，由诸多子系统组成，包括信息用户子系统、信息传播子系统及信息资源子系统。农产品质量安全市场信息系统是将现代信息系统的基本功能，同农产品加工和销售系统的经济技术特征等特点相结合的应用系统。

信息传递及时、确切是确保农产品质量安全的重要手段，也是建立国家预警预报体制的基础。构建功能完善、科学合理的农产品质量安全市场信息系统应以政府为主体，及时、准确地为农产品生产经营者提供有效的信息，引导农产品生产经营者的行为，遵循市场规律，提供健康、安全的产品，增加农民收入，为国家宏观调控提供可靠、准确的信息支撑。

(1) 农产品质量安全市场信息体系结构。根据农业产业系统的特点和农业管理系统的特点，农产品质量安全市场信息系统是一个协调高效、多维的网络结构。纵向上相互连接，以农业部门为主体，自上而下由国家级、区域级、基层级（包括县市级和乡村级）农产品市场信息中心三个层次组成，并且，各个层次在相互依赖、相互联系的基础上分工有序。横向上相互连通，联结其他涉及农产品市场交易行为的部门，使农产品市场信息能够得到有效的流通和整合。

(2) 农产品市场信息资源子系统建设的重点。提高农产品市场信息资源合理开发、有效共享的基础是制定建立农产品市场运行状况的信息指标目录体系，全面揭示农产品市场信息。要实现信息资源的增值服务、信息资源得到充分利用、信息资源得以共享的一个重要的措施是开发和建设数据库。农产品市场信息资源数据库建设应按照统一规划、协同作战、多渠道筹集资金的基本原则，并要实现数据库规模化、信息定期更新、公益性、信息公开及时性等目标。

(3) 农产品市场信息传播子系统建设重点。市场信息传播的及时性与高质量是农产品市场信息传播子系统的主要功能。因此，笔者认为应从以下两方面建立健全我国农产品市场信息传播子系统。一是注重信息的深层次开发。信息资源开发者对信息的传播应充分迎合最终用户的实际需求，消除“知识差”的存在。二是合理选择信息传播渠道，促进网络传播系统在农产品市场信息传输系统中得到充分的应用。

6.3.3.6 农产品质量安全技术创新体系的构建

当今发展农业的首要措施是应用科技手段提高农产品生产条件，研发新式冷链技术，攻克农产品包装加工、冷藏运输及销售等冷链各个环节的技术难关。树立科学、可持续的农业发展观，以建立和完善与我国社会主义市场经济相适应、与国际农产品质量安全技术体系相协调的新型农产品质量安全科技创新体系为中心，解决目前农产品质量安全技术领域所面临的重点。

（1）农产品质量安全技术创新体系的建设思路。构建农产品质量安全技术创新体系应有相应的技术及设备支撑，提高农产品质量安全检测技术，升级农产品质量安全检测相关设备，建立完善的检测与评价体系，最终达到农产品生产全过程的无公害控制。其中包括：产前注重农产品生产资料无公害化和农产品生长环境的改善；产中注重生产过程的绿色化；产后注重农产品质量安全达标；还要注重产后废弃物的资源化处理。

（2）农产品质量安全技术创新体系的建设重点。一是完善食源性、危险危害性评估技术。首先是化学污染物危险性评估。评估范围应该全面，将加入农产品中的化学物以及天然存在的毒素都应纳入。在摸清农产品有害物质等危害因素污染水平的基础上，研究暴露水平及相应的生物标志物的变化，并找出其致病性阈值。其次是生物因素危险性评估。对具有公共卫生意义的有毒物质对人体健康产生的不良反应进行科学评估。在运用定性分析的基础上，逐步对生物性危害产生的不良作用进行定量、半定量评估。二是发展精准、方便、快速、可靠的农产品安全检测技术，建立农产品安全检测实验室质量控制规范。制约农产品质量安全水平的一个重要因素是残留检测技术的落后。因此，应大力发展残留检测技术，并且应与现实相结合，把握重点。目前，发展重点应放在农药、兽药残留检测技术、有机污染物痕量检测技术、食品添加剂检测技术等方面。并且，应重视现阶段对人体健康影响较为严重的病原体的检测技术。三是发展农产品安全过程控制技术。应不断改进饲料的加工技术和设备，降低饲料中有毒成分残留；发展农产品冷链物流的生产、加工、流通环节中安全性控制技术，在农业生产环节，大力发展清洁、绿色生产技术，充分利用生物原理控制虫害等。严格控制农药的使用，推广低毒低残留农药和生物农药，杜绝高毒、高残留农药的使用。在加工环节，应重点加强设备的研究与开发和加工技术，规范生产工艺，保证生产环境，强化卫生管理；保证原料清洗水的卫生质量，确保食品添加剂使用得科学合理。

发展标准现代化农业技术。将GIS、卫星定位系统、遥感技术、物联网、云计算和计算机自动控制系统等有机结合，对农产品生产过程如施肥、防治病虫害、精量播种、耕作和水分管理等环节进行精准管理，特别是水、肥管理做到定量化、精准化。

6.4 农产品质量安全检测体系

农产品质量检测是指依据国家和行业的标准要求，参照农产品质量安全标准及各个农产品检测检验中心的实际工作情况，对农产品质量进行符合性检测，给出符合性评价，如对农产品质量进行鉴定检验、分析评价、综合统计、追溯源头、安全预警等，为政府相关主管部门提供科学、客观、准确的质量检测数据。

6.4.1 农产品质量安全检测技术

农产品质量安全事件频发，使得对农产品质量的快速检测成为必要。农产品的检测技术主要包括以下三个方面：品质检测、农药残留检测及农业环境监测。

6.4.1.1 品质检测

当前常用的农产品品质检测技术主要包括：X 射线技术、近红外光谱分析技术和机器视觉等。X 射线具有穿透能力，当射线穿透待检测对象时，检测对象内部的差异性或者缺陷引起的穿透射线强度上的差异可通过一定方式转换成图像，从而应用于农产品内部品质的无损检测和评价。

6.4.1.2 农药残留检测

农药残留检测技术主要包括酶联免疫吸附（ELISA）、生物传感器和拉曼光谱分析。ELISA 将已知的抗原或抗体吸附在固相载体表面，使酶标记的抗原抗体反应在固相表面进行，由于其专一性好、灵敏度高、操作简便且可进行定性或定量检测，因此可用于特定农药种类的筛查及检测。在生物化学和传感技术基础上建立起来的生物传感器技术利用具有分子识别能力的生物活性物质（如组织切片、细胞、细胞器、酶、抗体、生物膜等）作为敏感材料，与换能器相结合产生对被测目标具有高度选择性的检测器[67]。拉曼光谱主要应用于果蔬农残检测。拉曼光谱可直接对果蔬样品进行非接触的无损伤检测，样品可以是毫克甚至微克的数量级，可同时对样品的多个指标进行分析。

6.4.1.3 农业环境监测

农田土壤是各种农作物赖以生存的自然环境，随着工业化的发展，土壤污染日益加剧，其中以重金属污染最为突出。近年来，激光诱导击穿光谱（laser-induced breakdown spectroscopy，LIBS）技术和 X 射线荧光光谱（X-ray fluorescence，XRF）技术被广泛用于农业环境监测。有关于对土壤样品中铜（Cu）、铬（Cr）金属元素的含量检测研究发现，

LIBS 和传统的原子吸收光谱检测结果一致[68]。也有研究表明便携式 X 射线荧光光谱法（PXRF）可用于快速检测土壤中的重金属元素，其结果准确可靠[69]。

6.4.2　农产品监管法律依据

我国将加强食用农产品质量安全监管纳入食品安全年度重点工作，把农产品质量安全工作纳入省级政府质量考核和食品安全工作考核。我国农产品质量管理方面的法规主要有《中华人民共和国食品安全法》《中华人民共和国农业法》《中华人民共和国食品卫生法》《中华人民共和国标准化法》《中华人民共和国动植物检疫法》《中华人民共和国产品质量法》《农药管理条例》《兽药管理条例》《生猪屠宰管理条例》《饲料和饲料添加剂管理条例》等，特别是《中华人民共和国农产品质量安全法》，使我国农产品质量安全管理走上了依法管理的轨道[70]。国务院有关部门还配套制定了《农产品产地安全管理办法》等部门规章和规范性文件。

多个省份出台了地方性法规，如《四川省〈中华人民共和国农产品质量安全法〉实施办法》于 2009 年 2 月 17 日在四川省人民政府第 26 次常务会议通过，自 2009 年 6 月 1 日起施行。浙江省推出《浙江省农产品质量安全规定（2020 修正）》，该法规第一条提到，“为了保障农产品质量安全，维护公众健康，根据《中华人民共和国农产品质量安全法》《中华人民共和国食品安全法》和有关法律、行政法规，结合本省实际，制定本规定。”

《中华人民共和国农产品质量安全法》为确保农产品的质量安全，根据国际通行做法和中国农产品质量安全工作实际，设立了一系列的监管制度，包括各级政府及其农业部门和其他相关职能部门配合的管理体制、农产品质量安全信息发布制度、农产品质量安全市场准入制度、农产品质量安全监测和监督检查制度、农产品质量安全事故报告制度和农产品质量安全责任追究制度等，明确了农产品质量安全的责任主体，完善了相应的法律责任体系，从而进一步规范了农产品产销秩序，更加有效地保证了公众消费农产品的安全，保障了最广大人民群众的根本利益[71]。

我国关于农产品质量安全监管的专项法律法规还较为欠缺，加大了监管的难度。因此，需要在有序开展农产品产地环境、养殖业卫生防疫环境和农产品质量安全风险分析的基础上，制定与我国《食品安全法》《农产品质量安全法》和《环境保护法》等综合性法规相配套的农产品产地环境管理、农业投入品管理、肉类产品管理、禽类产品管理、蛋类产品管理以及农产品质量安全风险分析和防控等方面的专项法规。同时，应加强相关技术法规体系建设，逐步建立起完善协调的法律法规体系[72]。

6.4.3　农产品质量安全监管法律制度中的责任主体

在农产品质量安全监管法律制度中，不同责任主体承担不同的责任。责任主体主要包括批发市场、县级以上地方政府和国家农业管理部门[71]。

6.4.3.1 批发市场的农产品质量安全责任

《中华人民共和国农产品质量安全法》明确规定，农产品批发市场应当设立或者委托农产品质量安全检测机构，对进场销售的农产品质量安全状况进行抽查检测；发现不符合农产品质量安全标准的，应当要求销售者立即停止销售，并向农业行政主管部门报告；应当建立进货检查验收制度。该法律还规定了批发市场违反法律规定所应承担的民事赔偿责任和其他法律责任。

农产品批发市场主要是由国家投资的公益性事业，做这样的规定，既参照了国际通行惯例，又充分考虑了我国产品市场流通的现状。一方面，农产品批发市场作为提供农产品交易场所的独立法人单位，应当承担进入市场的农产品的质量安全责任，并有义务保证市场上农产品的质量安全；另一方面，目前我国大中城市的农产品主要通过批发市场流通，农产品批发市场是联系农产品生产、运输、消费等链条的关键环节，批发市场承担起相关的把关责任，就意味着向前可以追溯生产者的责任，向后可以保护消费者的消费安全。

6.4.3.2 县级以上地方人民政府的农产品质量安全责任

农产品种类繁多，生产周期长，从生产到供应环节多，影响质量安全的因素多，农产品质量安全控制难度较大，加强农产品质量安全管理是一项长期艰巨的任务。从世界范围来看，政府作为公共安全的管理者，有义务履行农产品质量安全监管责任。从我国来看，全面提高农产品质量安全水平，建立健全农产品质量安全监管制度和长效机制，离不开政府的组织领导和统筹规划。

为此，《中华人民共和国农产品质量安全法》强化了地方人民政府对农产品质量安全监管的责任，对县级以上地方人民政府的职责和义务进行了专门规定：

第一，县级以上人民政府应当将农产品质量安全管理工作纳入本级国民经济和社会发展规划，并安排农产品质量安全经费，用于开展农产品质量安全工作。

第二，县级以上地方人民政府统一领导、协调本行政区域内的农产品质量安全工作，并采取措施，建立健全农产品质量安全服务体系，提高农产品质量安全水平。

第三，各级人民政府及有关部门应当加强农产品质量安全知识的宣传，提高公众的农产品质量安全意识，引导农产品生产者、销售者加强质量安全管理，保障农产品消费安全。

第四，县级以上人民政府应当加强农产品基地建设，建设农产品标准生产示范区和无规定动植物疫病区，改善农产品生产条件，加强对农产品生产的指导。

6.4.3.3 农业部门的农产品质量安全责任

《中华人民共和国农产品质量安全法》是我国农业和农村经济管理中的一部重要法律，

它确立了农业行政主管部门在农产品质量安全监督管理工作中的主体地位。该法律的发布与实施，对于推进农业标准化，加强农产品质量安全管理，转变农业生产方式，发展现代农业，实现农业的可持续发展，促进社会主义新农村建设具有十分重要的意义，对于农业部门强化依法治农，实施“转变、拓展、提升”三大战略和农产品质量安全绿色行动等九大行动，更好地履行农业和农村经济管理职能具有重大而深远的影响。农业部门必须采取有力措施，来推动和保障《中华人民共和国农产品质量安全法》顺利贯彻实施。

6.4.4　农产品质量安全标准

截至 2022 年 3 月 17 日，在国家标准全文公开系统中，现行的与农产品相关的推荐性国家标准共 28 条，例如，发布于 2004 年 8 月 13 日的农产品批发市场管理技术规范，从 2021 年 4 月 1 日开始实施的农产品电子商务供应链质量管理规范等。

在行业标准信息服务平台，与农产品相关的已备案行业标准共 86 条。各省市根据自身情况制定了相关的地方标准，在地方标准信息服务平台已备案地方标准共 747 条，新疆维吾尔自治区、山东省和江苏省制定的地方标准较多，分别为 74 条、61 条和 59 条。

在全国农业食品标准公共服务平台，与农产品相关的标准共 738 条，如由国家市场监督管理总局和国家标准化管理委员发布，从 2022 年 7 月 1 日开始实施的《农产品追溯要求　蜂蜜》（GB/Z 40948—2021），该文件提供了蜂蜜生产、加工、物流、销售环节追溯信息记录的指导建议。

特别是近年来无公害农产品标准、绿色食品标准，有机农产品标准的颁布实施，使我国农产品质量安全标准走上了规范化、制度化轨道。

农产品质量安全标准是实施《中华人民共和国农产品质量安全法》的重要技术保障，它明确了“从田地到餐桌”的整个过程监控要求，具有规范农产品的生产加工、统一质量安全技术标准、提升农产品国际市场竞争力、保障人民消费安全和健康等多方面的作用。

6.4.5　农产品监管机构

2002 年 12 月，中央机构编制委员会批准成立农业部农产品质量安全中心。2018 年 3 月，随着国务院机构改革更名为农业农村部农产品质量安全中心（农业农村部优质农产品开发服务中心）。

根据中央编办、农业农村部批复，农业农村部农产品质量安全中心（农业农村部优质农产品开发服务中心）主要负责开展农产品质量安全政策法规、规划标准研究，参与农产品质量安全标准体系、检验检测体系和追溯体系建设等农产品质量安全监管支撑保障，组织实施农产品质量安全风险评估，开展名特优新农产品发展规划研究和地方优质农产品发展指导等工作。

农业农村部农产品质量安全中心的检验检测处有以下职责①：

（1）参与农产品质量安全检验检测相关政策措施、制度规范、规划计划的调研和起草，承担农产品质量安全国家监测监控项目年度计划的组织申报、技术评审与实施工作。

（2）承担全国农产品质量安全检验检测体系建设指导、业务管理、人员培训、考核评价、能力比对、技术交流、激励机制建立与实施等工作。

（3）承担农业农村部和全国性农产品质量安全检验检测机构及相关技术机构的技术培训、考核评价、评审验收与检验检测能力综合评价工作。

（4）承担国家计量认证农业评审组的日常工作，协调指导地方农产品质量安全检验检测中心（站、所）的建设管理、资质考核、评审验收和技术培训等工作。

（5）分析研判农产品质量安全检验检测数据信息与发展趋势，负责农业检测公众号运维和管理工作，组织开展全国农产品质量安全检验检测技术、仪器设备、标准物质及标准样品的研发、考核评价、能力验证、展览展示与示范推广等工作。

（6）负责全国农产品质量安全与营养品质快速检测技术和仪器设备等相关产品的备案登记、考核评价、能力验证、展览展示与示范推广等工作。

6.4.6 农产品质量安全检验检测体系组成

农产品质量安全检验检测体系由生产许可检验检测、农产品认证检测、监督抽查、风险监测、委托检验检测五个部分组成，如图6－4所示。

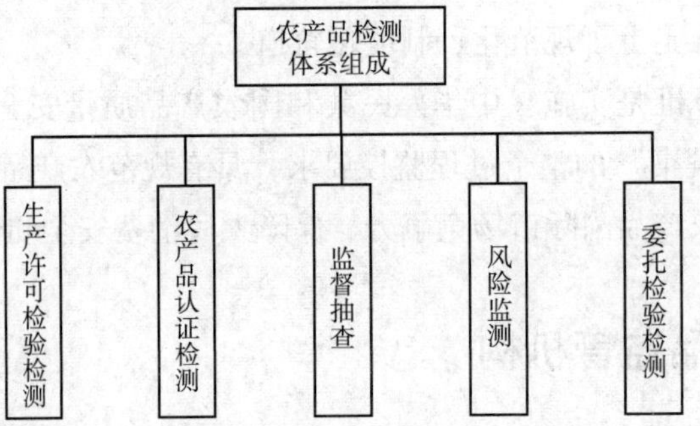

图6－4 农产品质量安全检验检测体系组成

6.4.6.1 生产许可检验检测

生产许可要求食品、食品添加剂、食品相关产品生产企业必须具备保证生产质量安全的产品的基本条件，按照相关规定程序获得生产许可后方可进行生产。生产许可制度为食

① 资料来源：根据农业农村部农产品质量安全中心网站（www. aqsc. agri. cn/zzjg/zyzz/）整理。

品、食品添加剂、食品相关产品质量安全提供重要的保障。食品生产企业提出生产许可检验后，审查组应按照产品审查细则从食品生产企业检验合格的产品中抽取样品，食品生产企业可以选择现场抽样检测或是抽样送检验机构检测。检验机构需要按照审查细则规定进行检测，在限定时间内完成检验工作并出具检验报告，检测合格后食品、食品添加剂、食品相关生产企业方可获得生产许可证进行生产。

6.4.6.2　农产品认证检测

无公害农产品是指生产中使用安全的农业投入品，并按照无公害农产品规定的技术标准进行生产，而且生产地的环境、产出品的质量也要符合国家强制性标准并使用无公害农产品标识的农产品。《无公害农产品管理办法》规定，无公害农产品认证分为产地认定和产品认证。产地认定需由省级农业部门组织实施，产品认证则需由农业农村部农产品质量安全中心组织实施。在产地环境检测中由省级认定部门选定的检测机构对农产品产地进行检测。

6.4.6.3　监督抽查

根据监督抽查的需要，农产品各阶段监管部门可以对初级农产品、加工农产品进行检测。实施监督抽查应包括抽查计划、制定抽查实施方案、抽样、检测、异议处理与汇总、结果处理六个程序。由监管部门或检测机构的工作人员按照规定对抽样单位进行抽样，并按要求将样品送至检测机构。检测机构接收样品后检查、记录样品的外观、状态、封条有无破损以及其他可能对检测结果或综合判定产生影响的状况，并确认样品与抽样文书的记录是否相符，对检验和备用样品分别加贴相应标识后入库。检测工作结束后，检测机构在规定时间内将检测报告及有关情况报送组织监督抽查的部门。

6.4.6.4　风险监测

农产品质量安全风险检测可以及早发现和掌握农产品质量安全风险，系统和持续地对影响农产品质量安全的风险因素进行检验、结果分析，为风险判断和风险处置提供依据。农产品各阶段监管部门按照需求实施监测计划，选定具有风险监测能力的检验检测机构进行检测。检测机构将监测数据、分析报告等相关结果材料报送至下达任务的监管部门，并对检测结果的完整性、科学性、准确性负责。风险监测应包括农产品生产环境、生产过程、生产技术、生产投入品、加工过程、加工环境、加工技术等进行监测。

6.4.6.5　委托检验检测

农产品质量安全检测机构主要是为农产品质量安全监管部门服务的，除此之外还可以作为一般性的营利机构受企业、个人或其他机构的委托按照相关标准进行检测工作。而对于现阶段逐渐发展起来的第三方检测机构来说，委托检验将是其主要的工作内容及经济来源。

6.4.7 农产品质量安全检验检测体系建设基本情况

改革开放以来，我国农产品质量安全检验检测体系建设稳步发展，尤其是2006年8月，国家发展改革委批复并实施了《全国农产品质量安全检验检测体系建设规划（2006—2010年）》，我国农产品质检体系建设加速发展，成效显著。

（1）农产品质检体系初步建立，质检队伍逐步壮大。我国部、省、地、县四级农产品质检体系初步形成。时任农业部副部长陈晓华在2016年举行的第三届全国农产品质量安全检测技能决赛总结会上表示，国家和地方已安排投资130亿元，建设了部、省、地、县质检机构2770个，其中地市级综合性质检中心339个、县级综合质检站2272个，检测人员达到3.5万人。

（2）基础设施条件逐步改善，检验检测能力快速提升。截至2015年底，全国检验检测机构共拥有各类仪器设备4463801台（套），全部仪器设备资产原值3017.59亿元，实验室面积5369.15万平方米①。各级质检中心（站）业务布局更加合理，检验检测设备更新升级，配套更加完善。县级质检站检测能力从无到有，检测方式从单纯的定性分析扩充到定性和定量分析相结合，检测范围由单一产品向种植/养殖各类农产品扩展。据《全国农产品质量安全检验检测体系建设规划（2011—2015年）》报告显示，部、省两级农产品质检中心检测能力由弱渐强，各中心精密检测仪器平均增加40台（套）以上，检测产品或参数平均增加300个以上，检测灵敏度从0.1mg/kg提高到0.005mg/kg，提高了20倍，年样品处理量平均增加3000个以上。"十一五"期间，抽样评估的36个部省级农产品质检中心，共制定、修订农产品质量安全检测标准和方法828项次，培训专业检测人员、研究人才11098名，研发检测技术217项，为农产品质检体系可持续发展提供了人力和技术支持。

（3）监测范围逐步扩大，农产品质量安全水平稳中有升。从2001年起，农业部建立了农产品质量安全例行监测制度，经过几次调整，监测范围、品种和参数都较以往有了大幅增加，《全国农产品质量安全检验检测体系建设规划（2011—2015年）》中说明，我国农产品种类已达6大类101种，监测参数达86项，监测城市达259个。农业农村部例行监测制度的实施带动了各省（区、市）例行监测工作的开展。目前，部、省两级相结合的例行监测网络已初步形成，基本覆盖了全国主要大中城市和农产品产区、城乡居民主要消费品种。根据农业农村部数据显示，2021年我国蔬菜、水果、茶叶、畜禽产品、水产品抽检合格率分别为97.1%、96.5%、98%、98.8%、96.9%。我国农产品质量安全水平总体上平稳向好。

---

① 何可.2015年全国检验检测服务业基础数据信息发布［EB/OL］. https://www.cqn.com.cn/zgzlb/content/2016-06/13/content_3016012.htm, 2016-06-13.

第 7 章　农产品质量安全可追溯体系

7.1　农产品追踪与追溯

7.1.1　农产品可追溯

7.1.1.1　可追溯的定义

“可追溯性”作为风险管理的新理念，最开始由欧盟部分国家在国际食品法典委员会（CAC）生物技术食品政府间特别工作组会议上提出。目的是一旦发现危及人体健康安全问题时，可以根据从农田到餐桌全过程中各个环节所必须记载的信息，追踪流向，召回问题食品，以消除危害[73]。可追溯的定义在不同的来源有不同的版本，这里主要介绍四种情况的定义：国际标准中的定义、立法中的定义、词典中的定义和常被引用的学者的定义。

可追溯的国际标准主要有 ISO 8402、ISO 9000、ISO 22005，其中 ISO 8402 是国际标准化组织历史最为悠久、实践中经常使用的，它将可追溯定义为：“通过有记录的身份证明追溯物品历史信息、使用情况和地理位置的能力。”其他标准的定义与这个定义基本相似，ISO 9000 显得稍微不那么具体，是一个总体的质量管理体系；而 ISO 22005 则是食品和饲料供应链中的具体标准。

立法中的定义主要源自欧盟通用食品法，它将可追溯定义为：“对一种食品、饲料、食品性动物或其他可能加入食品或饲料中的物质，在生产、加工和分销的各个阶段进行追溯和跟踪的能力”。它相当详细地说明了所追溯的物品以及追溯的环节；但仍没有足够细致地对所需追溯物品的相关属性进行描述，以及可追溯如何实施。联合国食品法典委员会（Codex Alimentarius Commission，CAC）给出的定义是指能够追溯食品在生产、加工和流通过程中任何指定阶段的能力[74]。

字典中关于可追溯的定义比较笼统，一般都是简单地定义为“追溯的能力”。也有略微详细的，如剑桥在线词典（Cambridge Dictionaries Online，2012）将其定义为“发现产品在哪里生产和如何制造的能力”。最为具体的是韦氏在线词典（Webster's Online Dictionary，2012）中的定义，“追溯一件商品的相关数据，或者用来记录文档信息的样品的历史信息、使用情况和地理位置的能力”。

学术界普遍认可并引用最多的是由莫伊（Moe）1998 年在 *Trends in Food Science & Technology* 中发表的一篇论文中提出的，他认为“可追溯是追踪一个产品批次在其产品链中从收割到运输、存储、加工、配送和销售的全部或者部分历史信息的能力”。这个概念特别指出了链的追溯（产品链或供应链）这一理念。

可追溯不同来源定义的比较如表 7－1 所示。

表 7－1　　可追溯不同来源定义的比较

定义种类		产品属性	追溯目标	追溯环节	追溯方式
国际标准	ISO 8402	√	√		√
	ISO 9000	√	√		
	ISO 22005	√	√		
立法（欧盟通用食品法）			√	√	
联合国食品法典委员会			√	√	
词典	普通				
	剑桥		√	√	
	韦氏	√	√	√	
文献（Moe，1998）			√	√	

7.1.1.2　农产品可追溯定义

农产品可追溯指的是在农产品从种植（养殖）、采摘收割，经过初加工、深加工，并通过物流系统运输，由销售体系最终送到消费者手中的整个供应链过程中，对产品的各项环节的各种信息进行记录、存储和监控。

农产品可追溯的目的主要表现在两个方面：一方面是正向的，农产品从种植、生产到流通环节中，上下游都可以做到相互监督，环环相扣，以方便在出现问题的第一时间就能够发现，并进行纠正和整改，而不使有质量问题的产品进入消费市场，给消费者带来损失；另一方面则是逆向的，在出现产品质量问题时，农产品可追溯可以快速有效地查询到造成质量安全问题的环节，无论是种植阶段、生产加工过程还是消费物流环节都能清晰地界定，从而可以做出最快的反应，召回质量存在缺陷的产品，而监管部门也能有理有据地找到事故责任方，有针对性地对其进行惩罚或者纠正，以提高整个行业的水平。

正向的追踪过程是一个有效的管理和监督手段，可以将农产品可能发生的质量安全问题扼杀在摇篮中，能够极大地降低可能出现问题时所带来的不良影响。然而，正向的追踪管理目前还是处于比较薄弱的阶段，往往也只有政府监管部门所作的检测，这显然是不够的。

逆向的追溯则是在农产品质量安全事故已经发生后来寻找问题发生的具体环节，然后进行相关的补救或是惩罚，这种亡羊补牢的做法是实施可追溯最原始的出发点，属于事后监管和弥补，而进行事前的监控并将事故发生概率降至最低则是更加理想的效果。

7.1.1.3　农产品可追溯的作用

实施农产品可追溯的作用主要体现在提高农产品质量安全控制的能力、更加明确相关责任主体的权责划分和改善农产品供应链管理等方面。

（1）质量安全控制。近年来农产品的质量安全问题越来越凸显，保障人们餐桌上的安全已经到了刻不容缓的地步，实施农产品可追溯的最原始出发点就是控制农产品的质量、提高安全水平。通过跟踪并记录农产品在整个供应链中各环节的信息，并将这些信息有效地传递给相关的信息需求方，如消费者，消费者就可以利用这些信息对他将要购买的农产品有一个细致而全面的了解，并选择质量安全更有保障的产品，从而促使企业更有动力提高其生产的农产品的质量安全水平。

（2）明确划分责任。农产品可追溯在保障农产品质量安全的同时，还具有事后追责作用。当发生农产品质量安全问题之后，在可追溯体系中可以快速地找到问题发生的环节，直接追究到导致事故发生的责任人，可以尽快地给予补救，降低损失和影响。而要实现这一功能，明确地对企业责任进行划分是基础。通过农产品可追溯信息的查询，消费者以及相关的主管部门可以快速、精准地找到相关的责任人，了解问题出现的原因，从而向当事人追偿或者进行惩罚等。另外，有了明确的责任划分，各个企业在生产加工时为了保障自身的权益，都会更加主动地对送入本企业的原材料、半成品等进行把关，并更加严格地执行安全生产标准，做好详细记录，以防发生问题时不能举证而受到损失。因此，有了明确的企业责任划分可以督促相关企业生产高质安全的农产品，企业也会自觉地采取相关的安全生产措施，来提高产品质量，维护企业声誉。

（3）改善供应链管理。农产品可追溯可以通过事前控制和事后管理来有效提高质量安全，而对于整个行业或者产品供应链而言，实施可追溯可以使供应链管理变得更加有效。农产品供应链与普通的产品供应链相比显得更加复杂，除了具备普通产品供应链所具有的性质外，还具有农产品本身的特有性质。同样的，农产品供应链也包含物流、信息流和资金流这“三流”，将各参与方有机地连接为一个整体。农产品可追溯是通过供应链中各物流与操作环节信息的有效记录与无缝衔接来实现的。这些与产品相关的操作与物流信息不仅是农产品可追溯保障质量安全的基础，还可以用来辅助各环节的库存管理、帮助各节点企业分析需求变化、及时地了解顾客需求等。基于可追溯的农产品供应链，各节点之间密切联系，将会逐渐形成一种战略合作伙伴关系，各企业之间风险共担、利益共享，这不仅能够大幅度提高客户满意度，而且可以降低整个供应链的运作成本，进而大幅度提高其市场竞争优势。

7.1.2 农产品可追溯系统

7.1.2.1 农产品可追溯系统的含义

农产品可追溯系统的定义是指记录农产品从生产者（农户、加工企业等）到最终消费者手中所经历的种植（养殖）、分销配送、零售等各个环节的操作信息和流向信息记录，建立整个农产品供应链信息库，应用现代信息技术对信息库数据进行管理，用来了解农产品来源信息、生长状况、加工情况、运输环节和质量安全检验信息，达到对农产品进行向上溯源和向下跟踪的目的。

追溯系统的基本要素是产品跟踪与识别、供应链信息采集与管理、数据集成与查询分析，这些要素与信息技术有着密切关联，且目前已有的追溯系统都是以各类信息技术的综合应用为基础的，因此，可以以信息技术发展主线为依据总结追溯系统的发展历程，结果如表 7－2 所示[75]。

表 7－2 追溯系统发展历程及其特征

阶段	时间	特征	表现
追溯系统 1.0	20 世纪 90 年代～2007 年	信息记录为主	更多是从法律法规层面对食品追溯进行明确和约定；简单的信息记录系统，不管是纸质记录还是电子记录；中国虽起步较晚，但整体推进较快
追溯系统 2.0	2008～2015 年	数据整合为主	物联网技术发展为追溯信息实时感知提供了重要支撑；各环节信息的整合已成为全供应链追溯的迫切要求；构建适合粒度的追溯系统已成为可持续应用的重要问题
追溯系统 3.0	2016 年至今	智能决策为主	智能化决策已成为深入发展的需求；人工智能等新一代信息技术的发展为智能提升提供了条件

资料来源：钱建平，吴文斌，杨鹏，等. 新一代信息技术对农产品追溯系统智能化影响的综述［J］. 农业工程学报，2020，36（5）：182－191。

7.1.2.2 农产品可追溯系统的分类

根据不同的划分标准，农产品可追溯系统可以分为不同的种类。

（1）根据农产品可追溯系统的追溯范围，可以将其分为企业内部管理可追溯系统和整个供应链范畴的可追溯系统。

企业内部管理可追溯系统是指在某个农产品种植、生产加工供应链上的某一个企业对企业内部生产管理过程的追溯，它主要是针对企业内部各生产加工环节的流程进行管理和追溯。其追溯点为某个产品在企业中加工的每一道工序，追溯的主体则是产品在企业内部生产时的流通环节。企业建立内部生产管理可追溯系统是为了控制产品的质量安全，是企业进行产品质量管理的重要措施。

整个产品供应链可追溯系统是对该产品在其种植（养殖）、初加工、深加工、存储、配送直到销售整个供应链的流通环节进行追踪追溯，主要针对农产品整个供应链上的各节点企业之间的衔接过程进行追溯和管理。其追溯点为该产品供应链中各节点企业所提供的原辅材料、半成品或产成品，对应的追溯主体为产品供应链上的节点企业。

（2）根据农产品的种类不同，可将其划分为蔬果类农产品可追溯系统、畜类农产品可追溯系统和水产品类农产品可追溯系统。鉴于这些类别的农产品在性质特征和外在属性上差别很大，所对应的农产品可追溯系统也表现出了一定的差别。

果蔬类农产品一般都属于生鲜农产品，具有很强的易腐性，因此该类农产品可追溯系统应该从产品最开始的采摘阶段甚至种植阶段就进行，而且由于果蔬产品量小批次多，难以实现小单元的追溯，再加上单个产品的价值也有限，使其推广进一步受阻。畜类农产品可追溯系统是国际上许多国家最早开始使用的，应用国家最多，特别是针对牛肉、猪肉，相应的技术也非常完备，是目前农产品可追溯体系运行最好的。水产品类农产品可追溯系统，由于其运输存储的特殊要求，推广也具有较大阻力，主要由联合国粮农组织（FAO）的渔业委员会和一些发达国家和地区的进口限制加快了其应用的普遍性。

（3）由于实施产品的可追溯体系会增加企业生产成本，而且现在消费者关于产品可追溯的认知还不高，不愿意支付额外更高的价格，所以很多企业都不愿意主动实施产品的可追溯，特别是中小企业更加承担不了这样的成本。从企业是否愿意主动实施可追溯体系的角度出发，可以将农产品可追溯系统划分为自愿性农产品可追溯系统和强制性农产品可追溯系统。

自愿性农产品可追溯系统是指企业在政府相关监管部门或者法律法规没有强制规定或要求之前就主动实施的，他们主动实施可追溯可以提高产品的档次、提升品牌形象，使企业获得更高声誉，从而获得消费者的信任，以短期的成本增加带动长远利益的持续增长，甚至可以获得竞争优势，形成行业壁垒，打击竞争对手。故此，自愿实施可追溯系统的一般都是由行业协会牵头的或是该类产品核心龙头企业牵头，在可追溯被该行业普遍认可后就能带动整个供应链中的所有节点企业都参与可追溯体系的建设和开发中来。这种方式是消费者普遍愿意看到的，也能由羊群效应提升整个产业的不断升级，形成良性循环。

强制性农产品可追溯系统则是由政府相关主管部门强制监督要求实施可追溯，一般都有配套法律法规作为支撑，从立法的层面强制要求相关企业实施可追溯。否则相关企业则将被剥夺生产经营许可，或者生产的产品不允许进入流通领域，有的还会对相关企业做出惩罚。强制性进行整改或者实施可追溯的企业往往是被动采取的，他们所达到的要求往往也是相关法律法规要求的最低标准，属于实施可追溯水平较低的阶段，不利于产品的升级和企业提高自己产品的质量，长期下去这样的企业也将会被市场所淘汰。

7.1.3 农产品可追溯体系

农产品可追溯性是指农产品具有在农产品供应链上跟踪和追溯的特性；农产品可追溯系统是指实现农产品可追溯性的一整套方法手段、技术模型和系统体系；农产品可追溯体系是指实现农产品可追溯的立法、标准、系统等各个方面因素的总和[76]。

7.1.3.1 农产品可追溯相关立法

欧盟在农产品食品追溯方面建立起以《178/2002 号法规》为核心的一整套较为完备的法律体系和技术支撑体系。2002 年 1 月 28 日颁布的《EC No. 178/2002 号法规》定义了食品和食品安全的范畴，规定了食品安全法律的基本原则和要求以及与食品安全相关事务的一般程序，食品风险评估和信息搜集工作由新设立的欧盟食品安全局负责，明确了食品安全立法的总体原则和目标，建立了食品安全问题监测预警系统。该法规还提出了"Trace Fish 计划"，规定欧盟境内的农产品自 2005 年 1 月 1 日起都要具有可追溯性，产品需要加贴追溯标签，特别强调没有加贴可追溯标签的肉类食品坚决不能上市交易，即所谓的欧盟"通用食品法"[76]。自 2000 年以后欧盟主要农产品追溯相关法律法规如表 7－3 所示。

表 7－3 欧盟主要农产品追溯相关法律法规

年份	名称	主要内容
2000	《食品安全白皮书》	引入"从农场到餐桌"的概念，明确指出要落实食物链中各参与主体的任务和责任。采用危害分析及关键点控制（HACCP）的食品安全认证体系，追溯的关键环节包括农产品的生产、加工、销售等
2000	欧洲议会和理事会条例《EC No. 1760/2000 法规》	针对牛的识别和注册体系开始建立，又明确规定对牛肉制品的标识
2002	《EC No. 178/2002 号法规》	规定在欧盟销售的所有食品都必须可追溯
2004	《欧盟食品卫生法规》	规定欧盟的"食品卫生系列措施"由《确保符合饲料和食品法、动物健康和动物福利规定的官方控制》《食品卫生》《供人类消费的动物源性食品的官方控制组织细则》《动物源性食品具体卫生规定》组成，全面推行 HACCP 体系，在饲料和药剂两方面提及追溯
2004	《EC No. 853/2004 法规》	针对水产品的可追溯性、产品标识等涉及动物源性食品的特殊卫生规则
2005	颁布的《EC No. 183/2005 法规》	对饲料卫生规范进行规定，推行 HACCP，规定了如何保持饲料追溯性

续表

年份	名称	主要内容
2007	《EC No. 834 /2007 法规》	对有机产品提出了追溯和标识的要求
2009	《EC No. 1224 /2009 法规》	针对鱼类和水产品的各项追溯要求
2011	《EC No. 931 /2011 法规》	规定经销商针对特定动物源食品必须对食品进行准确描述，该批货物的标识、上一级食品经销商的名称和地址、食品的体积或数量等信息要向下一级分销商及主管部门提供，并要求每天更新这些信息
2012	《EC No. 16 /2012 法规》	规定把生产日期和冷冻日期加入冷冻动物源性食品、完善食品链的追溯信息
2013	《EC No. 208/2013 法规》	规定芽菜及其种子的生产、加工、销售等阶段的追溯性，其名称、批次、数量、分销地点等信息需要保存

资料来源：张驰，张晓东，王登位，等. 农产品质量安全可追溯研究进展［J］. 中国农业科技导报，2017，19（1）：18－28。

美国联邦政府有 15 个部门涉及和参与食品质量安全的管理，美国食品安全立法始于 1906 年颁布的《食品药品法》《肉类制品监督法》，1938 年制定的《食品药品化妆品法》奠定了美国现代食品安全监管体制的基础[77]。截至目前，美国已经形成《联邦食品药品化妆品法》和《食品质量保护法》为主的综合型基本法，《禽类产品检验法》《蛋类产品检验法》《联邦肉类检验法》为主的监管类法律，《2009 年食品安全加强法》和《FDA 食品安全促进法》补充法律，从而形成比较完善的农产品/食品追溯法律框架[76]。

日本对食品安全管理较为重视，相应的法律、法规体系较为健全，涵盖饲料添加剂最高残留限量、农药和肥料使用、动植物防疫和控制、转基因食品标识、农产品标识和食品品质标识、食品制造过程管理、食品安全风险评估以及可追溯制度等各个方面[76]。日本最早的食品安全法律《食品卫生法》于 1947 年颁布，此后相继出台了《农业标准法》《食品安全基本法》《农药管制法》《牛肉可追溯法》《大米可追溯法》等一系列法律法规[78]。目前，日本食品质量安全主要依靠《食品卫生法》与《食品安全基本法》[79]。日本农产品追溯相关法律法规概括如表 7－4 所示。

表 7－4　　日本农产品追溯相关法律法规

年份	名称	主要内容
1950	《农业标准法》	建立食品品质标识标准和农产品标识制度，推行农产品追溯系统
2001	《转基因食品标识法》	对通过安全认证的大豆、棉籽、玉米以及以其为主要原料的加工食品制定了详细的标识方法
2003	《食品安全基本法》	确立了基于科学风险评估食品可追溯性的原则
2003	《牛肉可追溯法》	确立牛肉及其制品的标识以及可追溯制度
2011	《大米可追溯法》	要求大米可追溯至原产地的县级

我国2006年颁布的《中华人民共和国农产品质量安全法》规定了农产品在“安全标准、产地、生产、包装标识、监督检查、法律责任”等方面的基本要求，该法从2006年11月1日开始施行。2015年修订发布的《中华人民共和国食品安全法》进一步针对标签、召回提出了要求。在国家行政法规层面，农业主管部门于2006年起陆续发布了《畜禽标识和养殖档案管理办法》《农产品包装与标识管理办法》《农产品产地安全管理办法》等规章制度，商务部发布了《关于“十二五”期间加快肉类蔬菜流通追溯体系建设的指导意见》等文件。这些监管部门针对农产品在生产流通过程中的追溯体系建设提出了一些要求。此外，全国各地根据自身特点，也针对本地区农产品生产流通提出了地方性规章要求[80]。浙江省为加强农产品质量安全追溯体系建设，落实农业生产主体责任，提高农产品质量安全监管效能，保障公众身体健康和消费知情权，根据《食品安全法》《农产品质量安全法》等有关法律、法规及政策规定，结合浙江农业生产实际，制定了《浙江省农产品质量安全追溯管理办法（试行）》，于2016年12月29日发布。

7.1.3.2 农产品可追溯的标准规范

标准化工作在欧盟开展得较早，欧盟自2000年在《食品安全白皮书》中对农产品的生产、加工、销售等关键环节采用HACCP食品安全认证体系进行追溯[81]。

美国于2002年通过了《生物反恐法案》等法案，在这些法案的指导下，FDA相继起草了《管理性扣留的规定》《记录建立和保持的规定》《生产设施注册及进口食品运输前通知的规定》等规范，进一步阐述追溯规定。USDA - FSIS与FDA又联合制定了联邦安全和农业投资法案，其对食品召回和市场的规范具有重要意义[82]。

日本借鉴2002年欧盟制定的Global GAP，于2005年制定了JGAP（Japan good agriculture practice），适合日本的农业规范。2003年3月起，日本食品市场研究与信息中心制定《餐饮业追溯建设导引》《食品追溯体系导引手册》《原材料出入履历信息溯源系统手册》，针对具体农产品品项包括猪肉、养殖鱼类、鸡肉、鸡蛋、贝类、海苔、牛肉、蔬果、青果类等的追溯导入手册。2006年10月日本食品追溯体系第三方验证委员会推出《食品追溯体系要求》，该要求就是食品追溯体系验证标准①。

2002年7月，我国由国家质检总局发布了《EAN - UCC系统128条码》，2015年2月施行修订版《商品条码128条码》。中国物品编码中心于2004年6月发布了《水果、蔬菜跟踪与追溯指南》和《牛肉产品跟踪与追溯指南》。2004年6月发布《出境养殖水产品检验检疫和监管要求（试行）》《出境水产品追溯规程（试行）》实施的水产品贸易可追溯制度。从2005年12月发布的《良好农业规范》到2014年6月发布的第27部分良好农业规范，为农产品生产阶段提供技术标准。2007年9月，农业部发布了《农产品追溯编码导

① Food Marketing Research and Information Center. Handbook for Introduction of Food Traceability Systems（2nd Edition）[EB/OL]. http：//www. maff. go. jp/j/syouan/seisa-ku/trace/pdf/handbook_en. pdf，2014 - 03 - 10.

则》《农产品产地编码规则》。《农产品质量安全追溯操作规程通则》于 2009 年 4 月发布，之后又发布茶叶、水果、谷物、畜肉 4 大类产品操作规程，截至 2022 年 8 月 1 日，我国共发布食品安全国家标准 1455 项，其中通用标准 13 项、食品产品标准 70 项、特殊膳食食品标准 10 项、食品添加剂质量规格及相关标准 650 项、食品营养强化剂质量规格标准 62 项、食品相关产品标准 16 项。

7.1.4　国内外农产品可追溯的实施情况

欧盟、美国、日本等在其制定的法律法规、标准规范的指导下，针对农产品可追溯进行了一系列的具体实施，国外主要农业发达国家农产品质量追溯实施情况对比分析如表 7－5 所示。

表 7－5　　国外主要农业发达国家农产品质量追溯实施情况对比

地区	实施方案	追溯系统	验证与核查	主要特点
欧盟	欧盟委员会等发布追溯计划，成员国根据各自国情具体推动	牛肉等动物追溯平台中央型，其他偏向分散型	各成员国自行建立	追溯体系完整，追溯技术成熟，有侧重点以及追溯信息的串联
美国	美国动物追溯系统监管严格，统一建立追溯平台，其他由各个协会、企业等自行建立	动物追溯平台中央型，其他偏向分散型，以企业内部追溯系统为主	每个州都有检验部门	着力于整合资源、力量，推动全供应链的追溯
日本	牛肉追溯由国家强制；其他由政府或企业推行，非强制性	牛肉追溯系统采用中央型，其他采用主从型	有专职部门，牛肉需强制认证，其他鼓励但不强制	将追溯与完善的农产品检验认证体系结合，有侧重点，逐步推进追溯全覆盖

与发达国家相比，我国农产品可追溯相关制度的建设和可追溯体系的建立都较晚。自 2002 年以来，国家和各省市地区纷纷开展了可追溯相关工作的建设，以此保障食品质量安全。在国家层面上，多总体制度的建设和某个产业的总体指导，或者通过立法形式对相关工作机制和框架进行规定，为可追溯的实施提供法律基础和依据。2002 年 5 月，农业部发布的《动物免疫标识管理办法》是在畜牧类农产品可追溯较早的尝试，它规定猪、羊、牛等经济型畜牧动物必须佩戴免疫耳标。2003 年，国家质检总局也推出了“中国条码推进工程”，进一步保证了部分蔬菜、牛肉的独立标识。中国物品编码中心在借鉴欧盟等发达国家经验的基础上，编制不同类型农产品（肉类、果蔬、水产品等）的追溯指南，在多个领域对可追溯开展了研究和试点工作。2009 年颁布的《中华人民共和国食品安全法》则更加全面、系统地对食品生产、加工、流通等各环节提出了明确的要求，保障了食品特别是农产品“从农田到餐桌”的整个过程的质量安全。

7.1.5 我国农产品可追溯系统存在的问题

（1）追溯监管机构协调性差、追溯信息不共享。目前，参与负责食品安全监管的部门有农业农村部、国家卫健委、国家市场监督管理总局等部委。实践中，各部门从不同渠道进行追溯平台的建设，彼此之间协调性较差、追溯信息往往无法共享[76]。

（2）法律法规、标准规范缺失。我国相对于欧盟、美国和日本来说，强制实施追溯的相关法律较少，指导意见居多。《中华人民共和国农产品质量安全法》《中华人民共和国产品质量法》等都没有可追溯相关内容，只有2015年10月1日起正式施行的《中华人民共和国食品安全法》第四十二条指出，“食品生产经营者应当依照本法的规定，建立食品安全追溯体系，保证食品可追溯。国家鼓励食品生产经营者采用信息化手段采集、留存生产经营信息，建立食品安全追溯体系。国务院食品药品监督管理部门会同国务院农业行政等有关部门建立食品安全全程追溯协作机制”。

（3）追溯的技术体系问题。在我国尽管可追溯体系日益完善，一些追溯的技术支撑手段日益成熟，但是我国追溯的技术体系还处在技术创新和试用阶段，同时由政府主导的追溯试点地区，各部门研究立项投入、政府建设数据库中心投入、企业实施追溯的软硬件设备投入、人员培训费用、标签打印费用、日常维护费用等投入成本较高，加入系统的生产者数量少，消费者了解追溯的少，查询的更少，质量安全保障功能尚未显现等原因造成追溯难以普遍推广[76]。

（4）企业、消费者参与意愿不高。企业实施追溯门槛较高，追溯投入成本无法消化，追溯信息的价值很有限，信息共享难，追溯产品高价市场很难接受，大部分消费者对追溯认知度比较低[76]。

（5）当前追溯信息宽度、精确度、深度不够。我国的可追溯体系目前更多地承担信息保存功能，在信息的宽度、准确度和深度上存在问题。在信息宽度方面，追溯的批次、追溯的个体信息和追溯的单元还是不够明确；在信息准确度方面，追溯信息缺乏统一标准，覆盖范围不够精准；在信息深度方面，可追溯体系仅仅局限于种植或养殖、仓储、检测、流通等的某一个或者某几个环节，产业链覆盖环节相对较短，目前还没有实现全程信息的可追溯。此外，诚信也影响着追溯信息的质量，是追溯成败的关键[76]。

（6）监管缺乏常态化。在农产品行业，追溯监管常态化意义深远。一方面，作为政府部门的有效管理手段，追溯将会越来越广泛地渗透到日常监管工作中；另一方面，企业信息化水平不断提高，打造透明、高效的供应链，通过追溯提高管理水平已成为市场化需求。而当前我国处于法律监管不成熟时期，加上流动式的监管无法保证监管力度。于是，流动式专项监管陷入了有问题就管理，没有问题就不主动监管的“泥潭”[84]。

7.1.6 农产品可追溯多头管理的问题

农产品种植、加工、流通直到销售整个过程所涉及的主管部门非常多，多头管理问题严重，存在信息不对称、运作成本偏高、部门间难以协调的问题。

7.1.6.1　信息不对称

农产品追溯管理的目标是实现农产品“从农田到餐桌”整个供应链的可追溯，但是从调研得到的结果发现，各部门、各地区都在独立地探索建设本地区或适合本部门的可追溯体系，从而导致了不同系统之间独立运行、信息封闭不公开、难以形成合力，现有的不同追溯体系之间无论是在横向的同级别兄弟单位还是纵向的上下级部门之间都未能实现农产品可追溯信息的共享。

从横向来看，在农产品生产追溯的过程中，农业部门下属的分管种植业、水产养殖业、畜牧业的部门都会为本行业建立自己的可追溯平台，以方便管理和运作。这些平台中的信息都是作为自己所在的行业内部所拥有和管理，而作为相关的农产品监管部门或者其他当事主体很难获得相关信息并进行监督管理，整个行业的信息没有实现有效的共享。

从纵向来看，农产品供应链包含种植（养殖）、生产加工、流通配送、销售消费等诸多环节，要实现整个供应链的可追溯就需要从最开始的种植（养殖）环节开始，一直到最终消费结束，期间涉及多个部门的管理和监督，这些部门之间却又缺乏相关信息的共享，因此基于供应链的可追溯也未能实现。另外，中央与地方管理部门之间、相关监管部门与生产企业之间的信息是相互孤立的，信息资源没有被充分地共享和利用。

正是由于存在上述现象，监管部门、生产企业和消费者之间难以形成有效的信息传递机制，也就不能实现农产品的可追溯。

7.1.6.2　运行成本偏高

从目前各省市地区追溯试点开展的实际情况来看，基本上都采用生产过程追溯的模式，即各生产主体需要将大量与生产加工相关的信息记录并输入农产品可追溯管理系统中。这些信息的录入，有的时候需要相关主体专门进行手工输入，增加了时间成本；有的则是直接通过机器感应设备，将相关数据传输到可追溯系统中，但相关的设备和网络铺设费用非常高。这些都给企业的运营带来巨大压力，增加了运营成本。因此很多企业，特别是中小企业，往往不愿意主动实施可追溯。

现在国内社会舆论和消费者对农产品可追溯的认知不足，未能充分意识到可追溯的重要性，从而发现产品在有可追溯和无可追溯区别的时候，往往更愿意选择没有可追溯而价格相对低廉的商品，这样就使得主动实施可追溯的企业无法获得相应的回报，最终造成“劣币驱逐良币”的现象，主动实施可追溯非但未成为竞争优势，反而变成了经营负担。

信息安全问题则是各生产加工企业关注和担心的另一个问题，在可追溯系统中企业需要录入产品生产加工相关的具体流程信息，甚至需要将里面的原料、配料、添加剂等详细记录，而这些可能涉及该产品的加工秘方，是企业生产经营的竞争优势。现在将这些公之于众，可能会使其他企业了解到本产品生产加工的秘方，从而使企业受到损失。

从目前各省市地区成功运作的试点情况来看，一般初期都是由政府或相关行业协会牵头，他们负责组织并搭建可追溯系统平台，铺设相关的基础设施，规范具体操作的业务流程，购置信息采集和录入的设备，将所有辅助设备准备好后免费提供给相关企业使用，并对操作人员进行培训。作为试点工作和民生工作，这样操作还勉强可行，但如果大范围推广，政府财政将会吃紧，因此这种模式也不是长久的发展之道。

7.1.6.3 部门间难以协调

我国对于食品安全的管理主要遵循“分段管理+品种管理”的模式，其中分段管理作为主要的管理方式。即在整个农产品供应链可追溯的过程中，不同的部门管理不同的阶段。农产品“从农田到餐桌”整个过程中涉及的监管方非常多，有的部门将会对整个链条上的多个企业进行管理和监督，而有的企业则会同时受到多个部门的管理。这就造成整个管理过程非常混乱，企业即使生产达标产品，但却仍要频繁地面对多个部门的检查监督，极大地浪费资源，减缓企业运作速度；而有的环节则是不同部门衔接的地方，各部门可能出现推诿而造成监管的空隙，使产品质量安全无法得到保障。

在国务院食品安全委员会的统一管理和领导下，各主管部门有具体的职责划分和分工安排，相互配合、共同协调是很有可能做好食品安全的监督管理工作的。然而在具体的实践过程中，由于现有的管理状况和彼此之间存在的利益关系，很难完全做到最初的规划和分工，各部门为了自身的利益，往往难以为企业的生产经营管理带来便利和保障。

在农产品整个供应链可追溯体系中，必然需要多个部门共同配合才能保障农产品“从农田到餐桌”整个过程的质量安全。农业农村部作为农产品最直接最主要的管理部门，必然要在当中起到中流砥柱的作用，但是农产品可追溯将会涉及种植、加工、生产、运输、销售、消费等各个环节，农业农村部不可能做到对全局的掌控和监管。因此对多个管理部门进行职责和权限的划分很有必要，建立既能保证农产品可追溯整个链条实现无缝对接，不会出现监管漏洞，又能精简相关的主管部门，简化管理环节，加快监管反应速度的新模式。

7.2 农产品可追溯及其流程

农产品可追溯链条中涉及的参与主体非常多，分析各主体之间的衔接过程，明确其在可追溯上下游中的地位和作用，并找出关键追溯点，是保障可追溯实施的基础。应用流程分析的方法，分析农产品“从农田到餐桌”整个过程中所涉及的各项流程，优化各环节之间的作业，不仅能保障可追溯的实施，也能提高农产品供应链的管理效果。

7.2.1　农产品“基地准出—市场准入”管理模式

7.2.1.1　模式介绍

常规的农产品供应链管理中有些环节涉及的监管部门非常多，给该环节的企业的管理和经营带来了很大干扰，增加了成本；而有些环节管理部门监管不到位，使得这些环节的企业偷工减料、不严格按照相关规定生产，从而出现了产品质量安全不合格的现象。因此需要引入一种新的管理模式，清晰地核定各主管单位的职责和权限，在保障农产品质量安全监督的情况下，尽可能地便利农产品相关种植、生产加工企业高效的运作。目前有一种模式正在发展中，根据这种新的管理模式的特征，我们称为“基地准出—市场准入”管理模式。

“基地准出—市场准入”管理模式与目前的管理模式相比，最为突出的改变是农业部门和工商行政管理部门。现存的管理模式中，这两个部门与其他监管部门所处的地位和作用是一样的，他们表现为一种平行的关系，彼此之间不存在制约与领导。而在“基地准出—市场准入”管理模式中，农业部门和工商行政管理部门则是作为整个农产品管理部门中的主要负责部门，其地位和作用都高出其他的部门，其他的部门则作为辅助部门，对农产品质量安全的各个环节进行管理和监督，但这些部门不对农产品质量安全的相关问题直接负责，只需要将涉及的问题反馈到农业部门或工商部门即可，由后者进行相关的整改和处理。

7.2.1.2　模式的特点

在这个模式中，其他平行部门的作用类似于第三方的监管部门，他们对自己所负责的方面进行检查、监督，但不会将相关结果直接反映给责任企业，而是交送给主管的两个部门，由这两个部门进行统一处理。各平行部门可以按照已制定的计划，对企业进行定期和不定期的检查，或者按照农业部门和工商部门的要求，集中抽调人员同时对企业进行抽查。对平行管理部门而言，他们省去了对同一企业频繁督促并检查整改进程的工作，而把所有的惩罚、治理工作全部交给农业部门和工商部门，减轻自身的工作量，也避免了这些部门之间的重复劳动。对于企业而言，则不用频繁地应付各个部门的检查、监督，在出现问题的时候能够获得全方位的诊断，然后集中时间和精力进行调整即可。

“基地准出”是农产品从种植领域进入流通加工领域的分界点，在这个环节进行严格把控，可以防止不合格的、有毒有害、腐烂变质的农产品的流出，在源头防止质量不达标农产品被消费的可能。农业主管部门作为负责农产品种植、养殖相关的最直接也是最重要的主管部门，对基地准出进行直接负责是毫无疑问的。农业部门具有农产品种植的田间指导技术，水产品、畜牧产品的养殖技术，还有健全的各级检测点，具备相关的检测技术、设施设备和人员，因此可以保障农产品流出基地前的各项工作。

“市场准入”是农产品从流通加工环节进入消费领域的分界点，这个环节的监控是保障农产品被消费者消费前的最后门槛，与消费者的人身财产安全最为直接。工商管理部门的职责范围非常广泛，涵盖产品的加工过程、流通环节和销售领域，对加工企业、物流运输商和销售部门都进行管理，因此由工商管理部门进行市场准入的把关能够更好地保障农产品质量安全。

“基地准出—市场准入”管理模式下，农业部门着重管理种植、养殖环节，工商部门着重管理流通加工、销售环节，彼此的范围有着明确的界定，不会出现重复管理的问题；而且它们属于农产品供应链上密切相关的上下游，彼此之间相互衔接，可以进行有效的监督。另外，作为平行的其他监管单位，虽然不对问题进行直接的处罚和解决，但仍旧积极地关注相关问题的动态，监督农业部门和工商部门的工作，这样就使得各部门的权力形成有效制衡，进一步保障农产品的质量安全。

7.2.2 “基地准出—市场准入”下的农产品可追溯流程

应用流程分析的方法对农产品“从农田到餐桌”整个过程进行细致的剖析，具体包括：农户进行田间管理的各项操作；加工企业对收到的农产品进行加工、包装；运输商负责存储、搬运作业；以及零售环节对农产品进行上架管理和销售等。

7.2.2.1 流通模式分析

农产品种类不同，流通模式也具有一定的差异，主要包括直送型、批发中心型和深加工型三种。直送型指的是产品被直接送到目标顾客手中，是一种中间环节少、操作较为简单的模式，直送型根据直送的范围可以进一步分为本地直送、省外直送和出口直送等。批发中心型以各地的农产品批发中心为主，或者称为农产品物流中心，具有较强的集散功能，该模式的特点是中间环节比较多且复杂，是目前我国果蔬类农产品最常见的流通模式。深加工型则是以农产品加工企业为主导，所涉及的农产品一般都会由加工企业进行深度加工，产品在形态和使用方式上都会有较大的改变，一般价值也比较高。

果蔬农产品的流通模式主要为批发中心型。农户、生产基地、农村合作社是目前种植农作物的主要主体。其中，农户一般规模较小，而且很少大批量进入流通环节，多以自给自足为主；各类农村合作社经过较长时期的沉寂近年来又重新焕发生机，原运作模式中存在的各种弊端逐渐消退，农村合作社也会随着新时期的新使命在流通中发挥重要作用；生产基地是目前大多运营较好且较为常见的一种流通模式，也是农产品目前在流通领域中相对重要的供给来源。

各级农产品批发中心或物流中心作为目前农产品供应链中较为核心的流通环节，其周转率对农产品流通的经济效益将产生重要的影响。农产品的主要消费市场目前而言是各类型超市和各地分布较广的农贸市场。基于运营效率的考虑，近年来在未来社区建设过程中出现的社区食堂是一种新兴的消费市场。当然传统的如政府机关、学校、大型企业工厂等组织由于其人数众多，也是一种农产品消费市场庞大的载体。

农产品的加工一般是指对农产品的物理特性或外观形态做出较大改变。并非所有的农产品都需经过加工这一过程，比如果蔬类农产品一般是无须加工就可以直接使用或食用，当然近年来出现的消费投资热点的“预制菜”是一种新的加工方式，可以为消费者进行简单的清洗、粗加工、包装、配料等简单加工以实现较大的价值增值。

7.2.2.2　总体业务流程

在上述农产品流通模式分析的基础上，将其具体的操作和追溯的信息加入，可以得到果蔬农产品供应链的总体业务流程。

在前面关于流通模式的分析中，已经较为详细地将农产品供应链中主体的作业和上下游之间的衔接进行了介绍。下面再将另一个重要且复杂的主体——政府的检测和监管部门纳入，并结合各环节重点监管的信息，对果蔬农产品“从农田到餐桌”整个供应链的总体业务流程进行梳理。

种植环节主要以生产基地为主，根据相关法规要求，生产基地的经营者需要按要求填写生产日志，记录与该农产品有关的所有操作信息，如何时进行播种、施肥、喷药，具体剂量是多少，何时进行采收，产量信息等，甚至对种子、化肥、农药供应商的具体情况，基地土壤的化学性质、环境状态都需要进行详细的记录，有的时候还需要上传至可追溯系统中，以保证所有的信息都有据可查。这个过程的监管主要由农业主管部门进行，各地市的农业部门都设置了对所辖区域的农产品种植基地的检测机构。农产品的检测主要包括定期检测和快速检测两种形式，定期检测主要由市级农产品检测中心进行，快速检测则可以由各乡镇服务中心的检测点进行。

其他各环节的运作基本与基地类似，各主体都要求对所有流入、中间周转处理和流出过程进行详细记录，并将相关信息进行反馈。而物流运输环节作为连接所有节点主体的纽带，作业复杂，突发性问题容易发生，因此成为监管部门重点检测的环节。对物流环节的监督，不仅是对其自身的各项作业进行监管，如仓储、运输、装卸搬运等，还包括上游所有环节信息的匹配，以免出现整个信息链的断裂和某些环节信息的丢失。消费者作为农产品的最终使用者，是衡量产品是否存在质量问题最直接的评判人，所行使的是监督权，在发现质量问题时要第一时间反馈，并积极维护自身的人身财产安全。

7.3　农产品可追溯三方博弈

在农产品可追溯供应链中，涉及的参与方很多，包括农户（养殖户）、收购商、加工企业、运输商、批发商、零售商、消费者、政府监管部门、行业协会等。在整个追溯过程中，各参与方之间有着千丝万缕的关系，只有明确了各个主体的地位与作用，才能有针对性地对各方进行引导和管理，使整个农产品可追溯得以顺利进行。本节应用博弈论中三方非对称演化博弈的方法，分析农产品可追溯中涉及的主要参与主体（消费者、加工企业和政府监管部门），探寻其决策的主要考虑因素、在整个追溯链条中的地位，并得出相关建议。

7.3.1 三方非对称演化博弈

应用博弈论的相关理论和方法分析经济学、社会学中的相关问题，是目前越来越常见的一种趋势。博弈论可以分析信息对称和不对称问题，可以研究动态的与非动态的问题，也可以探索双主体和多个主体之间的问题，因此具有许多其他方法所不具备的优势，从而受到学者们的欢迎。

7.3.1.1 演化博弈

演化博弈属于新兴的博弈方法，它与传统博弈不同，不要求所有参与人都是完全理性的，也允许在不完全信息的条件下进行。它把博弈理论中的相关分析方法和动态演化的过程结合在一起，并形成具有自身特色的博弈分析方法。与传统的博弈分析方法不同，它在方法论上不关注所得到的结果是否为静态均衡解或者是比较静态均衡解，而是得到一个动态的均衡。

演化博弈理论，强调的是一个不断演进变化的过程，经济学家和学者们已经应用演化博弈理论分析和解释了许多社会、经济问题，并都达到了令人满意的结果和成就。毫无疑问，演化博弈论已经逐渐变成经济分析中的一种举足轻重的方法，而且正慢慢发展成为一个新的经济学领域。

1. 博弈框架

博弈框架指的是各参与主体在进行博弈时所遵循的结构和规则，而演化博弈的进行也是在特定的结构和规则下才能有效进行的。与结构和规则类似，这个框架也受到当时的技术条件和制度约束，它们几乎可以说是整个博弈能够存在的前提条件，是进行后续分析、制定相关规则的基础。

演化博弈的一个显著特点是不要求所有参与者都是完全理性的，也就是说，参与博弈的主体不一定都具有关于博弈结构和规则的所有知识，而只拥有部分或者有限的知识。尽管参与者可以连续不断地多次重复博弈，但在每次博弈中，各参与主体都是随机地从整个大群体里面选择出来的，彼此之间没有接触和了解，能够第二次进行博弈的可能性几乎没有。所以，在演化博弈中，不存在重复博弈中通过声誉机制来影响其他主体的可能性。

2. 适应度函数（fitness function）

演化博弈与传统经典博弈的一个主要区别在于，必须将支付函数转化为适应度函数。适应度是生物进化论中的概念，表示基因的繁殖能力，而在演化博弈中则表示某一策略被采用的人数在每次博弈之后的增长率。相对应地，适应度函数则是策略与适应度之间的映射关系。

适应度函数的定义相对比较模糊，它不仅受博弈主体在博弈过程中获得收益的影响，还受人们在特定环境下对该主体所选择策略的各种主观评价，包括道德、法律层面的，甚至还会因各主体的学习能力不同和社交方式各异而不同。然而，在实际研究中，为了分析的方便和模型的简化，许多学者都将支付函数等同于适应度函数。

3. 演化稳定均衡

在演化博弈中，参与主体中的后进入者，即模仿者的动态是非线性的，因此我们很难通过数学的方法求得唯一的精确解。所以，可以将博弈中的求解过程调整为对稳定性的分析。演化稳定策略（evolutionarily stable strategy，ESS）是演化博弈中一个非常重要的概念，它认为在一个博弈过程中，如果存在稳定策略，这个策略就会比其他的策略取得更高的收益。因此，所有的进入者不管从什么位置什么阶段进入该博弈过程，最终都会稳定在稳定策略。

演化稳定策略的定义为：如果对任何策略 $y \neq x$，存在某个 $\overline{\varepsilon_y} \in (0,1)$ 使得不等式 $u(x,w) > u(y,w)$ 对所有的 $\varepsilon \in (0, \overline{\varepsilon_y})$ 都成立，那么 $x \in \Delta$ 是一个演化稳定策略（ESS）①。演化稳定策略的特征主要表现为三个方面：与纳什均衡一样，演化稳定策略也是一个静态的概念，不随演化过程而改变；与纳什均衡相比，演化稳定策略显得更为精炼；涉及的博弈主体一般是两个，所获得的策略属于离散型的纯策略，而参与博弈的主体群体则是无穷大的。

7.3.1.2　三方非对称演化博弈

在现实生活中，三个主体同时参与的决策过程是很常见的，各个行业都会涉及。涉及同一问题的三个参与主体一起进行博弈分析，比只考虑其中的两方更能解释问题的实际情况。

在农产品可追溯供应链中最主要的参与方可以归为三类，即：产品的生产方，包括农户、加工企业、运输商、销售商等，他们在整个农产品供应链中的地位和作用是类似的；对产品所有种植、生产、运输、销售进行监控和管理的政府部门；以及产品的最终消费者。将这些主体概况为消费者、生产企业和政府三方，本节对这三方进行博弈分析。

---

① 洪开荣，孙倩．经济博弈论前沿专题［M］．北京：经济科学出版社，2012：131.

7.3.2 参数设置和模型构建

演化博弈的研究主要针对两个博弈主体，而对于三方参与主体构成的具有非对称支付矩阵的演化博弈则较少。此处建立了三方（2×2×2）演化博弈模型，分析其渐进稳定性和在不同情况下的进化稳定趋势，进而为各参与方行为策略的选择提供建议。

参与方为：政府及相关监管部门（政府）；农产品供应链种植、加工、运输企业（企业）；消费者。各参与方策略集为：政府｛严格，不严格｝；企业｛主动，不主动｝；消费者｛愿意，不愿意｝。

政府对可追溯体系的实施有严格和不严格两种态度。严格时，相关监管部门会对食品、农产品供应链中相关企业进行严格监督和检查，付出的人力物力成本为 C_1，其概率为 x。检查结果显示该企业进行了实施可追溯的相关要求和努力，则对该企业进行表彰和鼓励，如减免其所得税或应缴纳的其他管理费用，支出为 A；若企业未实施可追溯体系的相关要求，则对其进行罚款处罚，并要求尽快整改实施，罚款收入为 P。若政府不严格，概率为 $1-x$，即不进行相关的检查和监督，其费用为0，收入亦为0。同时，考虑到消费者的反应，当政府进行严格策略时，随着检测结果的披露，消费者对政府部门的作为表示赞赏并更加信任，此时政府获得的信誉收入为 R；当政府不严格时，消费者会因频繁发生的食品安全问题和政府的不作为，而对其更加失望，此时政府将损失大众的信任 T。

企业根据政府要求和市场需求，会主动实施可追溯体系，以提高其产品质量安全，并获得市场占有率，其概率为 y。为实施可追溯体系所消费的设备投资、系统改造、人员培训等的费用为 C_2，当政府检测该企业（概率为 x），发现符合要求，则其会获得政府部门相应的奖励 A；并且消费者也会根据政府部门披露的信息，而倾向于选择该企业产品，从而企业能获得更多的市场份额 S。当然，由于实施可追溯体系需要很大的前期投入，企业也可能存在侥幸心理，而选择不实施，故无须支付费用 C_2。但此时可能会被政府检查（概率为 x），当发现未实施，会处以 P 的罚款；同时，消费者也因政府披露的信息，而失去对该公司产品的信任，企业将失去一定的市场份额 S。

消费者的购买决策是基于自身的长期购买习惯和政府及企业所披露的相关信息做出的，当政府披露出某产品实施了可追溯体系，并能明显提高产品的质量安全时，消费者会更愿意购买该类产品，并愿意支付比未实施可追溯的产品更高的价格 C_3，其概率为 z。此时因购买了能够追溯的产品，消费者可以获取产品生产、运输各环节的具体信息，增加了该产品的安全感，并也切实提高了所购产品的质量，获得的效用为 U；并且消费者将会增加对政府的信任 T，因为其为民众提供了一个安全可靠的消费环境。当消费者对可追溯产品没有应有的正确认识，对政府和企业没有信足够的信心，或者不愿接受可追溯产品与普通产品的价差，而选择了普通产品，其概率为 $1-z$，此时，消费者不能很好地了解到所购产品的具体信息，并且有可能该产品隐含着质量安全问题，这将对消费者的生命和健康产生巨大的影响 U，有的时候是无法估量的；每况愈下的消费环境将使消费者失去对政府的信任和忠诚 T。

从而可以得到三方博弈的得益矩阵，由于这是一个 $2\times2\times2$ 的三维矩阵，为了表述方便，以消费者为维度将其拆分为两个子矩阵，如表 7-6 所示。

表 7-6　政府、企业、消费者三方博弈得益矩阵

（1）消费者愿意购买（z）可追溯产品

博弈方		企业	
		主动（y）	不主动（$1-y$）
政府	严格（x）	$R-C_1-A, A+S-C_2, U+T-C_3$	$R+P-C_1, -P-S, -U+T-C_3$
	不严格（$1-x$）	$0, S-C_2, U-C_3$	$-R, -S, -U-T-C_3$

（2）消费者不愿意购买（$1-z$）可追溯产品

博弈方		企业	
		主动（y）	不主动（$1-y$）
政府	严格（x）	$-C_1-A, A-C_2, -U+T$	$P-C_1, -P-S, -U+T$
	不严格（$1-x$）	$0, -C_2, -U$	$R, -S, -U-T$

7.3.3　分析与结论

通过三个参与主体演化博弈行为分析，得出政府、企业和消费者决策的相关结论，推导过程已省略，读者如有兴趣，可自行证明。

政府的决策是基于民众（消费者）和利益之间的平衡。当企业实施可追溯体系的比例较高时，政府则会偏向于不检查，这是符合其利益原则的，这同样也可以解释其不严格策略。但其决策更多是依赖于消费者的：即便政府采取严格策略时取得的罚款收入和从消费者处获得声誉收入不足以覆盖其检查成本，只要有一定比例 $\left(z>\dfrac{C_1-P-R}{R}\right)$ 的消费者对政府的该措施持有信心或愿意购买可追溯产品，其仍会实施严格策略。

企业的决策更多的是基于利益，甚至不惧政府的监督处罚。当有一定比例的 $\left(z>\dfrac{C_2-S-(A+P)x}{S}\right)$ 消费者愿意购买可追溯产品，无论政府是否采取严格的监督策略，企业都会主动实施可追溯体系。而当消费者不愿意购买可追溯产品时，即使政府采取严格的监督策略，其仍会铤而走险或宁可缴纳罚款而不主动实施可追溯。

消费者的购买决策是依赖于企业的，而很少受政府行为影响。在知晓该产品是由实施可追溯企业生产时，基于合理的价格，消费者更愿意选择质量安全有保障的可追溯产品。当然，这些决策还依赖于消费者对可追溯的认知程度、市场信息披露机制和市场诚信度等。

基于以上分析，可以对农产品安全相关方提出一些建议，特别是监管方，以期建立一个质量安全更有保障的市场环境。同时，也明确了农产品可追溯供应链中各参与方的不同地位和作用，能够指导可追溯体系的构建，对各主体的职责与权限进行更明确的划分。

（1）完善农产品质量安全和可追溯体系的相关法规和社会监管体制，积极引导第三方检测机构与官方部门相结合。可追溯体系并不等于保障了农产品的安全，它还需要符合法律、法规、标准等规制，并通过第三方机构的配合，使执法权与监督权有机结合，从而保证信息记录和传递的真实可靠性。

（2）建立基于可追溯体系的信息管理平台和行动指南，将农产品整个生命周期内的所有生产、加工、运输、仓储、销售以及报废回收等环节进行统一记录、标识和传递，并提供公共查询服务。根据笔者调研发现，很多行业都有自己的可追溯体系和信息反馈系统，但该信息只作为行业内部通报，而不会公布给广大消费者。此举势必阻碍消费者的知情权，也使监督无法有效地进行，同时也不利于整个行业的健康发展。

（3）进行可追溯体系的有效宣传，激发消费者的主动性。分析发现，企业的决策主要依赖于消费者的购买意愿，逐利性是企业的最基本特性，遵循政府规定和号召则是第二位的。消费者更多地了解可追溯，从而接受可追溯产品，不但能带动企业的积极性，也能使消费者有广泛的途径对企业和产品进行监督，这将有利于整个行业环境的改观，并提高人民群众的生活质量。

7.4　农产品可追溯体系架构

建立农产品可追溯系统是保障质量安全的重要环节，虽然现在各级地方政府和相关企业都纷纷建立了产品可追溯管理系统，但各系统都仅为自身的生产或管理服务，且不能与上下游对接，无法形成农产品整个供应链的可追溯管理。目前的农产品可追溯管理系统基本都由农业部门建设和推广，但在市场上几乎还未能见到某个农产品可以实现对整个种植、加工、配送、零售流程的追溯。

本节主要介绍国家农产品质量安全追溯管理信息平台的建设和应用情况，概述可追溯体系的实施基础。

7.4.1　国家农产品质量安全追溯管理信息平台

国家农产品质量安全追溯管理信息平台（http：//www. qsst. moa. gov. cn）是农产品质量安全智慧监管和国家电子政务建设的重要内容，由农业农村部农产品质量安全中心开发建设。平台包括追溯、监管、监测、执法四大系统，以及指挥调度中心和国家农产品质量安全监管追溯信息网，以提升政府智慧监管能力，规范主体生产经营行为。平台以增强社会公众消费信心为宗旨，为各级农产品质量安全监管机构、检测机构、执法机构以及广大农产品生产经营者、社会公众提供信息化服务。

2017 年 6 月底，国家农产品质量安全追溯管理信息平台上线试运行，农业部优先选择基础条件好、积极性高的四川、山东、广东 3 个省开展国家追溯平台试运行工作，在一定区域范围内全面检验国家追溯平台各项业务功能、各项性能指标和实际应用效果，完善优化国家追溯平台，探索可操作可复制可推广的运行管理方式，健全完善追溯制度规范和技术标准，为下一步在全国范围开展追溯管理试点奠定实践基础。农业农村部已印发追溯体系建设指导意见，出台了试运行地区的追溯管理办法，制定技术标准，建成国家追溯平台和配套的指挥调度中心，同时也开发了移动专用 App，开通监管追溯门户网站和国家追溯平台官方微信公众号。

在 2019 年 10 月 11 日，为推进省级追溯平台与国家追溯平台互联互通，实现追溯平台业务协同和信息共享，全面提升各级监管部门智慧监管能力和大数据分析决策水平，更好地服务农产品生产经营主体和消费者，根据《中共中央、国务院关于深化改革加强食品安全工作的意见》《国务院办公厅关于印发政务信息系统整合共享实施方案的通知》《农业农村部关于全面推广应用国家农产品质量安全追溯管理信息平台的通知》要求，制订省级追溯平台与国家追溯平台对接总体实施方案。

2021 年 11 月 25 日，国家农产品质量安全追溯管理信息平台建设项目国家验收会议在北京召开。由国家发展改革委、农业农村部有关部门和相关领域专家组成的验收委员会一致认为，国家农产品质量安全追溯管理信息平台建设项目达到了预期目标，同意通过国家验收。同时，出台了《农产品质量安全追溯管理专用术语》等 11 项标准规范、《农产品质量安全信息化追溯管理办法（试行）》及 5 项配套管理制度，基本形成了较为统一的追溯标准规范管理体系。

截至 2021 年，国家农产品质量安全追溯管理信息平台农产品生产经营主体注册申请规模达 29.5 万家，监管、检测、执法机构近 8000 家，与 29 个省级农产品质量安全追溯平台和农垦行业平台实现对接，基本实现了业务互融、数据共享。

7.4.2　可追溯体系的实施基础

7.4.2.1　以 RFID 为代表的标识技术

追溯单元的识别和标识是农产品可追溯体系能够实施的基础，对追溯单元的标识是农产品相关信息的载体，并确保了农产品在供应链中的身份标识。加之自动识别和感应技术的应用和普及，使信息流的传递能够与不断加快的物流相匹配，在提高农产品供应链运作效率的同时也增强了质量安全性。

关于追溯单元的标识方法，已经有很多常用的，例如条形码、二维码、RFID 等。当然，各种标识技术都有其优缺点，有的使用方便、价格便宜，但承载的信息量太小；有的便于读写，但价格昂贵。几种常见的标识技术及其比较如表7-7所示。

表7-7　常见标识技术及优劣比较

标识技术	描述	优点	缺点
字母数字码	由一系列数字和字母组成的标签	使用简单，经济	不能实现自动读取，数据损毁率高，没有统一标准，不同主体间缺乏联系
条形码	宽度不等的多个黑条和空白组成的图形，光学扫描数据	简单，经济，追溯精准	读取需要光线，损坏不能读取，只能依次扫描，无法写入其他信息
RFID	通过无线电信号识别特定目标，并读写相关数据	无须光线读取，可再次写入信息，数据存储量大，可实现多标签同时读取	价格昂贵，设备之间没有合作，环境感应能力有限
无线传感网络	协作地感知、采集、处理和传输网络覆盖地理区域内被感知对象的信息	多次反射交流，内网处理，可以配置不同的拓扑网络，通信安全，读取范围广	不适合数量大的身份标识，连续的感应需要能力较高的存储技术支持

显然，单纯地使用某一种技术都无法达到农产品可追溯的理想效果，需要将不同的标识技术应用在不同阶段的追溯单元，才能较好地实现可追溯。以条形码为基础，设计农产品的追溯码，以确定各农产品单独的身份标识，并结合RFID和无线传感技术，是目前较为可行的方案。另外，还有如DNA条码等技术，虽然可以从根本上更加细致地分析农产品的具体信息和追溯情况，但由于检测过程复杂、需要较高的技术支持且价格昂贵，无法进行大范围的推广。

7.4.2.2　以UML为代表的建模方法

农产品可追溯系统的建立，首先需要对整个供应链的实际业务流程有一个精确而具体的分析，清楚相关主体，明确每一个操作细节；然后从大框架上设计系统的层级架构，所要实现的功能等；最终，都需要应用某种方法来正式地描述既能够如实反映上述具体业务流程又能实现所设计的管理功能的信息系统。

统一建模语言（unified modeling language，UML）是用来实现信息系统较为常用的技术，它是一种多用途的可视化建模语言，可以用来列举、可视化、构造和归档任何信息系统的部件。UML支持许多种不同的图表类型，最常被看作一种连接图，例如将模型中的各种元素用图解的方式呈现出来。其目标是以面向对象图的形式描述任何类型的系统，应用范围非常广泛，且对于系统开发的各个阶段都适用。总的来说，UML的内容包括五类图，即用例图、静态图、行为图、交互图和实现图。

7.4.2.3　系统集成策略

农产品可追溯系统涉及的主体复杂、环节众多，再加上农产品本身种类繁多，更是增加了系统的复杂性。目前，各生产主体都有自己的管理和追溯系统，不同的监管部门也拥有或正在建设所分管部分的追溯平台。如要实现农产品可追溯的统一管理，可行的方案有两种：一种是从根源统一设计和建设一套全新的可追溯系统；另一种是在现有的各个平台和系统的基础上，利用系统集成和对接技术将它们整合起来，并实现所要求的各项管理功能。

显然后一种方法更加经济，具有较强的可操作性。一方面，它利用了现有的各种管理系统和追溯平台，避免了开发新系统放弃原有系统所造成的人力、物力和财力的浪费，这对于正在开发管理系统的部门来说尤为突出。另一方面，开发的新系统大家都不熟悉，很可能需要诸多的操作人员和管理人员专门进行培训才能使用该系统，而这是非常耗费时间的，将会给整个农产品产业的生产带来不便。但集成和对接原有系统就不会产生这样的问题，即使有变动也是小范围的微调，更能为一线使用人员接受，不会影响正常的生产和管理。

第8章　农产品检测体系的信息公开与共享

8.1　农产品信息公开与共享不完全的影响

农产品质量安全体系是一个“从农田到餐桌”的系统工程，是一个十分复杂的大系统，涉及众多参与主体和多种复杂的影响因素。农产品信息公开与共享不完全会导致供应链上各环节信息不对称，而信息不对称也会反过来影响农产品供应链的运作。

8.1.1　农产品市场信息不对称

信息不对称指信息在相互对应的经济个体之间呈不均匀、不对称的分布状态，即有些个体对关于某些事情的信息比另外一些个体掌握得多一些。处于信息不对称环境中的双方，由于存在信息差别而达成一种社会契约，即双方如何均衡的问题。而较为理想的均衡合同必须满足参与约束条件和激励相容条件，于是均衡的问题就转化为激励机制的设计问题。农产品市场的信息不对称现象十分突出，这可以从农产品流通过程中物流与信息流的方向看出，如图8－1所示。

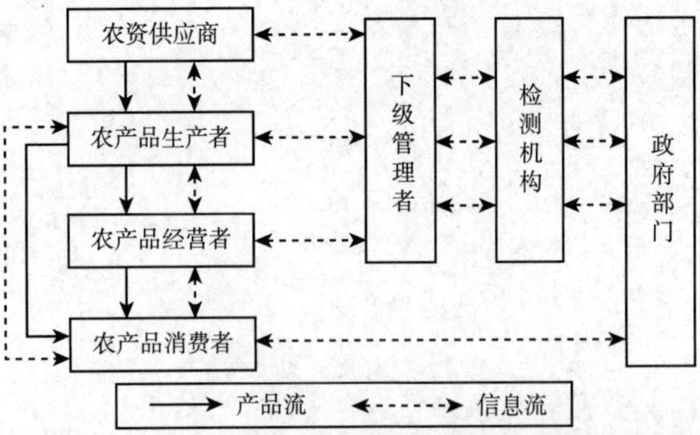

图8－1　农产品市场产品流和信息流的流向

农产品从生产到消费的全过程及其各环节均存在不同程度的信息不对称现象。作为农产品生产者，受自身技术和文化的限制，对诸如种子的质量、是否转基因等情况并不十分清楚，对农业技术知识的使用也是被动的，并不清楚种子和相关农资的内在品质。这就造成了农资供应商掌握信息优势，而农产品生产者处于信息劣势的信息不对称现象。

在我国农业生产领域中，由于土地产权国有或集体所有，农户承包经营规模可能较小，加之部分农业生产经营者受教育水平较低，收集和处理信息能力相对偏弱，对农资信息和农业科技信息掌握较少。因此，在农产品生产领域存在严重的信息不对称问题。

由于农产品质量具有搜寻品、经验品和信任品的特征，因而在农产品消费领域也存在信息不对称问题。农产品的经验品特征和信任品特征造成了农产品流通领域生产者、经营者与消费者之间的信息不对称[85]。

首先，生产者和消费者之间的信息存在严重不对称。农产品的品质主要为内在品质，消费者只有消费之后才能感知，有时甚至消费之后也很难感知。这就使生产者更愿意注重搜寻品特征，通过在生产中使用高残留农药、激素等维持某种农产品外观性状，进而获得丰厚利润，这会对消费者安全产生严重危害。其次，生产者和经营者之间的信息不对称。由于劳动分工越来越细化，生产者出于成本考虑，更愿意通过经营者出售他们的农产品。经营者关注的是如何把商品更快地卖出去，赚取更多的差价，于是他更愿意收购外观性状好、价格低的产品，而不去关心生产过程中是否使用激素、农药，是否存在环境污染等，使生产者违规操作甚至非法生产有机可乘。最后，经营者与消费者之间同样存在信息不对称。经营者受利益驱动，在运输途中，为了保持农产品外面的新鲜可能使用违禁药物，而消费者却无从得知。

农产品检测体系信息发布不规范、信息公开不完全或者信息共享不到位，也使得农产品质量安全管理中存在信息不对称问题，其结果表现为“逆向选择”和“道德风险”。“逆向选择”和“道德风险”会导致一定程度的市场失灵，即依靠市场机制自发运作不能实现最大效率的资源配置。这不仅使消费者的农产品质量安全需求得不到满足，而且破坏了农产品市场秩序，可能导致农产品市场体系的混乱[86]。

为了从源头上确保农产品的质量，我国从 20 世纪 90 年代开始实施农产品认证工作。生产者在申请认证时，必须按照认证标准组织生产，从而保证产品质量。而认证获批之后，由于农产品的信任品特征，一些非法农户则会产生投机心理，把生产标准大打折扣，政府的后续监管也很难执行。另外，还有一些未经农产品认证的生产者，政府对其监管的难度比较大，这些都造成了生产者与政府间的信息不对称。

政府对经营者的监管只能存在于市场准入环节，而我国各种市场处于多而杂的局面，非常不利于市场准入检测，这就给了作为生产和消费中间环节的经营者很多可乘之机。我国的产品质量认证机构较庞杂，对于通过认证的农产品，消费者也很难判断诸多认证的差别，从而给他们的消费选择带来一定障碍。因此需要政府在消费信息披露方面做出更多努力，保证我国广大消费者尽可能更全面地了解农产品各方面的信息，帮助他们做出更加适合的选择[87]。

8.1.2 农产品优质优价机制的形成

市场信息不对称造成了农产品优质优价机制难以形成的困境。“柠檬市场”是指信息不对称的市场，即在市场中，产品的卖方对产品拥有比买方更多的信息。在极端情况下，市场会止步萎缩和不存在，这就是信息经济学中的逆向选择。柠檬市场效应则是指在信息不对称的情况下，往往好的商品遭受淘汰，而劣等品会逐渐占领市场，从而取代好的商品，导致市场中都是劣等品。

如3.1.2节所述，农产品质量具有搜寻品、经验品和信任品的特征。农产品的经验品特征和信任品特征造成了农产品市场中的信息不对称。这种信息不对称造成了农产品市场的“逆淘汰”，使优质农产品退出市场，从而形成“柠檬市场”。农产品“柠檬市场”的形成主要是由于优质农产品不能将其经验品和信任品的质量信号传递给消费者。

生产者可以采取一体化、专用性资产投资等途径来减少市场信息不对称，但是我国部分地区农产品供应商比较分散，生产规模狭小，而且组织化程度较低。如果单个生产者采取措施发送质量信号，由于市场信息不对称，其边际成本将远远地大于其边际收益，因此面临这些问题的农产品供应商在生产过程中没有发送产品质量信号的激励，从而消费者在购买农产品时缺乏获取经验品和信任品信号的途径。这样就进一步地造成了农产品市场上的信息不对称。

农产品市场体系建设不健全，阻碍了农产品信号的传递，加大了农产品市场的信息不对称。成熟的市场体系应该具有价格发现功能和信息引导功能，也就是说成熟的市场体系应当具备优质优价机制和减少市场信息不对称的功能。

8.1.2.1 影响优质优价机制形成的原因

1. 价格政策不合理

农产品收购政策未基于市场对质量特征的需求。农产品质量分级能够使质量信息在交易双方之间进行有效传递。农产品质量分级的经济学基础是满足市场对农产品质量的多层次和多元化需求。但目前我国农产品收购中分级标准设计不合理，质量分级并不是以消费者所关注的质量特征或农产品的使用价值为导向，消费需求无法通过等级价格信号传递给生产者，生产者缺乏提高质量的动力，产业链未能建立起价格与质量之间的对应关系，“优质优价”的传导机制出现问题。

2. 市场规则不健全、功能不完善

从农产品市场规则看，农产品批发市场的内部管理制度、政府对农产品批发市场的监管制度都不够健全和完善。目前我国仍有农产品批发市场未建立农产品市场准入制度，即使建立，在执行时也很多仅仅是一种形式，特别是在产地的农产品批发市场。从功能来看，农产品批发市场很好地发挥了物流中心的作用，但其价格发现功能、信息引导功能尚未充分发挥出来。

3. 农产品零售市场建设相对滞后

集贸市场是目前我国农产品销售的重要渠道，在集贸市场上较少对各类农产品进行分级，这样就不能发送产品的质量信号。现在虽然已经在一些超市中建立了优质农产品销售专柜或者专营区，有的地方也建立了优质农产品专营市场，但是这些市场还远不能够满足我国优质农业发展的需要。农产品市场体系不完善是农产品优质优价机制不能够形成的最直接的有形因素。优质优价机制不能够形成，就会加大农产品市场的信息不对称，毕竟价格可以作为产品的一种质量信号；农产品供应商在生产中不能够形成对优质农产品获得较高价格的未来收益预期，在生产中就不会主动采取措施控制产品质量。

4. 标志制度、认证制度等信息传递机制和专业化的交易市场尚未形成

目前我国标志制度和质量认证制度尚不健全，一些常规农产品冒充绿色农产品销售，真假难辨。虽然我国建立了绿色食品质量认证制度，但这一制度的实施仍存在诸多问题，如认证部门繁多，认证标准不统一，认证后政府仅进行定期检查或抽查，管理力度不足等。高质量企业可以向市场发送有关产品质量的信号，如媒体广告、防伪技术、强化售后服务、出具权威检测报告等，降低信息不对称的不利影响。在我国，组织化程度低导致传递农产品质量信息的单位成本过高。农产品进行检验检测、认证、商标注册、营销管理等产品质量信息传递需要一定的费用。除大型超市以外，大部分农产品生产和销售者规模小、分散经营，进行产品检验检测、认证和商标管理的单位成本过高，使得信息优势方不愿传递信息。

5. 市场过度竞争

我国农产品市场产品同质化严重，定位差异化不足，品牌经营不到位，产品创新力度滞后于消费需求的升级，导致市场过度竞争。过度竞争会导致绿色农产品经营者的行为短期化，为争夺当前的市场份额竞相降价，破坏了优质优价的市场原则。

6. 质量监管和价格监管不到位

（1）多头监管协调难度大。例如，主管农产品质量安全的机构就涉及卫生部门、农业部门、进出口检疫部门等数十个部门。各部门各自为政，低水平重复建设检测监控体系，它们的检测资源不能共享，甚至发布相互抵触的产品质量信息，削弱了监管的整体效能。

（2）监管力量不足。我国生产商数量众多、分散度高，政府监管人员严重不足。调研发现，我国有机食品认证机构对生产商认证合格发证后，每年最多只能到产地复查两次，使获得认证的绿色农产品质量难以保障。此外，地方政府用于质量监管的财力也不能满足监管需要。抽查检测等监管工作不能收取任何费用，只能将费用列入同级人民政府的财政预算。经济不发达地区财政资金本就不足，用于监管的经费就更加匮乏，远不能满足实际需要。

8.1.2.2 实现优质优价机制的策略

1. 改进农产品收购政策设计

农产品收购政策应充分体现优质优价原则的核心地位，根据质量差别制定不同档次的收购价格。完善农产品质量分级。改进主要粮食产品收购中的分级标准设计，质量分级以市场需求的质量特征或农产品的使用价值为导向，应体现硬度、水分、杂质、营养含量、纯度等可区别质量差别的参数，满足市场对农产品质量的多层次和多元化质量需求。

2. 完善产品标志、品牌声誉和信息发布机制，减少信息不对称

健全绿色产品标志制度，推行全国统一的绿色产品标志，完善产地标识制度和信息可追踪制度。鼓励企业创建优质产品品牌，向市场传递高质量产品信号。推进企业声誉机制建设，营造重视声誉管理的良好氛围，使企业自觉、主动地保证产品质量。完善产品质量信息发布体系，搭建质量信用信息平台，全面涵盖产品、生产商、销售商、工程承包商等产业链各主体的信用信息，实现质量信用信息互联共享和信息公开。

3. 优化市场营销渠道，加快绿色产品专业市场建设

推进绿色农产品批发市场建设，在绿色农产品相对集中的产区建立产地交易市场，或在现有区域性和全国性交易市场建立具有明显标志的绿色农产品交易区；推进绿色农产品零售市场建设，逐步构建包括专卖店、直供超市或代理商的多种销售渠道。在零售市场，实行绿色农产品与普通农产品分开经营，悬挂绿色产品标志，出示产地或进货渠道证明。

4. 组建行业协会，减少恶性价格竞争

提高农产品生产的组织化程度，降低农产品检验检测、认证、商标注册、营销管理等产品质量信息的单位传递成本。强化对组织内农产品生产者的生产培训和质量监督，产品统一收购，按质量等级分类包装，统一商标，保障产品质量，减少产品同质化较高的生产者之间互相压价问题。

5. 强化依法处罚和问责力度

健全责任追查制度。通过法律形式明确工程招标方、监理单位、农产品生产商、经销商等主体的责任。如果工程或产品质量出现重大问题，相关机构及其负责人应被依法问责，并对造成的经济损失承担赔偿责任。

6. 强化产品质量标准和质量认证体系建设

在全国范围内统一产品质量认证标准，加大产品质量认证后的检查管理力度，建立产品进入市场的质量复查制度。实施激励制度，由政府设立国家质量奖项，科学制定质量奖获奖标准，引导企业对照标准制定改进措施、提高产品质量。

7. 发挥第三方机构和行业自律力量，鼓励公众参与

鼓励第三方机构提供检测认证服务。政府考核认证、依法批准资质优秀的民间检测机构代表政府对市场上的产品进行检测、颁发认证证书，政府通过不定期抽查等手段对指定民间检测机构进行监督管理。发挥行业自律机制的力量，减轻政府监管压力。发挥生产者、加工者、销售者及其行业组织在提升产品质量方面的作用，鼓励产业链下游企业对上游供应商实行质量“尽职调查”，促使其保障产品质量。建立大中型农产品批发市场自律检测、准入、退出制度，鼓励农产品批发市场、集贸市场、超市与农产品种植基地及加工包装重点企业实行“场厂挂钩”“场地挂钩”等协议准入制度。成立自律性行业协会和民间组织，建立严格的从业人员考核制度和质量管理制度。政府及时向公众公布产品质量信息，提供消费咨询服务，加强对产品生产、服务人员和公众的产品质量教育，增强消费者对产品质量的识别能力，促使生产经营者提供高质量产品[88]。

8.1.3　农产品生产者的机会主义行为倾向

农业生产中的信息不对称造成了农产品生产者的机会主义行为倾向。为便于理解，可以将农产品生产者与供应者等同化。威廉姆森提出了人的机会主义行为假定，丰富了经济学对于人的行为的分析。机会主义行为是指人们以欺诈手段追求自身利益的行为倾向。在信息不对称条件下机会主义行为倾向更易发生。

在分析农产品生产者的生产行为时，可以将农产品生产者与市场需求者的关系看作委托代理关系，需求者是委托人，农产品生产者是代理人。农产品生产者掌握了比需求者更多的关于农产品的质量信息。农产品的经验品和信任品质量特征决定了农产品市场的信息不对称。需求者在选购农产品时只能根据农产品的搜寻品质量特征来选购农产品。对经验品和信任品质量特征只能依赖合约约定标准，也就是生产者和消费者所声明的标准，然而即使农产品的经验品和信任品质量特征不同，仍然会表现出相同的搜寻品质量特征。

因此，农产品生产者只会存在对农产品搜寻品质量特征改进的激励，对经验品和信任品质量特征改进的激励不大。而在既定的技术条件下，农产品的质量和产量之间存在负相关关系，也就是质量的提高会带来农产品产量的下降。这样在市场需求者价格既定的条件下，农产品生产者会以提供最低质量产品的形式，来提高农产品的产量，以获得最大化的收益。

由于农产品质量检测制度不健全、检测设备不齐全、技术人员专业水平参差、信息发布不规范等问题，对农产品生产者生产行为的监督存在一定困难。当农产品生产者不能形成销售行为的重复博弈时，在自利动机驱动下就有可能违背合约约定，在生产过程中使用违反合约约定的农药、兽药、化肥、抗生素、激素等，来提高农产品的产量。这种机会主义行为会造成我国农产品市场商品品质以及市场声誉降低，单个农产品生产者的生产行为难以考核，农产品生产者难以形成对未来的准确预期，即农产品生产者提高农产品的质量，很难形成对未来获得较高市场价格的预期，农产品生产者生产劣质农产品时，可能也预期不会受到惩罚，所以农产品生产者在生产中难以形成控制产品质量的激励[89]。

8.2 农产品检测体系中存在的问题

8.2.1 农产品质量安全检测的重要性

农产品质量安全是一项民心工程，也关系到国家的食品安全战略。2001 年，农业部会同有关部门联合实施了“无公害食品行动计划”，建立了农产品质量安全例行监测等监管制度，开启了农产品质量安全工作新征程。经过 20 多年的努力，我国农产品质量安全状况不断完善，特别是党的十八大以来，按照党中央、国务院决策部署，始终坚持以人民为中心的发展理念，狠抓农业标准化生产和突出问题专项治理，全面提升执法监管、监测预警和应急处置能力，农业质量安全工作取得明显的进展和成效。

在社会经济的飞速发展下，人们的生活水平显著提高，对农产品的需求逐步从传统农业时期“量”的追求过渡到现如今“质”的追求，层次需求结构不断深化。但在市场经济的作用下，农产品作为一种商品流向市场，利益的驱动促使少数厂商和销售者忽视法律的约束，不顾其质量安全，导致随之而来暴露的安全隐患也愈加显著和复杂，其中农药、添加剂等含量超标则是引发一系列农产品质量安全事件的一个重要因素[90]。一方面，在农产品生产过程中农药的使用是必不可少的，这在一定程度上减弱了病虫害的攻击，提升了农产品的产量；但另一方面，在农产品市场发展的不良氛围下，农药的不合理使用行为已是屡见不鲜，不仅对自然环境产生了一定程度的破坏，影响了农产品的质量，更对消费者的健康造成了严重威胁[91]。近年来，在全球范围内，由于农药残留超标或者重金属超标导致的农产品质量安全事件已是司空见惯，情况日益严重[92]。

农产品检测是保障食品安全的重要技术环节，检测体系的建设和研究是推动产地准出和市场准入有效衔接的关键，因此农产品检测体系的建设，对于新形势下我国农产品质量的安全发展具有重大意义。农产品质量安全检测的重要性有以下几点。

8.2.1.1 保障现代农业发展质量

农产品质量安全检测工作具体来讲就是借助先进设备并按照相应的程序和标准方法开展检测，从而分析农产品质量实际情况的过程。通过质量安全检测工作可充分判断农产品的质量，从而针对检测结果采取相应措施，为农业生产质量安全提供保障。完整的检测过程包括从产品生产到收获的整体阶段，因此检测人员需要实地深入农田，从而充分观测农产品生产地及周边环境情况，全方位监管农业生产过程，并且不断优化并整改生产条件，实现对农产品生产源头的严格把控，积极开展预防性工作，为农产品生产营造良好生产环境。相关主管部门需要通过配备专业的检测仪器，对检测手段进行不断完善，严格按照相关检测流程操作，同时引入动态监管机制，实现全面质量安全管控。在科技时代，先进技术及设备的广泛发展，为质量安全检测工作注入新的活力，极大地促进检测准确度及检测便捷性的提高。

8.2.1.2　推进现代化农业规范

现代化农业生产不仅仅是生产量的增加，也包括生产质量的全面提升。应当确保农产品质量安全检测中对农产品质量安全进行严格把控，杜绝质量安全标准不合格的农产品进入市场，打消一些不法分子企图浑水摸鱼的念想，让所有人都能够按照要求来进行农业生产。在农业生产者们对于农产品质量安全的要求和规范充分明确后，就能够为农业生产找到有效的发展方向，让农产品生产者能够在生产过程中按标准进行生产，使得符合现代农业生产标准的农产品价值能够在固定的农业生产投资中达到最高，这样就在生产质量标准上达到了现代农业生产的要求，进而向着现代化农业生产标准逐步迈进。加强对农产品质量安全检测工作就使得农业生产人员需要提升农产品安全质量，最为关键的因素就是减少在病虫害的防治中使用农药量。

关于害虫的农药防治手段，应当加以规范防治过程。因为很多人在使用农药进行害虫防治的时候都是通过不断加大剂量来确保防治工作的有效，但是在防治时间上的把控做得不够到位，一般都是在出现害虫并呈现一定规模之后才进行防治，所以防治效果相对较差。应当加强对当地害虫生长繁殖时间的研究，在害虫可能进行孵化的时间进行定点针对性的灭杀，并且加强改善害虫监测技术，更早更及时地发现害虫，这样就能够减少害虫防治农药的使用量，从而使得农产品质量安全问题得到改善。

8.2.1.3　创建绿色健康食品安全环境

不断完善农产品检测标准，可以有效提高农产品的食用安全性。过去，我国食品市场处于一个较为混乱的状态，农产品来源不明，保鲜措施不力，农产品检测标准不当，食品安全已经受到严重威胁。近年来，我国农产品质量安全检测工作取得一定成效，各种不法行为数量明显减少，绿色健康的食品市场环境逐渐形成[93]。另外，现代农业生产最大的进步就是机械化规模化生产，要求提高农产品质量检测的自动化程度，即过去传统的农产品安全质量检查效率已无法满足在机械化农业生产中产量以及效率增长的要求，需要新的安全检测手段来为人民群众的身体健康负责。并且，现代机械化大规模的农业生产，其销售范围可能会遍布全国，因此如果在安全检测上出现了漏洞导致有问题的农产品流向市场，就会造成极为恶劣的后果，产生严重的影响。所以，对于农产品的质量安全问题一定要严加把关，不论从检测技术上还是从检测制度上，都需要更加严格完善；努力创建绿色健康食品安全环境，才能有效地保证人民群众的生命健康安全，保证农产品市场的和谐稳定发展。

8.2.1.4　保护农业生产环境

在农业生产期间，部分生产人员专业知识不足，对新时代科学生产知识和技能理论掌握不充分，难以正确应用先进技术为农业生产活动提供助力。部分生产人员为了达到更高的生产效益，会在农产品生产过程中应用大量的农药以及添加剂，这不仅使得农产品的安全质量受到影响，也因为农业药剂等的过量使用对当地的农业环境造成危害，以至于出现典型的美国式农田一年用一年歇的情况，对当地的农业生产环境造成恶劣的影响，也会影响到当地的生态环境，违背现代可持续发展的环保理念。

以化肥为例，随着科技的发展，化肥研究不断深入，各生产厂家提供了多种配比的化肥种类，但很多生产者自身能力不足，无法分辨这些种类的具体适宜环境。为了保证产品长势喜人，部分农产品生产者不加节制地大量使用肥料，不仅没有发挥更大价值反而起到相反作用，甚至导致种植土地受到化肥影响。过量化肥农药的使用，会使得当地土壤以及周边环境受到影响，尤其会对河流湖泊等产生较为严重的污染，使得水质产生富营养化，造成较为严重的生态破坏，需要较长的一段时间才能够恢复正常。这形成了生产流程的恶性循环。因此，应当针对过分使用农药化肥等情况进行动态的监控管理，做好农产品质量安全问题发生源头的截断工作，才能够有效改善农产品质量安全问题。开展农产品质量安全检测工作后，借助科学手段，对农产品实行动态监控，此举不仅可以提高农产品质量，也间接可以限制化学物质残留过多的农产品与正常产品混为一谈，一定程度上促使生产者注意安全问题。加强对农产品质量安全的把控，也能够有效地将农药残留过量的农产品阻挡在市场外面。通过让农业生产人员在生产过程中科学地使用药剂，既保证了农产品的质量安全，也保护了当地的生态环境。

此外，质量安全检测工作也可以更为全面地帮助人们了解农业生产存在的具体问题，从而针对性地开展农业技术帮扶工作，使相关生产者能够科学运用技术手段，以达到降低环境污染程度、维持生态平衡、为实现农业可持续发展目标提供更多支持的目的。检测人员还可以将检测过程中使用到的一些技术分享给农业生产人员，使他们在生产过程中就能够进行自我检测，从而提高农产品的合格率，以增加经济效益[94]。

8.2.1.5 维持农业市场秩序

原来的市场经营中，大众对食品健康安全关注度较低，很多基层民众缺乏此方面的意识，同时国家对此领域重视度不足，从而导致农产品市场较为混乱，缺乏规范管理。市面上存在很多不正规的进货渠道，而商家从这些渠道以较为低廉的价格获取不合格产品并将这些产品卖给消费者，从中获取较高的利润。这种现象不仅影响大众健康，侵害消费者的正当权益，也导致市场管理难以进行，整体环境相对混乱。但质量安全检测可有效遏制上述现象出现，从源头上不给予不正规农产品“入场资格”，加强市场监管，有效遏制商家的不法行为，规范约束商家的进货渠道，从而间接促进农业市场秩序规范化。

8.2.1.6 规范农业生产活动

农业生产过程中，科学的生产技术和相应设备有重要价值，其可为农业活动提供巨大助力，可充分发挥各资源优势，实现农业生产活动规范化发展。而生产过程规范化，也为农产品质量安全检测工作提供了便利。首先，一定程度上提高了原始检测物资的合格率；其次，减轻了质量安全检测工作任务量；最后，为农业市场监管提供更大助力。

8.2.1.7　为监管执法工作提供手段

当前，农产品质量检测监督执法工作主要由监督执法工作人员开展。农产品质量检测监管部门通过有效的监管，可以查找出农产品生产过程中所存在的各种问题，及时反馈农产品实际质量情况，帮助国家以及社会了解农产品的安全状态，在此基础上实现国家对农产品质量安全的有效把控。

8.2.1.8　助力乡村振兴

在农业生产过程中，由政府公益检测部门对农产品进行不定期抽检，一方面可以确保农产品质量安全得到有效监控，另一方面可以用精准的检测、科学的数据、暖心的服务切实助力农户科学种植、合理施肥、不断增收，在提升农产品口碑的同时，助推农业品牌化建设，从而实现检测助农、助力乡村振兴。

8.2.2　农产品质量安全检测的技术

8.2.2.1　农产品质量安全检测技术现状

农产品质量安全是关乎每一个人身体健康的大事，一直以来得到了党和国家的高度重视，这让农产品质量安全检测技术获得了良好的发展，在农产品质量安全检测工作中发挥了至关重要的作用。从当前农产品质量安全检测技术的应用情况来看，已经有一些好的成效，集中体现在以下三个方面。

（1）农产品质量安全检测技术应用趋于全面。当前农产品毒素残留检测、生长环境检测、农药残留检测、重金属检测中均有农产品质量安全检测技术的应用。以农产品毒素残留检测为例来说，当前使用的检测技术主要是酶联免疫吸附剂测试法，这一技术易操作，成本较低。再以农产品重金属检测为例，当前所使用的原子吸收法可以精准检测出农产品中所含有的重金属。

（2）检验检测水平明显提升。目前我们国家开发了以生物毒素、兽药为主的近 600 种快速检测产品，尤其是在动物源性农产品中药物快速检测和生物毒素高灵敏检测技术方面取得了良好的进展。这些先进技术的广泛应用大大提升了农产品质量安全检测水平。

（3）全程监管能力增强。优质农产品不仅是生产出来的，也是管出来的，必须对农产品生产环节、加工环节和流通环节加以全过程监管，通过先进的技术来保障农产品质量安全。目前来看，依托于先进的农产品质量安全检测技术，已经可以全过程开展质量检测，所提出的农产品产地环境质量评价的方法和技术规程为农产品质量安全检测工作提供了技术支撑，这大大推动了农产品质量安全检测体系的完善。

8.2.2.2 农产品质量安全检测的常见技术

（1）声学特征及超声波检测技术。此技术通过获取农产品生产过程中的声波，然后借助超声波检测技术对获取的声波进行无损检测，研究声波的产生、传播、接受及效应情况，从而判断农产品是否存在缺陷，此种方法不仅可以展示出农产品存在的不足，也能准确地判断出问题的具体位置。

（2）生物传感器检测技术。运用此技术开展农产品检测时，需要借助活体提供支持，具体检测方法是选择部分活体，对其投喂待检测的农产品，从而观察活体食用农产品后的实际情况，并收集活体对该产品的敏感度信息，借助生物传感器将敏感程度转换为电信号进行翻译，从而对农产品质量情况进行评估。

（3）机器视觉检测技术。此种技术是近些年随着科技水平发展而提出的新型检测技术，其涉及面较广，具体原理十分复杂，其中融合了人工智能、神经生物学等多个领域的知识。具体来看，此种技术目前广泛应用在禽蛋类农产品质量安全检测工作中，可以较为准确地判断禽蛋表面是否存在缺陷，并对禽蛋按照大小、形状等标准进行分类。

（4）近红外光检测技术。近红外光是一种电磁波，以此技术为基础创建了相关仪器，运用此种方法进行农产品质量安全检测的原理是借助电磁波的传播及接收能力，反映电磁波与物质接触后产生的线性关系，从而判断农产品中的水分、蛋白质等成分的具体情况，此种技术原理也被称为 NIR 漫反射技术，整体来看，该项技术的研发应用突破了传统检测方法存在的限制，促使农产品质量安全检测水平进入新阶段。

（5）X 射线检测技术。该技术主要是借助 X 射线在物质中的穿透性和衰减性来完成安全质量检测任务的，使用此种方法可准确判断农产品内部损坏情况，从而对产品进行筛选。该技术的优势在于可快速察觉农产品的内部腐坏情况，因此在现阶段工作中应用较为广泛[95]。

8.2.2.3 农产品质量安全检测技术的发展趋势

近年来相关部门进一步加大了农产品质量安全检测技术的研究力度，掌握了有关农产品质量安全检测技术的新知识和新方法。可以说，农产品质量安全检测技术的发展趋势集中体现在以下三个方面。

（1）检验检测技术趋向小型化、智能化。农产品质量安全检测技术总的发展趋势是小型化、快速化、智能化，其中的代表性技术是微电子机械系统、传感器技术、纳米技术，有力地推动了快速检测技术的小型化。抗体、适配体等高效识别材料为农产品质量安全检测提供了重要基础。GPS、现场快速检测技术、检测数据远程传输与处理可以共同推动快速检验检测智慧平台的发展，同样可以为农产品质量安全提供技术支撑。

（2）风险评估技术趋向系统化、精细化。数据挖掘技术可以精准获取到农产品的诸多相关信息，可将分割的信息关联化，风险评估能力可由此得到提升。药效动力学、生理模型的药代动力学等风险评估模型和软件可有效地增强风险评估过程中的敏感性和准确性。

（3）溯源鉴别技术趋向集成化、物联化。集中体现在真实性识别溯源技术研究和信息追溯技术这两个方面，可以对农产品的每一个环节进行查询和追溯，保证来源可溯、去向可查。随着近年来物联网技术的发展，信息追溯技术已经获得很好的发展，趋于智能化和网络化。红外光谱技术、DNA 指纹图谱技术、核磁共振技术、代谢指纹图谱技术均是农产品质量安全检测的代表性技术[96]。

8.2.3　农产品检测体系建设中的不足

8.2.3.1　检测体系监管职责划分不一

有的地区成立了专门的农产品质量安全监管领导小组，设立了农产品质量安全监管办公室，负责检测站抽检和数据统计工作；有的将监管职责划归食药监部门管理，有的将监管职责划归农业农村部门。

8.2.3.2　检测人员配备和管理缺乏标准

从事基层农产品质量安全检测的技术人员缺乏统一的上岗要求，且在人员的管理、考核和培训等方面缺少统一的标准。

8.2.3.3　产品的送检抽检缺乏规范性要求

农产品生产企业和农民专业合作经济组织，应当自行或者委托检测机构对农产品质量安全状况进行检测，经检测不符合质量安全标准的农产品不得销售。但是目前看来，初级农产品生产主体主动送检意识不强，产地检测主要依靠抽检来完成，相关法律制度的不完善也导致送检和抽检缺乏硬性要求。

8.2.3.4　检测设备和检测手段落后

进行农产品质量检测离不开检测设备的使用，而目前只有在省、市级的农产品质量安全检测中心有较好的检测设备。很多地区存在检测设备不齐全、不配套等情况，不能保证检测结果的准确性。我国已经制定了一系列的农兽药用量检测标准，这些标准涵盖了从色谱到质谱再到串联质谱的检测手段，检测范围和检测准确度都有大幅提升。由于农产品检测任务巨大，且检测对象多为蔬菜水果，具有不易保存等特点，加之考虑到地区经济状况和仪器成本问题，基层农产品检测方法大都仍为快速检测方法，快速检测方法弥补了实验室定量检测费时费力的缺点。然而在新形势下，快速检测手段的检测范围和精度已不能满足农产品质量安全监测的需求。例如，农药残留快速检测只能检测有机磷和氨基甲酸酯类的残留，随着国家对某些农药的禁售用和农药的更新换代，导致目前使用传统的快检手段，无法检测到腐霉利、烯酰吗啉、噻虫嗪、溴氰菊酯等常用农药品种。

8.2.3.5 抽样环节缺乏科学统一的标准

抽样是农产品质量安全检测的重要步骤，是保证监测结果客观公正和准确可靠的重要环节。做好农产品产地检测抽样的标准统一，既能保证监测结果的可靠性，又能提供较好的横向可比性，从而为整个地区乃至全国的农产品质量状况分析提供依据。目前抽样环节主要在以下几个方面缺乏统一的标准：

（1）产地检测抽样品种及频次。因各地种植习惯不同以及不同农作物发生农药残留的概率不同，如果不能科学地设置标准，而是简单地设定一律的抽样比例，不仅会造成有限检测资源的浪费，还会造成最终检测数据的失真。

（2）种植户抽样频次选择。各地在确定抽样地块时缺乏统一的标准，靠随机选择的方式，甚至直接由抽样人员主观选择，易导致检测数据缺乏公正性和可靠性。

（3）采样方法。农产品产地检测的采样方法缺乏统一的标准，不同的采样方法会对检测结果造成较大的影响，如当不同地形、不同作物、有无设施等影响因素存在时，传统的对角线法、五点法等抽样方式该如何选择，缺乏科学的研究。

（4）取样部位选择。作物不同部位的农药残留量不完全相同，不同作物品种之间更是千差万别，检测部位的选择会直接影响到检测数据的可靠性。

8.2.3.6 产地检测与市场准入标准不统一

目前有关于农产品质量安全的法律均未强化农产品的产地准出与市场准入的概念和内涵，农产品产地准出和市场准入运行的法律可操作性和强制性不足。造成产地准出与市场准入衔接不顺畅的原因，除了法律层面的因素，还在于检测方法与判定依据的不统一。

8.2.3.7 信息发布不规范

信息发布在农产品质量安全检测体系建设中是至关重要的。随着信息化社会的不断发展，一些农产品质量安全信息都通过网络方式发布。目前我国的农产品质量安全检测体系还不够完善，相关的网站、网页繁多，但是其内容相对较少，网站内容更新缓慢。信息发布得不规范或不完全会导致群众不能及时得知农产品的质量情况[97]。

8.2.4 优化农产品检测体系建设策略

8.2.4.1 强化检测体系标准化研究及应用

健全检测体制机制，进一步明晰农产品检测职能部门，制定标准全面的检测系统性文件，对人员配备、送样抽样规则、检测方法选择、实地检测操作规范等做出明确要求，构建布局合理、定位明晰、运行高效的农产品检测体系。与标准体系、农业化学投入品控制体系、可溯源体系等有机结合，为农产品产地准出提供准确可靠的技术支撑。完善配套政策法规，落实质量主体责任，提高生产主体的农产品自检能力和意识。对接市场准入标准，做到产地检测与市场准入检测互信互认，主动加强国际合作，寻求国际化标准研究与制定。

8.2.4.2　创造良好完善的检测机制

想要更好地开展质量检测工作，除了要求技术人员具有一定能力外，还需要良好完善的检测机制提供帮助。首先应制定科学的质量安全检测流程；其次深入田间，全面了解实际生产情况；最后加强制度建设，针对质量检测工作环节及检测效果等做出明确标准，从而制约相关人员行为。另外，还需要积极引入先进检测手段，并灵活结合引入的先进技术，调整优化管理制度，从而进一步完善检测机制，使其与实际更为契合。

8.2.4.3　完善基础检测设施建设，更新检测技术手段

针对新形势下的农产品质量安全要求，检测站应配备新型检测设备并采用先进的检测方法。统筹检测资源与任务，配备一定数量的定量检测设备，形成有效辐射范围。相关机构应充分结合技术发展程度，不断利用先进技术设计更为先进的检测设备，从而补充完善原有检测方法，并借助先进理论优化更新传统的检测设备，使其更加符合实际需求。针对不同农作物或检测任务特点，可采用定量检测与传统快速检测相结合的检测模式。可将实验室定量检测技术应用于快速检测领域，并采用可移动的定量串联质谱快速检测设备。虽然设备价格昂贵，但是其检测项目极广，操作迅速，能大幅度提升农产品检测能力。此外，该设备移动便捷的特点能够大幅度增加单台设备的服务范围，一定程度上弥补其价格昂贵的缺点。农残快速检测对比如表8-1所示。

表8-1　农残快速检测设备对比

设备种类	可移动式农残定量快速检测设备	农药残留快速检测仪（酶抑制率法）
仪器价格	300万~500万元	2000~30000元
耗材价格	基本不需要其他耗材费用	试剂盒300~1000元（500次/盒）
检测成本	若设备无维修，则基本无检验成本	0.6~2元
可检测农残范围	可检测各类农残300余种（农残库可继续更新）	有机磷、氨基甲酸酯类
检测精度	百万分之一（mg/kg级）到十亿分之一（ng/kg级）	百万分之一（mg/kg级）
检测时间	整个操作时间约3分钟	30分钟（可支持多通道）

想要实现检测设备和检测技术的优化，经济支持必不可少。因此，相关部门应科学调整资金分配比例，做好做实预算，从而保证在开展农产品质量安全检测工作优化过程中获得足够支持。

8.2.4.4 规范信息发布

农产品质量安全检测信息可以通过网络途径及时发布，便于让更多人了解农产品安全的信息，并且充分发挥人民群众的监督作用。政府要加强对农产品的信息技术交流，在产品质量、安全检测等方面可以利用网络的方式向社会提供免费的查询服务，让检测结果在阳光下公开。

8.2.4.5 搭建智慧化监测平台

农产品智慧化监测平台利用大数据、互联网、GIS 等技术，通过收集、加工、整理标准信息，构建农产品质量安全技术标准指标等数据库，有机整合检测体系、标准体系、可溯源体系、信用体系等模块，为农产品质量安全控制决策的制定提供科学依据。根据智慧化平台的相关指标，产地检测任务的发布将更为科学合理，得到的检测数据更加可靠和有代表性。

此外，利用监管平台的接口可与市场抽检数据对接，对于不合格率密集的产品种类和检测项目，可相应地调整检测任务，尽可能地避免不合格农产品进入市场，这也为产地准入凭证的市场认可提供了思路；与海关检测数据和国际技贸措施信息相结合，通过检测任务的发布与实施，可有针对性地对农产品的出口风险进行分析，有效规避国际贸易壁垒，降低出口损失。农业投入品监管体系流程如图 8－2 所示。基于 GIS 技术的智慧化农产品监测大平台结构如图 8－3 所示。

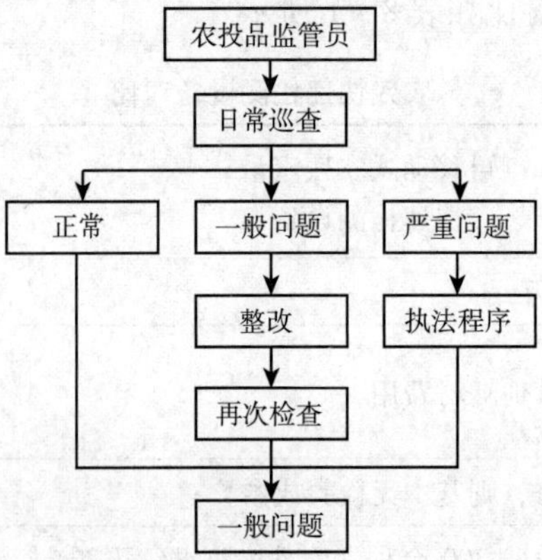

图 8－2　农业投入品监管体系流程

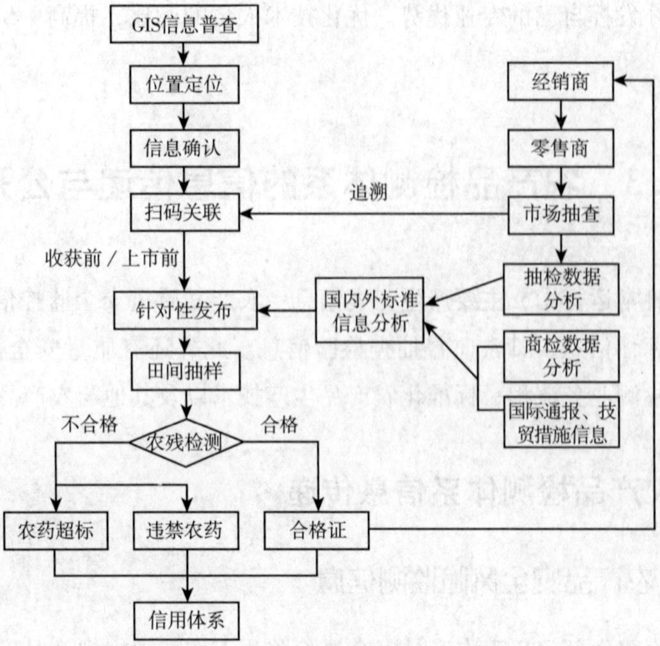

图 8－3　基于 GIS 的农产品监测平台结构

8.2.4.6　与合格证制度有机结合

农产品合格证制度是推动农产品产地准出和市场准入顺畅衔接的有力凭证，是国内农产品质量安全管理的发展趋势。在合格证制度下，农产品检测体系具有了新的职能：检测站通过统一标准、检测服务前移等监控手段，对生产主体进行日常监管、指导和培训，对整个种植过程进行风险监测、监督抽查，定期或随机以农药残留和兽药残留为主的食品检测将对合格证的有效性进行验证[98]。

8.2.4.7　加强检测人员队伍建设

部分检测人员自身实力不足，对先进的检测手段掌握不足，从而导致工作效率相对低下。而农产品质量安全检测工作中，技术人员不可或缺，质量控制人员、检测人员、数据分析人员等都具有独特价值，具有不可替代的作用。农产品检测机构人员技术水平直接影响着农产品质量安全检测机构作用的发挥。因此各地农业主管部门应加强检测中心人员队伍建设，提供较多的岗位编制，引进相关专业人才，提高特岗津贴补助力度，确保检测人员可以安心、静心、专心地从事基层检测工作。检测机构还应加大检测人员的培训力度，建立更为全面可行的完善的培训制度，高度重视对相关人才的培养、吸纳，通过组织参加专业培训、现场观摩、跟班学习和技术比武等方式，提高检测人员的专业技术水平和法律法规意识。同时定期组织检测人员开展技术交流学习座谈会，鼓励大家畅所欲言，结合实际情况进行技术分析，从而实现共同进步。另外，需要合理安排人才。将技术岗位和管理岗位分离，让人才发挥自己的专业优势。优化技术人员的配比，提高中级以上技术人员的占比。

8.3 农产品检测体系的信息传递与公开

在检测机构日常运行中，主要产生三类信息：农产品质量安全监控信息、农产品质量安全风险监测与评估信息、日常监督抽查检验信息。此外还有质量安全标准、检测技术、地方政策法规、检测业务流程、标准化农产品生产技术以及其他与农产品相关的信息。

8.3.1 农产品检测体系信息传递

8.3.1.1 农产品安全风险监测信息

县级以上政府卫生部门负责农产品安全风险监测工作，承担农产品安全风险监测工作的机构根据区域农产品安全风险监测计划以及监测方案开展风险监测工作，技术机构要保证监测数据的真实性、准确性，并按照农产品安全风险监测计划以及监测方案的要求报送风险监测数据和风险分析结果。农产品安全风险监测结果显示可能存在农产品质量安全隐患的，县级以上人民政府卫生部门需要及时将相关的信息通报给同级的农产品药品监督管理等部门，并同时报告给本级人民政府以及上级人民政府的卫生部门，最终国务院卫生部门根据农产品安全风险监测结果，可能存在安全隐患的，组织相关单位、人员进行农产品安全风险评估。

8.3.1.2 农产品安全事故信息

县级以上人民政府质量监督部门、农业部门等在日常监督管理中发现农产品安全事故或者接到事故报告后，应立即向本级农产品药品监督管理部门通报。发生农产品安全事故，接到报告的县级人民政府农产品药品监督管理部门则需要按照应急预案的规定向本级人民政府和上级人民政府农产品药品监督管理部门报告。县级以上卫生部门发现与农产品安全相关的信息应及时向本级农产品药品监督部门报告。

8.3.1.3 农产品质量安全监测

县级以上人民政府农业主管部门按照农产品质量安全的要求，制定并组织实施农产品质量安全监测计划，对生产中或者市场上销售的农产品进行监督。监督抽查结果由国务院农业行政主管部门或者省、自治区、直辖市人民政府农业行政主管部门按照权限予以公布。

8.3.1.4　农产品安全风险交流

县级以上人民政府的农业部门、农产品药品监督部门、卫生部门、质监部门应该经常进行农产品安全风险交流。省级以上人民政府卫生行政部门、农业行政部门应当及时相互通报农产品、农产品安全风险监测信息。国务院卫生行政部门、农业行政部门应当及时相互通报农产品、农产品安全风险评估结果等信息。农产品检测体系内部信息传递过程如图 8-4 所示。

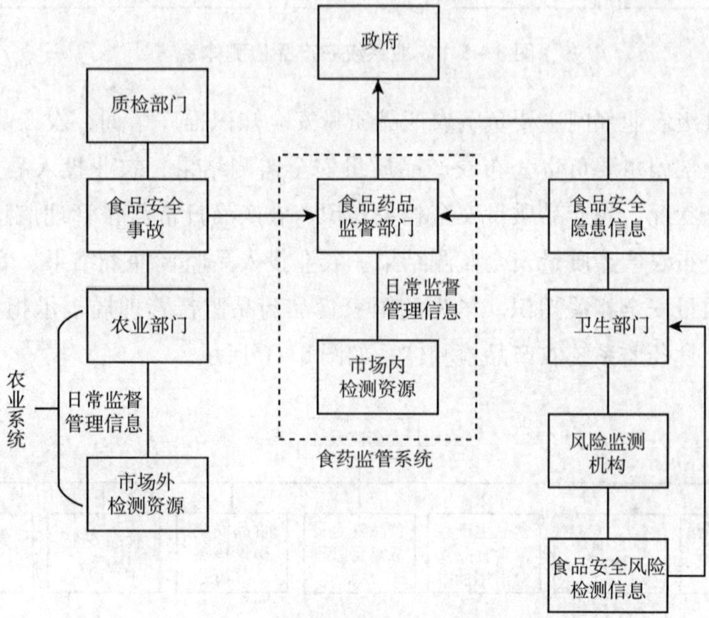

图 8-4　农产品检测体系内部信息传递过程

8.3.2　农产品检测体系信息公开

县级以上地方人民政府全面负责本行政区域的农产品安全监督管理工作，统筹、协调本行政区域的农产品安全监督管理工作以及农产品安全突发事件应对工作，建立健全农产品安全全程监督管理工作机制以及信息共享机制。各级人民政府负责加强农产品安全的宣传教育工作，普及农产品安全相关知识，鼓励社会各类组织、基层群众组织以及农产品生产经营者进行农产品安全法律、法规以及农产品安全标准的学习及质量安全知识的普及。此外，还要组织农产品安全相关部门制定本区域农产品安全年度监督管理计划并向社会公布。

县级以上地方人民政府的农产品药品监督部门负责公布农产品质量安全日常监督管理相关信息、农产品生产经营者农产品安全信用档案信息、日常抽检信息、农产品安全风险评估信息、农产品安全舆论核实分析等。此外，农产品安全风险警示、农产品不安全结论等信息由省级及以上农产品药品监督部门负责公布。农业系统农产品检测体系如图 8－5 所示。

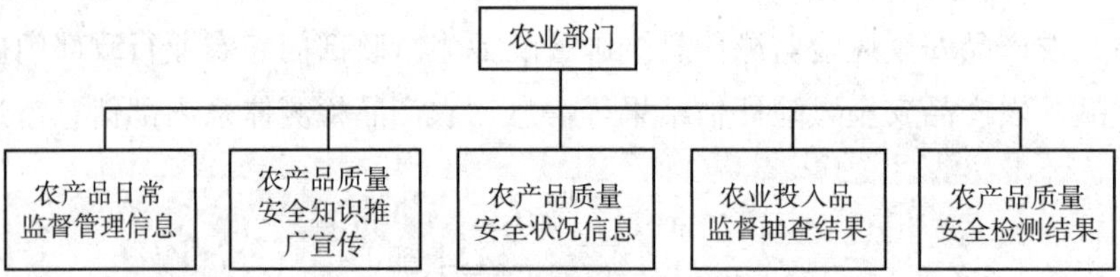

图 8－5　农业系统农产品检测体系

地市级及县级农业部门主要负责农产品质量安全知识推广培训、农产品日常监督管理信息。省级农业部门主要负责公布农产品质量安全监测结果、农业投入品监督抽查结果、农产品质量安全状况、农产品质量安全相关知识、农产品日常监督管理信息。国务院农业部门主要负责公布农产品质量安全监测结果、农业投入品监督抽查结果、农产品质量安全状况、农产品质量安全相关知识。早先的国家食品药品监督管理局也承担了部分农产品、食品检测职能，食药监系统农产品检测体系如图 8－6 所示。

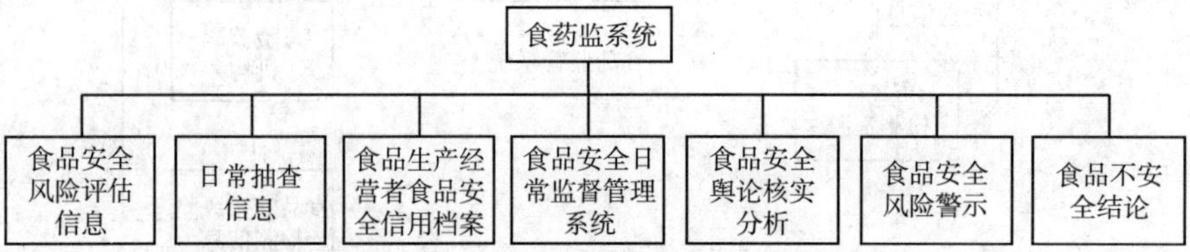

图 8－6　食药监系统农产品检测体系

8.3.3　检测信息公开监管策略

通过博弈假设以及建立博弈模型和系统动力学（system dynamics，SD）模型，对多种策略进行仿真分析，可以得出各种策略在不同的信息公开条件下对检测系统的影响结果。

8.3.3.1　双重惩罚策略

在惩罚固定的情况下，当惩罚力度与违法概率相关时，动态惩罚策略可以快速稳定混合战略博弈的均衡，但是该策略对于信息延迟的情况并不能起到很好的波动抑制效果。双重惩罚策略可以有效地改善正常情况下博弈模型纳什均衡难以稳定的问题。

（1）检测部门获得信息延迟。检测部门获取信息延迟情况下，采取双重策略并不会使博弈达到稳定状态，但是可以促进双方博弈收敛，有利于增加系统稳定性。

（2）主管部门获取信息延迟。主管部门获取信息延迟的情况下，采取双重惩罚策略能够促进博弈过程的稳定性。

（3）双方信息延迟情况。主管部门与检测部门都存在信息延迟的情况下，采取动态惩罚策略会使系统稳定性增加。

信息对称情况下采用双重惩罚策略对于系统稳定有着较好的促进作用，能够使双方博弈迅速稳定；而且信息不对称情况下，采用双重惩罚策略虽然不能使博弈均衡稳定，但增加了系统的稳定性。因此，可以认为采取双重惩罚策略有助于提高系统的稳定性。

正常情况下，采取双重惩罚策略可以有效解决系统博弈过程不稳定的问题，但双重惩罚策略参考系数的选择至关重要；信息延迟情况下，采取双重惩罚策略虽然不能使系统博弈稳定，但可以大幅度降低系统博弈过程的波动性，增加系统稳定性。

8.3.3.2　时间延迟反馈控制策略

（1）惩罚力度调控。主管部门引入时间延迟反馈控制系统以后，对处罚力度进行调控，检测部门信息公开的积极性可以迅速达到稳定状态，且稳定均衡点比未引入时间延迟控制系统时要高，主管部门监管力度出现同样的变化，说明此种策略对于系统是有着积极意义的。

（2）监管力度调控。主管部门根据所得到的检测部门信息公开积极性的信息，调控自身纳什均衡策略的监管力度。

引入时间延迟反馈控制系统以后，对主管部门监管力度进行微调，可以有效控制系统稳定性，而且可以发现：微调幅度越大，系统稳定速度越快，信息公开积极性越高，但不同微调幅度下，主管部门监管力度基本没有变化。

8.3.3.3　信息延迟情况下调控策略

（1）惩罚力度调控。主管部门获取信息延迟情况下，引入时间延迟反馈控制策略以后，对处罚力度进行调控，在合适的调控参考系数下，能够有效地提升系统的稳定性，并且能够提升信息公开积极性。

（2）监管力度调控。主管部门获取信息延迟情况下，采取时间延迟反馈控制策略对监管力度进行调控。此策略可以提升检测部门信息公开积极性，并对系统稳定性有一定的提升，但需要主管部门提升监管力度，并对其反应速度有一定的要求。这降低了其监管力度的稳定性，主管部门并不一定希望出现这种结果。因此，可以认为信息延迟情况下，通过时间延迟反馈系统来调控主管部门监管力度并不是一个有效措施。

不存在信息延迟情况下，采取时间延迟反馈控制策略，对监管力度或者惩罚力度进行微调，能够有效提升系统稳定性，提高信息公开积极性；存在延迟情况下，设置合理的调控参考系数对惩罚力度进行调控，能够有效提升系统稳定性，但监管力度调控策略失效。

（3）社会、媒体等第三方监督模式分析。社会需求高于检测部门最大积极水平信息公开的产出或者低于检测部门最低积极水平信息公开的产出时，社会监督对于系统的影响较小；社会需求在检测部门最小与最大积极产出之间时，检测部门信息公开积极性增加，主管部门监督力度稳定速率加快，且社会需求越大检测部门信息公开积极性越高，主管部门监督力度稳定速率越高。

信息延迟情况下，社会监督有可能会增加双方博弈均衡点，但会降低整个系统的稳定性。

检测部门积极公开信息能够满足社会需求时，社会监督对于系统有着较好的促进作用，能够有效地提高检测部门信息公开积极性。社会需求过高或者过低的情况下，社会监督对于系统的作用并不明显，而且存在信息延迟时，社会监督会降低系统的稳定性[99]。

8.4 农产品检测信息共享

8.4.1 检测信息共享的含义及动力模型

8.4.1.1 农产品检测信息共享的含义

信息具有客观性、时效性、共享性、可传递性和可再生性。共享包含共有、同享、参与等含义。它是资源的所有方、资源价值、共享过程共同作用的结果。

检测信息共享含义包括两个方面：一是在信息资源的积累和建设时期有共同参与、共同建设的理念，避免重复建设；二是在信息资源的使用上提倡共享，在最大程度上提高使用效率，发挥最大效益，避免部门之间的信息分割。农产品检测信息共享系统是指运用现代信息技术，通过市场机制、政策法规体系和有效的管理运行机制，实现农产品检测信息在农产品生产企业、检测机构、监督机构和消费者之间共享。

农产品检测体系信息共享，主要是指农产品检测部门之间通过技术标准、检测数据、工作流程、风险监控、研究成果、政策条例等与农产品检测相关的信息的互相交流，提升自身的检测能力、风险监控能力，优化工作流程、精简重复性检测监控工作，从而降低部门日常运行成本，提升部门对于农产品质量安全的监督力度。检测部门分属于不同农产品主管部门，负责不同阶段农产品检测工作，同一主管部门下的检测部门可以通过检测部门合作、上级部门的协调来促进相互之间的信息共享，而不同主管部门的检测部门信息共享则需要相互之间的利益协调。此外，所讨论的信息共享都是在两个检测部门共享所得收益大于共享成本情况下进行的，即信息共享可产生额外收益，如果信息共享收益小于共享成本，那么系统就不可能有内在动力使其运行下去，信息共享也就无法长期运行。

8.4.1.2 农产品检测信息共享的动力模型

国内有学者提出迫使质量安全检测信息共享的动力可分为引力、压力和推力三个方面。引力模型是指随着用户对信息的需求增加，质量安全信息的价值得到充分体现，信息升值，从而要求对质量安全信息进行分配；压力模型是指随着经济的发展和人民生活水平的提高，公众对日常生活中农产品的质量安全日益关注，政府也有责任公开相关质量安全信息保障公众的知情权，舆论和政府责任要求实现农产品质量安全信息的共享；推力模型是指信息技术的高速发展推动了信息共享的发展，使得质量安全检测信息的共享变得容易[100]。在现实中，这三种模型通常是相互作用的，这三种模型的耦合模型如图 8－7 所示。

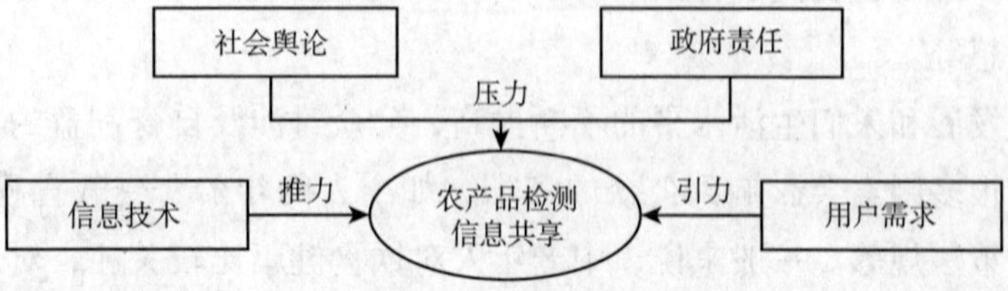

图 8－7　耦合模型

8.4.2　农产品检测信息共享的要素及供需分析

8.4.2.1　农产品检测信息共享的要素

构建农产品检测信息共享系统包含的要素有多个，一般至少包括检测信息资源、组织管理、共享政策法规、共享技术和用户需求[101]。农产品检测信息资源主要来自企业内部的检测信息、企业委托第三方检测机构检测的信息、监督机构的抽查信息。由于农产品检测信息共享是一项比较大的工程，涉及农产品生产企业、检测机构、监督机构等，需要一个管理员系统来组织管理，确保系统能够正常运行。因为农产品检测信息的自然属性和社会属性，所以要实现农产品检测信息安全可控的共享还需要符合现有的政策法规体系；共享技术是农产品检测信息共享系统实现的手段，根据合适的共享模式设计相应的软件架构，实现检测信息的增删改查和共享功能；用户需求是推动检测信息共享的动力，公众不仅想获取检测信息的统计数据，还想得到更加详细的检测信息。

8.4.2.2　农产品检测信息供需分析

农产品检测信息具有以下几个特征：它是一种公共信息，具有层次性、动态性和时效性。农产品检测信息的公共信息特征决定了它的共享性，需要政府部门向公众发布；由于农产品检测信息涉及的内容比较宽泛，在共享中要考虑不同层次的用户需求，提供与其所在地相匹配的检测信息；农产品检测信息是不断变化动态发展的，系统要保证检测信息能够及时录入系统，并向公众共享。

对农产品检测信息的供给可以理解为：农产品生产者、监督机构在一定时期内无偿向公众提供真实可靠的检测信息，以达到为社会谋福利、提高企业竞争力的目的。这里主要包括两个方面，一是企业要自愿公开相关信息，监督机构根据相关法律法规公开检测信息；二是提供的信息要能保证真实可靠，不会对公众造成误导。

农产品生产企业提供的检测信息主要有企业内部的自检信息和第三方检测机构的检测信息。有条件的企业一般都有检测部门，能够提供比较多的企业内部检测信息，但是有可能缺少权威性；委托第三方检测机构检测的信息会比较少，但是更具有权威性。监督机构一般情况下会定期发布一些抽查信息。通常情况下，农产品企业会为了提高企业竞争力愿意共享检测信息，但是也受到多种因素的影响，如政策法规、检测成本、期望回报、社会舆论、企业责任感等。

随着经济的发展和人们生活水平的不断提高，公众对涉及自身利益的质量安全检测信息日益关注。有很多因素会影响到公众的需求，如个人的年龄、受教育程度、产品特征、信息化水平和政策法规等。一般来说，中老年人对饮食健康比较关注，对信息的需求比较大。公众自身的态度也会影响信息的需求，信息化水平高的地方公众获取信息比较方便，对信息的需求会相对较多，而农村偏远地区信息化水平比较低，需求会相对少一些。

公众对检测信息的需求已不只是统计上的数据，还想获取到具体某一检测项目的详细信息。农产品生产企业对于检测信息也是有需求的，因为如果能够获取到其他同行详细的检测信息，就能了解到竞争对手产品的品质，从而确定自己的产品在同行中所处的水平，对提升企业竞争力和产品定价有很大的帮助。监督机构平时对农产品的监管主要来自抽查，如果能够获取到企业的内部检测信息，就能了解该企业的产品品质，有利于监管机构对农产品市场的监管。

8.4.3 检测信息共享模式

目前，信息共享的模式主要有三种：信息传递模式、第三方代理模式和信息平台模式[102]。信息传递模式是共享成员之间建立的信息系统，一方成员把从其他机构传递过来的信息存放在自己的数据库中共享。信息传递模式如图 8-8 所示。

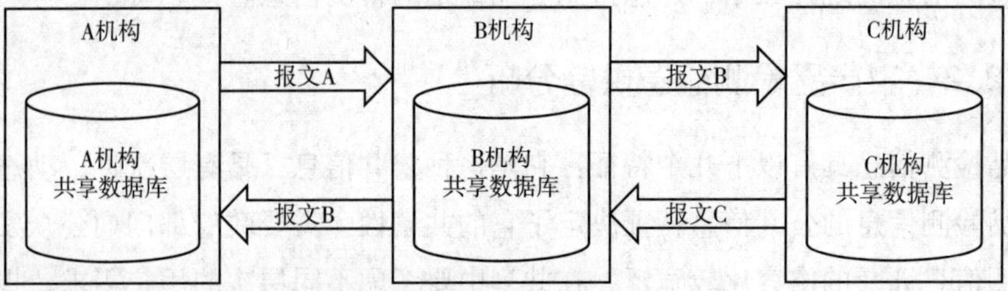

图 8-8 信息传递模式示意

第三方代理模式是由共享成员以外的第三方代理收集信息、保存信息和加工信息，并为整个共享成员提供服务的模式。该模式是在特定时间段内按照特定的要求向使用者提供特定信息。第三方代理模式如图 8-9 所示。

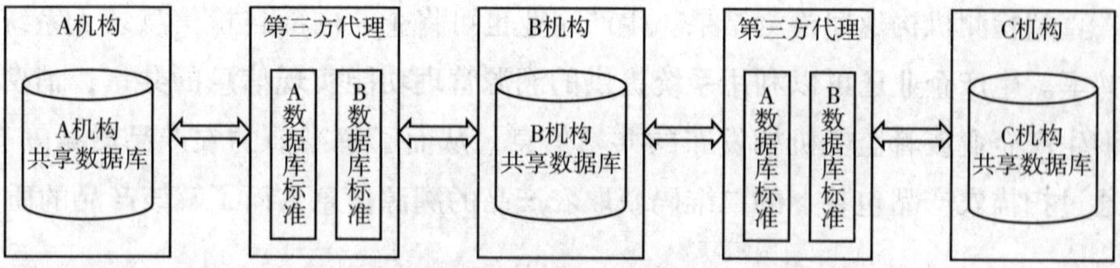

图 8－9　第三方代理模式示意

信息平台模式与第三方代理模式的区别是用信息共享平台取代了第三方代理及其信息系统。共享成员各机构内部数据库和信息共享平台间的数据传输、处理由计算机自动完成。信息平台服务商只对平台运行进行开发维护，不提供具体的信息服务，共享信息的内容、要求等由共享成员商定。信息平台模式如图 8－10 所示。

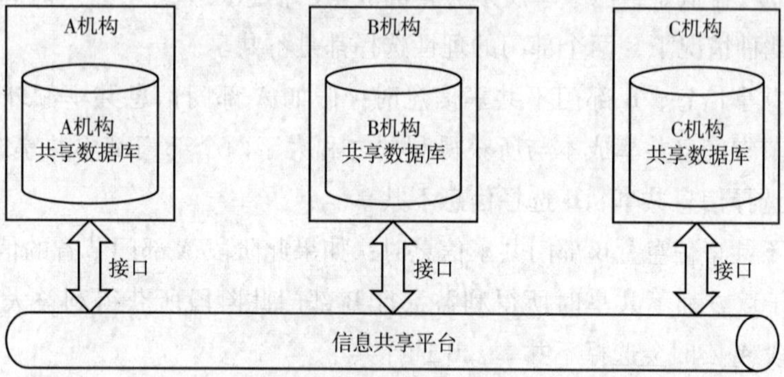

图 8－10　信息平台模式示意

采用信息平台共享模式具有实时性好，共享程度高，共享方式集中，同时还可引入平台服务商参与等优势，因此，国内对于信息共享模式的研究大多采用信息平台的共享模式。信息共享方式的效率对比如表 8－2 所示。

表 8－2　　　　信息共享方式的效率对比

信息共享类型	成本	实时性	共享程度	共享方式	参与方
信息传递模式	高	一般	中	分散	共享机构成员
第三方代理模式	低	一般	中	集中	第三方代理
信息平台模式	高	好	高	集中	平台服务商

检测信息共享平台涉及的角色有管理员、监督机构、检测机构、农产品生产企业和消费者。管理员主要负责用户的审核和系统的日常管理；监督机构可以将抽查的检测信息录入系统，并选择是否共享抽查信息，也可监督农产品生产企业的检测信息；检测机构主要完成农产品生产企业的检测预约，并将检测信息返回给生产企业；农产品生产企业根据自己的检测需求选择检测机构，并在网上完成预约，根据检测机构的时间安排将样品送至检

测机构，直到检测机构返回检测结果。生产企业也可将企业内部自检信息录入系统，并选择是否共享。生产企业还可以利用系统提供的溯源管理功能实现信息的共享；消费者可以浏览查询生产企业或者监督机构发布的共享信息，从而了解当前的农产品质量安全现状，也可以通过扫描农产品包装上的二维码获取农产品的溯源信息从而了解该产品的质量[103]。

8.4.4 检测信息共享机制

8.4.4.1 一般性检测体系信息共享

1. 一般性检测体系信息共享博弈结果

当信息共享参与方有一方共享自己的信息，而另一方不共享自己的信息时，如果信息共享方所获得的收益低于自己共享所须分担的成本，信息共享方下一个时间点将不会共享自己的信息。此种情况下，两个部门的理性选择都是不共享。

当A部门共享信息，B部门不共享信息时：假如A部门信息共享额外收益大于其成本，且B部门节省信息共享成本与所获得利益之和大于两个部门都不共享时所得利益时，下个时间点A选择信息共享，B选择信息不共享。

当A部门不共享信息，B部门共享信息时：如果此阶段A部门节省的信息共享成本与获得的利益大于双方都不共享时所得利益，且B部门此阶段所获得利益大于信息共享成本，下个时间段A依旧会选择不共享，B选择共享。

若A部门共享信息，B部门不共享信息情况下，B部门所得利益与节省成本之和小于两者都不共享时所得利益；或B部门共享信息，A部门不共享信息情况下，A部门所得利益与节省信息共享成本之和小于两部门都不共享信息所得利益时：两个部门会同时选择共享信息。

2. 一般性检测体系信息共享SD模型仿真结果

无论双方初始信息共享积极性处于什么状态，最终博弈结果稳定状态都是双方部门放弃共享。双方共享所产生的增值效果大于共享的总成本，信息共享是有利可图的，但最终结果却是双方都不共享。因此，依靠双方自主进行，是无法完成信息共享的，此时就需要依靠外力来改变系统稳定状态。

(1) 降低信息共享成本。部门信息共享成本包括信息共享建设成本、组织结构改变成本、信息整合费用、信息共享过程中消耗的各种人力物力以及时间成本和风险成本。由于检测部门的差异性，其共享成本有所不同。

(2) 提升信息共享的利益。部门可以通过技术引进、人员培训、经验总结等方式提升共享信息的利用率，使信息共享的收益提高。

当检测部门采用“对方共享己方不共享”所能够获得的收益与节省的信息共享成本之和小于“双方同时共享”所能得到的收益时，其就有动力去稳定信息共享策略，否则无论双方部门初始选择何种策略，最终结果都是双方不共享信息。此外，当信息共享收益远远高于成本时，检测部门都会共享信息。

8.4.4.2 主管部门参与的检测体系信息共享

1. 主管部门参与的检测部门信息共享博弈结果

在既定环境下，检测部门信息共享策略很难主动稳定至（共享，共享）状态，而降低成本、提高共享收益受到外界环境的制约，且很难在短时间内产生效果。此时，检测部门信息共享需要一定的外界压力。

假设 1：检测部门的主管部门会采取一定措施，促进检测部门进行信息共享，而且主管部门有两种策略选择：软策略、硬策略。

假设 2：实施软策略时主要做法是给予信息共享部门一定的财政补贴，从而影响信息共享部门的经济利益，但信息共享部门是否共享信息依然由部门自己抉择。实施硬策略时主要靠行政强制力、行政处罚等，实施硬策略时信息共享部门都会选择共享自身的信息，同时硬策略可能会使检测部门产生抵触情绪，对信息共享采取敷衍态度，降低整体信息共享价值。

当主管部门采取惩罚措施时，假设有两个检测部门 A、B，这两个检测部门为了维护自身利益不受损失，不可能对惩罚措施置之不理，都会采取一定的行动来使自身不受处罚。

一方共享另一方不共享时，共享方所得共享利益小于其共享成本，因此只需要考虑硬策略下对两个部门同时处罚时，主管部门损失利益是否大于软策略下的补贴成本，大于补贴成本则选择软策略，小于补贴成本则选择硬策略。

无论任何情况，都不可能出现以下五种情况：

（1）主管部门实施硬策略、B 检测部门共享信息、A 检测部门不共享信息这种稳定状态。

（2）主管部门实施软策略、B 检测部门共享信息、A 检测部门不共享信息这种稳定状态。

（3）主管部门实施硬策略、A 检测部门共享信息、B 检测部门不共享信息这种稳定状态。

（4）主管部门实施软策略、A 检测部门共享信息、B 检测部门不共享信息这种稳定状态。

（5）主管部门实施软策略、A 检测部门主动共享信息、B 检测部门主动共享信息这种稳定状态。

当 A 检测部门和 B 检测部门同时主动选择信息共享时，说明 A、B 两检测部门信息共享所得利益足以弥补其信息共享成本，此时主管部门最好选择实施硬策略，避免财政投入的浪费。

2. 主管部门参与调控的检测体系信息共享 SD 模型仿真结果

无论主管部门和两检测部门初期选择何种策略，最终也只会有两种稳定状态，即（不共享，不共享，软策略）、（共享，共享，硬策略）。无论两检测部门初始策略如何选择，主管部门实施硬策略可以使系统达到（共享，共享，硬策略）这种稳定状态；当两检测部门在初期都选择实施共享策略时，无论主管部门在初期选择何种策略，系统最终稳定策略都是（共享，共享，硬策略）。

3. 主管部门利益分成策略分析

在现实情况中，检测部门信息共享并没有相关法律法规的强制性要求，主管部门如果对其进行干涉则会考虑自身利益问题，无论采取软措施还是硬措施都会从维护自身利益出发。假设主管部门会从检测部门信息共享获得收益如工作效率提升、日常成本降低等，主管部门就会利用这部分收益来作为处罚成本或者财政奖励。采取动态惩罚以及动态财政补贴策略时，无论参与主管部门和两检测部门初期选择何种纯策略，三方稳定策略选择为（共享，共享，硬策略）。

主管部门根据预期信息共享产生的效益而决定处罚或者补贴力度时，无论主管部门和检测部门初期选择何种策略，最终稳定策略只有一种，即检测部门共享信息、主管部门制定相关处罚制度。但当共享成本过高时，主管部门此种调控策略失效。

8.4.4.3 不同主管部门检测体系信息共享

以上检测部门信息共享是检测部门属于同一主管部门情况下的信息共享，经过主管部门的调控策略，检测部门之间可以较为容易达到（共享，共享）这种稳定状态，但对于分属不同主管部门的检测部门之间信息共享来说，要想达到（共享，共享）这种稳定策略，存在三个难点：其一是双方之间的信任关系；其二是利益分配难以协调；其三是主管部门调控策略难以实施。此时，就需要参与信息共享双方签订相应的合同来保证信息共享的进行。

1. 信息购买合同

假设 1：A 检测部门根据需要向 B 检测部门购买信息，B 检测部门共享的信息是根据 A 检测部门需求而进行的，即 A 检测部门需求哪一类信息，B 检测部门就共享哪一类信息，绝不共享多余的信息。

假设 2：A 检测部门购买信息需要一定的费用，而且购买信息情况下，A 检测部门购买信息产生的信息价值绝对大于或者等于购买信息的费用，当 B 检测部门不购买信息时，增加额度为 A 检测部门所付信息服务费用，B 检测部门购买信息时，双方信息服务费用相同，相互抵消，双方部门信息共享额外收益不变。

建立 SD 模型仿真分析得出结论：随着信息服务费用的变化，A、B 两部门共享概率也随之变化，但总体来说两个部门很难达到（共享，共享）这种稳定状态。

2. 保证金合同

双方在签订合同时，上交一部分保证金，共享信息则保证金予以返还，否则扣除保证金，将保证金给予信息共享部门。

建立 SD 模型仿真分析得出结论：随着保证金额度的增加，检测部门信息共享概率逐渐由稳定至 0 转变为稳定至 1，且额度增加系统状态稳定不变。

信息购买合同只能改变单方面策略选择，无法使两个检测部门达到同时信息共享的状态；保证金合同可以使两个检测部门同时快速地达到信息共享状态。

第 9 章　农产品供应链信息服务平台

9.1　云计算应用框架

9.1.1　云计算及其优势

云计算（cloud computing）是继传统客户端——服务器模式之后出现的又一技术巨变，被认为是第四次 IT 浪潮。美国国家标准技术研究院（NIST）将其定义为“一种便捷的、无处不在的且能够按需对每一个共享的可进行配置的计算资源（如服务器、存储、网络、应用和服务）进行网络访问的模式。云计算能够通过最低程度的互动或最少量的管理来实现计算资源的快速分配和释放”[104]。作为一种基于互联网的 IT 服务模式，云计算转变了传统的资源增加、使用和交付模式。“云”变成了虚拟化的资源[105]。“云”的使用者不需要了解“云”的基础架构，也不需要具备信息方面的专业知识，所有服务都将会由“云”提供[106]。对于云计算的认知和理解，可以用服务和技术的概念进行区分。云计算只是一种服务的概念，而不是技术。

9.1.1.1　云计算的特征

作为服务，云计算具有以下五个关键的特征：

（1）虚拟化的资源池：根据用户的需要，对虚拟和物理资源进行动态的分配和管理。

（2）按需服务：用户在需要服务时可自行配置计算能力，定制所需要的计算服务。

（3）通用接入：通过网络，“云”能够支持各种标准的接入手段进行接入。

（4）弹性架构与服务：“云”能够提供弹性的架构和服务。

（5）可测量服务：“云”的服务是可以量化的。

9.1.1.2　云计算的优势

针对以上特征，云计算的优势可以概括为以下几点：

（1）脱离了摩尔定律的束缚。摩尔定律认为终端性能的提高受限于芯片性能的提升，但是“云”性能的提升并不是依赖于芯片体积的变小来实现的，而是通过扩大“云”的规模来实现，即计算机分布式集群的方式[107]。

（2）大规模的数据存储能力。云计算模式是计算机集群模式的体现，大批量的计算机集合能够保证大数据的存储能力，同时能够实现智能备份和实时监测，提高系统的稳定性，减少系统发生宕机的概率[108]。

（3）多样化数据处理能力。云计算环境下，可以对文字、语音、图片和视频等多媒体数据进行采集、存储和复杂性处理分析，突破了数据仓库对于数据规范性的限制要求，很大程度上方便了农产品信息资源的存储和加工。

（4）以类似基础设施类（如水电网等）的收费模式为客户提供 IT 资源和服务，即可以采取按时或者按次的方式对客户的使用进行收费。因此，客户不再需要承担昂贵的硬件和维护费用，云计算模式具有分布式、可伸缩式的扩充能力，能够为客户节约信息化建设所带来的成本。

（5）多方式泛在接入。云服务是虚拟的存在，用户可以在世界各地，利用其手中的各种终端设备（手机、笔记本、平板电脑等）随时随地接入和使用服务。

（6）服务弹性化。云计算所提供的 IT 服务规模能够通过快速伸缩的方式来适应业务负载的动态变化。用户使用的资源与其需求保持一致，有效地避免了服务器性能冗余或过载所造成的资源浪费或服务质量下降的情况。

云计算服务模式的出现不仅是技术上的一大进步，更重要的是改变了 IT 技术的使用和分配方式。对于缺少足够的财力和人力资源的中小型企业来说能够以较低的成本武装自己，同时也能间接推动企业内部的业务流程再造（business process reengineering，BPR）过程。

9.1.2 云计算的架构

云计算是分布式计算（distributed computing）、网格计算（grid computing）、并行计算（parallel computing）、网络存储（network storage technologies）、虚拟化（virtualization）、负载均衡（load balance）等传统计算机技术和网络技术发展的融合产物。云计算的主要作用在于通过网络的连通将众多成本相对低廉的计算实体融合成一个具有强大计算能力的完美系统，结合当前对云计算应用的研究，可以将云计算的体系架构分为三层：核心服务层、服务管理层和用户访问层（见图9-1）。

9.1.2.1 核心服务层

核心服务层又可以分为三个子层：基础设施即服务（infrastructure as a service，IaaS）、平台即服务（platform as a service，Paas）、软件即服务（software as a service，SaaS）[109]。表9-1是对这三层服务的比较。

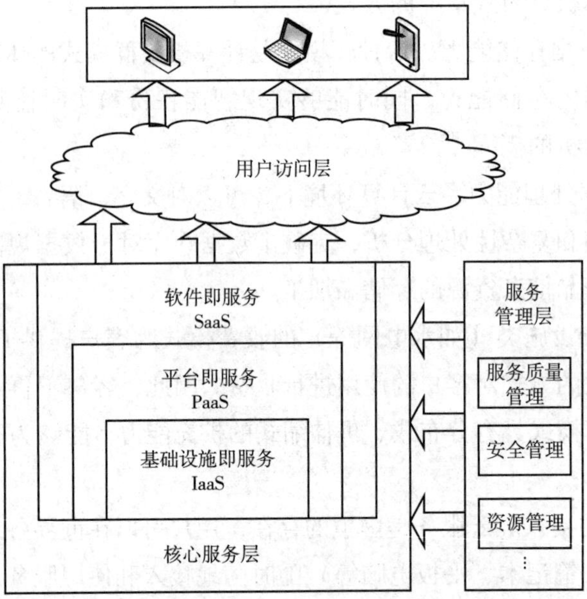

图 9－1　云计算架构

表 9－1　IaaS、PaaS 和 SaaS 的比较

服务	关键技术	服务对象和使用方式	应用实例
IaaS	数据中心管理、资源分配管理	需要硬件资源服务的客户上传环境配置信息、数据要求、程序代码	Eucalyptus、Amazon EC2
PaaS	数据处理、资源调度和管理	应用程序开发者上传开发代码和数据	Microsoft Azure、Google App Engine
SaaS	互联网应用、Web 服务技术	需要 IT 服务的单个用户或者企业上传数据	Salesforce CRM Google Apps

IaaS 层是云计算的基础，通过建立数据中心，IaaS 层主要用于为上层提供资源和服务。用户通过向 IaaS 层服务提供商提交关于配置基础设施的有关信息、运行基础设施的相关代码以及与自身相关的用户数据，获得对 IaaS 层服务的使用权，例如 IBM 的蓝云（blue cloud）、Amazon 的弹性云（elastic compute cloud）等。

PaaS 层是为云计算中的应用程序提供可靠的运行环境，比如虚拟服务器和操作系统，能够方便开发者部署和管理相关服务。不同于传统的系统开发，开发者需要关注底层的网络架构、资源分配和操作系统管理等。在 PaaS 环境下开发者只需要上传相应的代码和数据便可使用服务，例如 Microsoft 的 Azure 平台和 Google 的 App Engine。

SaaS 层基于 PaaS 层所开发的应用程序，单个用户或者企业可以通过租用 SaaS 层服务来解决涉及 IT 方面的问题，例如企业可以通过租用微软的 Hotmail 服务建立自己的企业级电子邮件服务。该服务的资源部署、数据存储等均由微软完成，企业无须承担硬件和维护费用，将服务逐渐从桌面端转移到云端，实现了应用的“云”化[110]。

简单来说，可以用一个形象的比喻来概括云计算中 IaaS、PaaS 和 SaaS 的关系。如果把云计算变成日常使用的手机，那么 IaaS 就是硬件，手机的电池、芯片等，需要自己写代码做系统研发才能使用；PaaS 则是指手机硬件和手机系统已经齐全，但是如果要实现浏览网页、听歌等功能还需要装软件或定制开发软件；而 SaaS 则是硬件 + 系统 + 软件的完整体系，你只要选择你需要使用的功能即可。

IaaS、PaaS、SaaS 在功能侧重点和功能范围上都存在着差异，根据各层次所采用的服务模式的不同，其与底层基础物理设施的支撑关系，可以简化为从低到高的不同层次，如图 9 - 2 所示[111]。较高层次的服务可以基于基础物理设施独立建立服务，也可以借用较低层次所提供的服务资源建立服务。实际上，随着服务层次的不断上移，服务的需要和功能满足条件逐渐呈现递增被包含关系，如 SaaS 需要同时考虑底层（IaaS、PaaS）的实现以及应用的具体功能实现和优化。

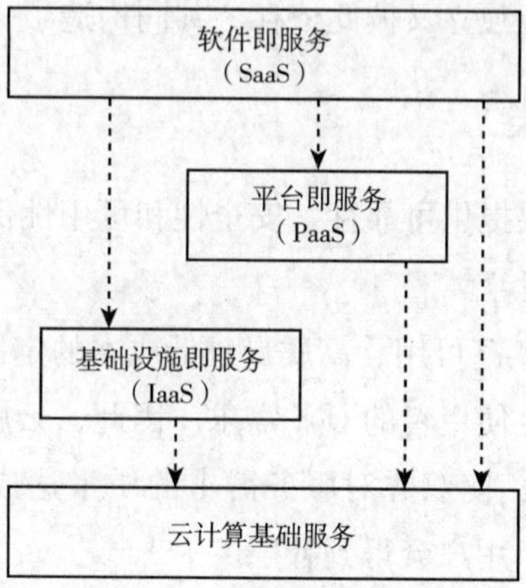

图 9 - 2　云计算服务层次

与计算机网络体系中的层次结构划分相同，云计算体系结构中的每个层次也都能实现一定的功能，且层与层之间有一定的关联性，是不可以分割的。任何一个层次不能在没有其他层次为其提供必要的服务和支持的情况下单独完成客户的请求。因此，单独的 IaaS、PaaS 或者 SaaS 就不再属于云计算。同样，如果只是简单地把分散管理的数据中心的服务器集中起来，进行集中式管理，这种方式尽管在管理上有很多优势，却不属于云计算[112]。虽然云计算体系结构中的层次是不可以分割的，但是整个云计算的服务集合层次是可以进行分离的，即按照服务类型云计算的服务层次可以划分为 IaaS、PaaS 和 SaaS 等商业模式。

未来云计算的发展方向将形成一个以云基础设施为核心，涵盖服务平台、云基础软件和云应用服务等多个层次的全球性 IT 服务网络，如图 9 - 3 所示。

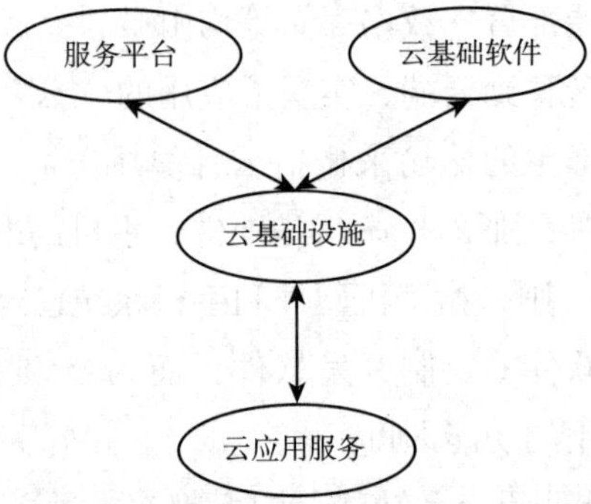

图 9-3　云计算服务网络结构

以人体来比喻，基础物理设施则是人体的神经中枢，具有强大的数据分析和处理能力；服务平台和云应用软件则是人体的骨骼和内脏，用来提供通用且基础性的服务，例如云搜索、云数据管理、云操作系统等；云应用服务则是人体的血肉皮肤，用来提供与人们日常生活和工作息息相关的各类应用服务，例如云地图服务、云文档服务、云电子邮件等。各个层次的服务之间相互独立又彼此依存，共同构造了一个动态稳定的结构。

9.1.2.2　服务管理层

服务管理层向核心服务层提供可靠性、安全性和可用性保障。其中服务管理包括安全管理和服务质量（QoS）保证等。

（1）云计算需要能够提供高可用、高质量且低成本的定制化服务，但服务平台结构复杂且规模庞大，难以完全满足使用者的 QoS 需求。因此，云服务提供商需要与用户相互协商制定服务等级协议（SLA），使双方对服务需求的质量达成统一的意见。当服务提供商未能提供约定质量的服务时，用户会得到补偿。

（2）云数据的安全保护是用户关心的一个重要问题。云计算数据中心所采用的资源集中管理方式导致服务平台存在单点失效的问题，即存储在云数据中心的重要数据会因为不可抗力事件或攻击事件而出现泄露或丢失，从而影响服务的发生。例如索尼（Sony）的 Play Station Network（PSN），出现宕机后，数百万用户将在此期间无法登录游戏，而用户对此是无能为力的，只能选择暂时不玩 PSN。因此，根据云计算的特点，研究云环境下数据的安全和隐私保护（如访问控制、隐私保护、数据隔离等）至关重要。

（3）除服务质量保证、数据安全和隐私管理外，服务管理层所管理的内容还包括对云服务资源的管理和分配以及如何针对服务进行计费等，这些管理对云服务的维护起着重要作用。

9.1.2.3　用户访问层

用户访问层用来实现用户对云服务的泛在访问，用户可以通过 Web 服务、门户或者命令行等形式访问所需的服务。Web 服务和命令行能够提供应用程序接口（application programming interface）给终端设备，便于多种服务的组合应用。门户访问是指用户随时随地通过浏览器访问数据和程序，实现用户桌面的互联网化，提高了工作效率。虽然通过访问接口能够方便地使用云服务，但是由于不同云服务提供商提供的API标准不同，致使用户数据不能在不同的云服务提供商之间自由迁移。因此，开发统一的云计算接口（unified cloud interface，UCI）以实现云服务的无缝衔接工作至关重要。

9.1.3 云计算的部署模式

结合云计算中核心服务的层次模型可以看出，SaaS、PaaS和IaaS是松耦合的，不存在固定的安全边界。这增加了数据安全和隐私威胁的隐患。同时由于云计算数据中心采用的是资源集中式管理方式，云计算平台通常存在单点失效的隐患，即保存在数据中心的数据会因为不可抗力事件（地震、断电）、黑客攻击而导致数据丢失或泄露。更甚者，云计算模式直接导致用户不再对应用环境和存储数据拥有完全的控制权。因此，云计算的部署模式被分为以下三种：

（1）公有云模式：以按需收费方式公开提供云服务（如Salesforce的CRM应用平台等），为用户提供了极大的便利，但这种模式下，用户数据被保存在服务提供商的数据中心，存在数据安全不能保障、用户隐私泄露等一系列隐患。

（2）私有云模式：企业或组织机构自行构建服务平台，在这种情况下用户和数据中心属于同一个信任域下，数据的安全和隐私能得到有效保障，但由于企业资源有限，数据中心规模往往不及公有云，影响了顶层服务的弹性和可扩展性。

（3）混合云模式：混合云模式以私有云为主，用户将关键数据存储在私有云上，当私有云负载过重时，通过购买临时公有云，以保证服务质量。可以说，混合云有效地结合了公有云和私有云的特点，通过统一的接口标准，保证了服务的无缝连接和迁移。混合云结构如图9-4所示。

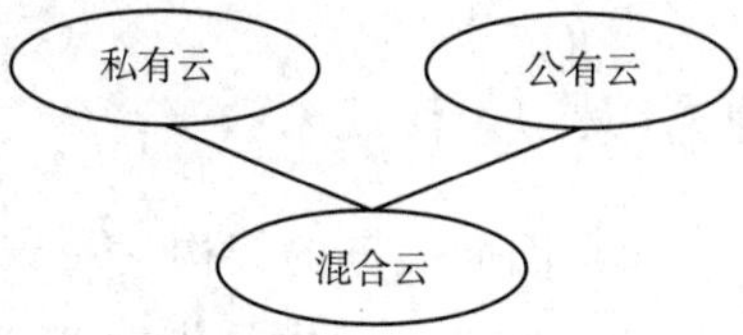

图9-4 混合云结构

9.1.4 云计算的关键技术

云计算的技术实质是计算、存储、服务应用、服务器等软硬件资源和通信技术的虚拟化，其实现的两个关键因素是：数据存储和分布式计算。因此，云计算从本质上来说是分布式计算和数据分布式存储，其关键技术主要有：虚拟化、资源管理、大数据处理、计费与运营管理、数据安全、网络安全等。

9.1.4.1 虚拟化技术

虚拟化技术是实现云计算的关键技术，通过对应用系统进行不同层次的隔离（软件、硬件、数据、网络存储），以打破数据中心、存储、服务器、物理设备之间的物理划分，其目的是实现动态化架构，能够集中管理和动态使用虚拟资源，从而降低成本，减少管理风险。虚拟化技术能够使多台计算机看起来像一台计算机以实现集群的统一管理、调配和监控。

9.1.4.2 数据存储技术

云计算需要并行地为多用户提供服务，因此云计算的数据存储技术必须具备高传输效率、高吞吐效率和分布式管理的特点。目前云计算方式的数据存储技术主要有 HDFS（Hadoop distributed file system）和 GFS（Google file system），本章将 HDFS 作为农产品数据的云存储工具。

9.1.4.3 数据管理技术

云计算需要实现对海量数据及信息的管理，并进行相关分析，因此云计算管理技术需要实现高效的云计算读取速率和更新率。Hadoop 系列的开源数据管理模块 HBase 和 Google 的 BigTable 是目前比较好的数据管理技术。

9.1.4.4 虚拟资源的调配和管理

云计算的重要特征就是将计算、存储、软件和网络等计算机资源进行高度整合，使其集成资源池，通过中间件实现对虚拟资源池的统一调度和管理，主要包括：任务管理、资源管理和用户管理等。

9.1.4.5 云计算的业务接口技术

云计算下的主要业务接口技术是面向服务的架构（service-oriented architecture，SOA）和 Web 服务组合。通过网络访问的云服务，通常是借助 Web 服务组合实现的，在面向服务的架构下，云服务被部署在分布式平台上，用户可以通过统一的访问接口访问各种云服务，当用户在云平台上请求一个满足一定的服务质量（QoS）的云服务时，云平台能够及时、快速地响应。

9.1.4.6 云计算的安全技术

尽管云计算有诸多优势，但其安全问题一直备受关注，云计算的安全技术主要包括数据加密、用户隐私保护、网络安全、基础设施安全等，它们都是保障云计算安全的重要手段，同时也需要云计算标准、法律法规等手段的支持。

9.2　物联网与智慧农业

9.2.1　物联网

物联网是在计算机互联网的基础上，通过无线数据通信技术、RFID 技术等构造的一个覆盖世界万物的网络。在这个网络上，无须人的干预，物体之间就能够实现相互交流，其实质是通过众多传感器终端的信息汇聚和交互，并通过互联网实现互联共享，以实现智能化的识别、跟踪、定位、监控和管理。在物联网中，任一物体都可以实现寻址、控制和通信。

当前物联网实现信息采集和获取的技术手段主要有：无线传感器技术、RFID 技术、网络通信技术、卫星定位技术等。

9.2.1.1　无线传感器技术

在物联网中，传感器是信息采集和获取的重要设备，传感器通过物理、生物、光学、化学等效应，获取被测物体的相关数据，并通过相应的技术和数据转换协议输出可用的数据。

9.2.1.2　RFID

无线射频识别（radio frequency identification，RFID）是一种新型的无线通信技术。在不需要建立物理或者光学接触的情况下，通过无线电信号来识别指定的目标并读取或写入相应的数据，其最早的发展起源是雷达技术的延伸和应用[113]。21 世纪至今，随着 RFID 产品种类的不断丰富和发展，RFID 技术的应用规模也在不断扩大，涉及应用行业的数量也在不断增加，特别是在美国军方宣布其军备物资将使用 RFID 技术来识别及跟踪，以及世界零售巨头沃尔玛宣布大规模使用 RFID 技术后，RFID 技术的研究和应用被大大推动[114]。典型的 RFID 系统一般由三个重要部分组成，分别是电子标签（tag）、读写器（reader）和后端服务器（backend servers），RFID 系统如图 9 – 5 所示。

9.2.1.3　网络通信技术

物联网是互联网发展的延伸，与互联网相同，物联网也离不开网络通信技术的支持，网络通信技术为物联网提供了数据传输的通道，主要包括网关技术、交换技术、组网技

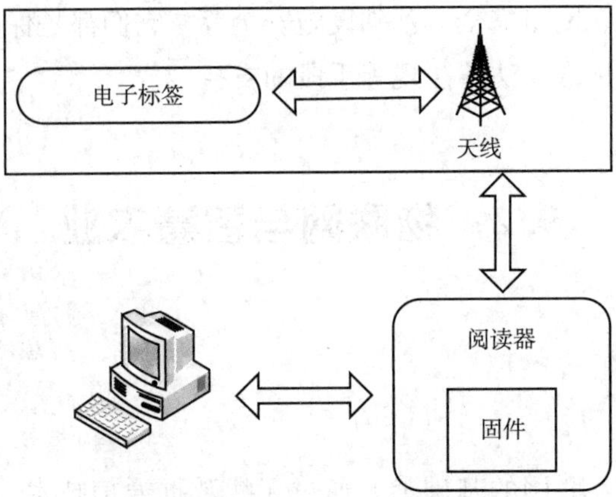

图 9-5 RFID 系统

术、无线及有线技术，目前物联网常规的通信技术是 M2M（machine to machine）技术，即机器与机器进行通信。网络通信技术旨在实现更快、更优、更宽的网络传输。

9.2.2 农业物联网

农业物联网是在农业的生产、加工、流通、销售和服务过程中，充分利用各类感知设备，例如 RFID、无线传感器、全球定位系统、视频终端等，对畜禽养殖、田间种植、渔业水产养殖、园艺、病虫害监测、农产品质量追溯、物流管理等领域进行信息采集，然后通过信息网络进行信息的传输和归集，再由相应的专业系统进行分析，最终实现自动化生产和管理、最优化控制、在线电子交易、智能化物流，达到优质、高效、生态、安全的农业发展目标。农业互联网可以划分为三个层次：信息获取层、信息传输层和信息应用层。

（1）信息获取层通过传感器终端进行数据的采集，获得作物长势、畜禽生长状态、动物行为、土壤质量等数据，其主要由各类传感器节点所构成。

（2）信息传输层依赖于各类通信协议，以有线或无线传输的方式，通过局域网、广域网将数据传输到管理平台或数据中心。

（3）信息应用层对存储在管理平台或数据中心的信息进行处理和分析，以实现科学的农业管理。

目前，农业物联网在智慧农业中的应用包括：农作物生长环境实时监测、畜禽生长状况跟踪、农业灌溉和施肥、气象的监测等。

9.2.3 农业物联网中的数据类型

农业物联网涵盖了农业生产、流通和销售等多个环节，其中农业生产是农业物联网中最重要的一个部分，囊括了种植业、养殖业、畜牧业、林业、水产业等多个不同领域，其生产过程中产生的各类植物、动物的初级产品或者其加工品被统称为农产品。按照农业传统，农产品被划分为六大类：果蔬和花卉产品、畜禽产品、水产品、林产品、粮油和其他农副产品。根据是否以土地为基本生产要素划分，又可以分为种植类农产品和养殖类农产品两大类。因此农业生产过程的数据可以分为种植类农业数据和养殖类农业数据。

9.2.3.1　种植类农业数据

种植业是农业生产过程中的重要组成，对种植类农业数据的采集主要包括土壤信息、苗种信息、农药信息、病虫害信息、施肥信息以及灌溉信息等数据。此外，由于种植业是以土地为主要生产资料，除了农作物本身的数据信息外，还包括大量的环境信息，例如气象信息、地理信息等。

9.2.3.2　养殖类农业数据

养殖业是利于已经被驯化的动物，如猪、牛、羊、鸡、鸭或者其他野生动物的生理机能，通过圈养繁殖，以获取肉、羊毛、蚕丝等畜产品的生产活动。对养殖类农业数据的采集主要包括农场信息、幼崽信息、药剂信息、饲料信息、疫病信息等。与种植类农业数据相同，养殖类农业数据中的环境信息也至关重要，养殖的品种不同，对环境的要求也不同。

农业流通和销售过程中的数据伴随着农产品的变化而变化，而农业流通和销售中的数据则主要包含了物流信息、市场价格、消费习惯、质量安全、政策法规、农业区域形态等，它们能与生产过程中的数据相互作用及影响。

9.2.4　智慧农业及其概念框架

互联网、云计算、物联网的发展引发了数据的爆发式增长，数据的增长速度变得越来越快、容量变得越来越大、结构也变得越来越复杂。从这些海量、复杂的数据中可以发现知识、提炼智慧，从而创造更多的价值。可以说在这样一个大数据的时代，数据就是价值的基础，可以产生智慧。数据在交通业的应用能够催生智慧交通，在电力业的应用能够催生智慧电力。毋庸置疑，农业领域的大数据亦将产生农业智慧，促进智慧农业的发展。

智慧农业是农业发展过程中的高级阶段，它依托互联网、云计算、物联网技术及专家智慧等实现农业生产流通过程中的智能决策、智能分析、专家指导、智能物流等管理，最高效率地利用各种农业及社会资源，最大限度地降低农业成本、减少对生态环境的破坏，实现农业发展的整体最优目标。它是一种以农业全产业发展、农业全过程智能化为泛在特征，以全自动化生产、智能化管理、最优化控制、系统化物流及电子化交易为主要方式的高效、高产、生态和优质的现代农业发展模式[115]。

农业资源短缺、环境污染加重、农产品种类需求多元化、农产品质量等诸多问题致使农业的发展陷入瓶颈，传统的农业发展模式已经不能满足农业可持续发展的需要。相比于传统农业，智慧农业的最大特点是利用先进的技术和科学的管理进行资源的最优化管理，将农业看成一个有机联系的整体，从而促进和实现农业系统的全面均衡发展。

现代智慧农业主要包括农产品种植养殖环节、生产加工环节、仓储运输环节、销售以及政府监督环节等。农产品种植养殖环节是通过无线传感器网络实现精细化管理（远程监测、专家诊断等）；而生产加工、仓储运输、销售及政府监督主要是以农产品身份及流通信息为基础，实现农产品的信息化管理。因此，智慧农业的主要内容可以归结为以下三个方面：

（1）通过无线传感器网络，对农业生产过程中的环境参数进行采集，如光照、CO_2浓度等；利用远程监控实时获取农产品的生长状况信息并了解其生长环境等，随后由系统将各类参数及数据汇总。经过分析后，系统不仅可以精确地遥控农业基础设施（灌溉、施肥等），满足农产品生长的各项要求，也可以合理规划农产品生产内容，科学指导生态轮作[116]。

（2）通过物联网技术，如 RFID 电子标签，构建农产品安全溯源系统，实现农产品的透明化管理，做到农产品的全流程可追溯，提升农产品的附加价值，促进优质农产品的品牌建设工作。

（3）通过大数据分析，挖掘我国农业资源间的搭配关系、最佳协作途径和发展潜力，依靠农业大数据的驱动，促成农业“全要素、全过程和全系统”的生产销售一体化的格局。

9.3 农产品信息服务云平台的设计

9.3.1 农产品信息服务云平台设计原则

农产品信息服务平台要同时面对不同用户群体以及不同的业务需求，因此要想建设一个具有良好社会效益的平台，平台的设计应该遵循以下原则：

（1）系统性原则。首先要根据农产品信息服务平台的特征进行系统的规划，在建设过程中要系统考虑及整体规划，使得不同的系统能够很好地集成到农产品信息服务平台上；然后对平台提供的服务进行系统化分类和组织，建立起完善的导航服务，让用户能够快速地获取所需要的服务。

（2）实用性原则。农产品信息服务平台的建设要根据用户的需求，最大限度地整合区域范围内的农业资源，向用户提供集成化的服务。平台的信息采集和发布要注重实用原则，所提供的内容要能够满足用户生产过程和科研活动中的需求。

（3）易用性原则。农产品信息服务平台面向的用户群体包括政府、农产品相关企业和农户，不同的群体对信息的需求和服务的要求存在差异。在平台的设计过程中要充分考虑不同用户群体的使用习惯和个性化特征。尤其对于农户群体来说，他们的知识面不广，获取信息和服务有一定的困难。因此在平台设计过程中要充分考虑平台的易用性，简化信息和服务获取的方式，提高信息服务的效率。

（4）综合性服务原则。农产品信息服务平台的建立能够为不同的用户群体提供一站式的服务。综合性服务原则是为了更好地整合农业资源，实现农业信息的共享，提高平台的服务能力，最大限度地满足不同用户群体的需求。

（5）可扩展性原则。农产品信息服务平台的构建应当充分考虑用户需求的不断变化、数据的不断累积以及技术的不断更新迭代，因此在规划和设计农产品信息服务平台时，应当充分考虑平台的可扩展性，从长远角度考虑，利用模块化设计的方式，同时预留扩展服务的接口，当平台的功能需求发生变化的时候能够方便地增加所需服务，降低维护成本。

（6）安全性原则。大数据时代下，数据的安全对于平台的使用和发展至关重要，农产品信息服务平台应当具备数据系统安全和访问安全的技术措施。

（7）低成本原则。IT系统的触角已经逐渐延伸到农产品领域的方方面面。基于云计算的农产品信息服务平台能够有效地降低IT成本。一方面系统建设初期的投入将大幅减少；另一方面，对用户来说，农产品信息服务平台可以帮助他们实现自动化的应用管理，降低了系统的运维成本。

9.3.2　农产品信息服务平台流程

传统的农产品管理是基于经验法则的。例如，如果今年某种农产品的销量较好，那么通常农户明年就会加大此类产品的生产；如果哪个区域今年某种农产品销量好，那么通常企业明年就会加大对此地域的供应量。这类基于“如果……则……”的经验法则的判断将无法适应市场的动态变化，一旦出现不可抗力事件，如对某产品的负面新闻等，就会造成农产品的滞销等情况，同时也不能满足对农产品质量安全进行监督管理的需求。

农产品信息化管理与经验法则不同，通过流程化的语言和科学化的数据分析，有效地规划农产品生产、加工、流通和销售的全过程，同时能够实现实时监督农产品质量安全的需求。农产品信息服务平台的流程管理涵盖产品培育、包装、流通、销售和分析等的全过程，可归结为“输入→数据存储→可视化→数据分析→指导”。

（1）数据输入。农产品信息服务平台的三方参与者（农户、企业和政府）通过手持终端（RFID阅读器）、客户端等信息化工具采集农产品生产、流通及销售等环节中的所有信息。例如，在物流运输过程中，除了RFID标签所采集的车辆、出入库信息等，运输车辆所搭载的GPS系统也能及时反馈地理位置信息。

（2）数据存储。根据前端设备所收集的数据，按照电子标签数据、图像数据、生产日志和市场数据等类别存储在数据库中。

（3）可视化。它指对存储在数据库中的数据进行最基础、最直观的多维度展现，其中包括产品信息、环境信息、物流信息、检测记录、销售信息等多个不同的维度。

(4) 数据分析。将数据进行抽取、转换和装载(extraction-transform-load, ETL)[117]操作,建立数据模型或依赖于第三方的数据分析工具对存储的数据进行深入的挖掘,发现数据的潜在价值。

(5) 指导。基于大数据的分析,数据带来的价值能够反馈到整个生产、流通和销售环节中,可以根据对销售数据的统计和分析,制订生产计划和进行市场划分;根据物流反馈信息制订新的供应配送计划;根据质量安全监督环节中所出现的问题,改善农产品生产环境和技术,提高农产品的质量,发展现代农业。

9.3.3 农产品信息服务平台的系统架构

为了解决基于RFID技术的溯源系统所面临的问题,扩展其应用范围,提升其应用能力,笔者在云计算服务层次理论的基础上提出了基于云计算的农产品信息服务平台实施架构。在该服务平台架构下,各类农产品信息、物流仓储信息、销售信息、政府信息等被高效统一地整合,并应用先进的数据处理、分析和统计技术对其进行"云"化的管理,满足不同参与群体的需求。借助该服务平台,农产品的参与主体——农户、企业、科研机构和政府,能够更好地进行协作,实现各方利益最大化的目标。

该服务平台主要以提供农户、企业、科研机构和政府基于云的各类服务为目标,包括农产品数据交互层、平台服务层、农产品数据存储服务层和集中管理平台。

9.3.3.1 农产品数据交互层

该层被部署在SaaS层,这层的作用是通过物联网、RFID阅读器和全球定位系统等将服务按需要提供给农户、企业或者政府等。农户和企业通过RFID、无线传感器等物联网系统可以添加或者查询农产品综合信息,或者进行在线交易等。同时利用手机App、网页浏览器和客户端等,政府可以追踪农产品流通、交易记录以及市场信息,对农产品质量安全的监督和管理能起到巨大作用。政府也可以通过建立农产品质量监督网站或App等方式,让消费者更多地参与农产品质量安全的管理。企业可以分析市场环境,合理安排生产供应,更加高效地利用和发挥自身优势资源,同时也能深入挖掘潜在的市场。农户可以查询农产品培育和养殖技术,实现科学养殖的目标;能够及时获得市场信息,例如价格等,减少了因与市场信息不对称所带来的损失。除了承担数据交互的任务,部分农产品企业或者政府机构还可以通过该层提供大众化的应用服务,如农产品企业可以提供交易类的App,促进企业自身电子商务潜力的发展,而政府则可以提供一些查询类的App或者服务等使个人能够更加快捷地获取信息等。

9.3.3.2 平台服务层

该层被部署在PaaS层,这层的作用是将应用集成、应用开发、应用运行和环境部署的能力以服务的形式提供给用户。平台服务层对开发和处理能力进行了封装，为更上层的服务提供基础。在农产品信息服务平台的实施架构中，平台服务层被进一步划分为数据安全服务、应用集成服务、应用开发和运行服务、环境管理。

（1）数据安全服务。平台服务层利用数据安全模块提供数据真实性、完整性和安全性的解决方案。涉及农产品的所有数据和平台的使用者（主要为农户、企业和政府）在与该平台进行数据交互时都要进行安全机制的验证，以防止对数据恶意的攻击和破坏。

（2）应用集成服务。该服务集成了众多的共同组件，通过几乎“零代码+数据”或者“少量代码+数据的”方式自定制开发应用服务，实现了平台的横向弹性可扩展性。其中服务包括农产品数据处理模块、专家服务/知识库模块和农产品解决方案模块。

农产品数据处理模块：包括数据转化、数据统计、数据分析和数据共享服务。

专家服务/知识库模块：农产品数据经过处理后，可以在该模块中进行统一的管理，同时农业领域的专家人员可以通过农产品数据交互层更新专家知识，最后通过模糊逻辑或人工智能技术等为农产品解决方案模块进行服务。

农产品解决方案模块：将农产品解决方案（培育养殖计划、销售计划、配送及物流计划等）以用户语言的方式进行展示，可以是文字、图片等。来自农户、企业或政府的三方群体则利用农产品数据交互层的应用来获取这些解决方案。

（3）应用开发和运行服务。该服务提供对操作系统和相关服务的访问，包括软件开发工具包（software development kit，SDK）、文档、计算机平台等。有实力的企业或者政府机构可以按照自己的实际需求，利用平台服务层支持的编译语言和工具开发应用程序并部署到云中。在这种情况下，他们并不需要管理或者控制底层基础框架，例如某企业想要开发农产品物流管理的系统，便可以在该平台服务层进行开发，而无须购买大量的服务器和其他硬件资源。此外，应用开发和运行服务可通过企业服务总线（enterprise service bus，ESB）支持第三方的系统集成服务，例如地理信息系统、ERP系统、天气预测系统等。

（4）环境管理。它指包括测试环境、运行环境等在内的环境部署，在平台服务层进行开发的企业或政府机构无须为网络、存储和服务器等资源而操心。

9.3.3.3 农产品数据存储服务层

该层被部署在IaaS层，这层的作用是将底层的虚拟机、网络和存储等资源作为服务提供给用户，在农产品信息服务平台中，主要用户是企业或者政府机构。该服务层被进一步划分为农产品数据中心、物联网网络、服务器资源以及其他信息资源。

（1）农产品数据中心。农产品数据中心解决了数据集中化管理的难题，同时由于我国地域广阔，如果各地各自建设信息系统，会带来巨大的基础设施成本压力，采用多数据中心的方式，解决了系统重复建设的问题。在虚拟化服务的支持下，通过虚拟机对运行环境进行封装，用户、企业和政府能够实现数据中心资源的共享和资源的按需获取。简单来说，共享的数据可以按照权限被多用户获取，与此同时，用户也可以建立自己专有的数据中心，例如企业需要存储产品目录或者销售信息等。因此，农产品数据中心可以提供高可用、高可靠、规模可伸缩的个性化服务。农产品信息服务平台涵盖的数据大致可分为专业知识、图片、统计数据和商业信息。

（2）物联网网络。农产品信息服务平台的主要数据来源是基于RFID、无线传感器的物联网络，为达成全国范围内农产品数据的及时采集，基于物联网技术所构建的网络将十分庞大，部署在IaaS层的物联网系统网络管理模块将集中管理物联网络，以服务的方式管理网络，合理分配网络资源，保证有效地数据采集和网络共享。

（3）服务器资源。以服务的方式对用户进行出租，企业或者相关政府机构可以直接租用部分服务器资源，用以存储、开发甚至在上面部署自己的专有平台，例如企业可以借助IaaS提供的基础资源，建立自己的电子商务网站，实现“互联网+”的目标。

（4）其他信息资源。农产品信息服务平台是基于大数据完成的，RFID标签、无线传感器等在整个农产品信息化管理中作为主要的数据集成角色的重要性不言而喻，但是对于维持整个农产品信息服务平台的综合服务而言，也需要获取其他的数据资源，例如在农产品运输过程中，平台通过集成GPS系统获取实时的交通信息，从而可以合理地规划行车路线。

9.3.3.4 集中管理平台

它的主要目的是有效地管理整个服务平台，并确保整个服务平台能够安全稳定地运行。集中管理平台包含用户管理、安全管理、服务管理、资源管理、客户支持等。

9.4 基于大数据的农产品信息服务平台的构建

9.4.1 农产品信息服务平台的功能设计

农产品信息服务平台构建的主要目标是：为不同用户群体提供农业信息共享和服务，提供在线培训和技术交流平台，提供农产品信息在线交易平台，同时实现农业方面科研的交流和合作。结合当前我国农业中的用户层次以及发展的需求，可将平台划分为九个子系统模块，分别是系统管理子模块、农技百科子模块、在线培训与指导子模块、在线交易与管理子模块、农业生产与管理子模块、综合信息与服务子模块、农业科研与合作子模块、质量监督与管理子模块等。一些典型的农产品信息服务平台功能如图9－6所示。

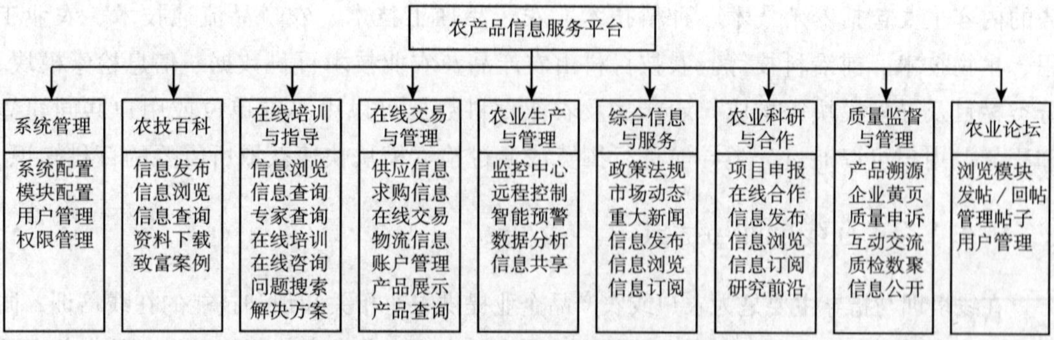

图9－6　农产品信息服务平台功能

9.4.1.1　系统管理

系统管理子模块主要负责对平台和用户进行管理。农产品信息服务平台的系统管理员拥有对整个平台进行管理和维护的权限，包括系统功能、信息更新、用户权限配置、系统升级、系统安全管理等。

由于农产品信息服务平台的用户群体多样，可将平台的用户类型分为政府管理部门、农产品企业、专业/科研人员、农户以及最终消费者等五个类型。通过基于角色的访问控制权限，不同用户类型有不同的权限，对应于平台上不同的功能模块，农产品信息服务平台的不同用户类型对应的主要用户权限如表9－2所示。

表9－2　农产品信息服务平台用户权限

用户类型	用户权限
系统管理员	用户权限管理、系统功能配置、模块配置、信息更新
政府管理部门	信息发布、产品溯源、互动交流、质检数聚
农产品企业	信息浏览、供求信息、监控中心、远程控制、数据分析
专业/科研人员	信息发布、项目申报、在线合作、在线培训、数据分析
农户	信息浏览、专家查询、在线咨询、在线交易、致富案例
消费者	信息浏览、质量申诉、产品溯源、信息订阅、发帖回帖

平台通过权限验证和功能菜单的方式来实现部分功能，用户通过注册获取其相应的用户类型，通过对用户类型的判断，不同用户在登录以后获得的功能菜单是不同的。每个功能模块也独立对用户的权限进行判断，使不同用户实现对应的资源访问和操作。

9.4.1.2　农技百科

农技百科主要是为农户和农产品企业提供专业的技术信息服务。农业技术信息服务的内容主要包括养殖技术、种植技术、农产品加工技术、农产品流通技术、农业工程、生物技术、前沿科技等。农技百科由农产品及农业技术百科数据、信息检索模块、分类栏目及导航模块等构成。农产品及农业百科数据可以由不同单位或用户共同建立和积累，用户可以通过分类导航进行浏览或通过检索模块快速获取所需要的百科知识。

9.4.1.3 在线培训与指导

在线培训与指导主要是为农户或农产品企业提供农业相关知识和技能的在线培训，同时构建起农业专家和农业生产者之间的互动平台，实现农业专家与用户或农产品企业者的在线交流，解决农业生产中出现的实际问题。在线培训与指导主要包括培训预告、培训动态、在线咨询、知识库等模块。用户通过注册或者购买可以浏览或在知识库中检索相关信息，在线学习相关课程，并实现在线交互，加强了农业工作者学习的有效性和针对性。在线培训与指导功能结构如图 9 - 7 所示。

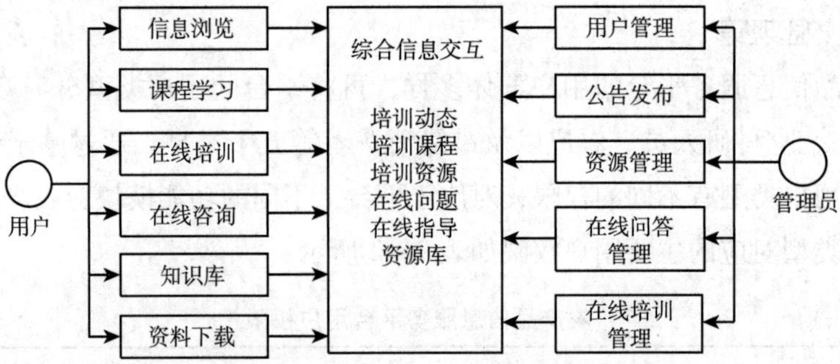

图 9 - 7　在线培训与指导功能结构

9.4.1.4 在线交易与管理

在线交易与管理主要是为了实现农户与消费者、农户与农户、农户与农产品企业、农产品企业与农产品企业之间的交易管理。通过该模块，农户或者农产品企业可以公布优质的农产品图片和具体信息，有需求的用户可以通过检索订购需要的产品并实现在线交易。借助于农业大数据对农产品市场进行细分管理，实现小农户大市场对接。同时通过物联网技术，农户或农产品企业可以把农产品种植或养殖的过程以视频的方式展示出来，即可借助农业生产与管理模块中的监控功能，让消费者通过登录手机或 iPad 就能够实时查看工作人员的农业劳作情况以及农作物的生长环境和生长情况，提升对品牌的信任度以及黏度，从而获得消费者对产品质量的满意度。在线交易与管理的功能结构如图 9 - 8 所示。

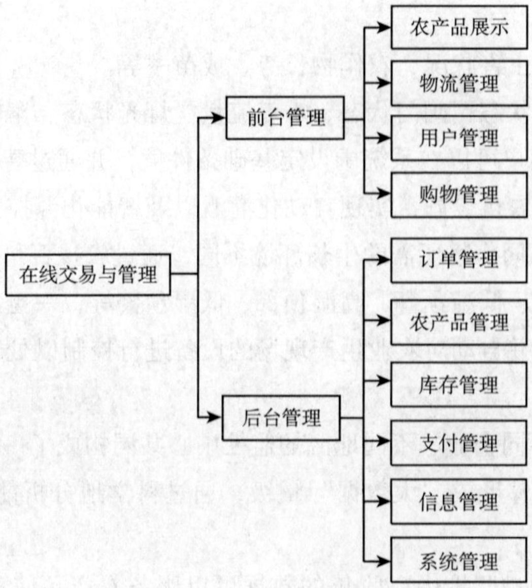

图 9-8　在线交易与管理功能结构

9.4.1.5　农业生产与管理

农业生产与管理基于物联网技术，通过有效利用无线传感器、RFID 标签、智能终端等设备实现对农业生产现场气象、水资源环境、土壤的实时监测，同时对种植大棚或温室中的灌溉设施、通风设备、增温/降温仪器等农业设施实现远程自动化控制。同时结合视频监控、智能预警等功能，农业生产与管理模块可以帮助农户、农产品企业或科研机构随时随地地掌握农作物或养殖动物的生产状况和环境变化数据，并为用户构建起一套功能强大且高效便捷的农业生产与管理的解决方案，同时其积累的过程数据也可以服务于科研机构用于农业的相关研究。农业生产与管理的功能结构如图 9-9 所示。

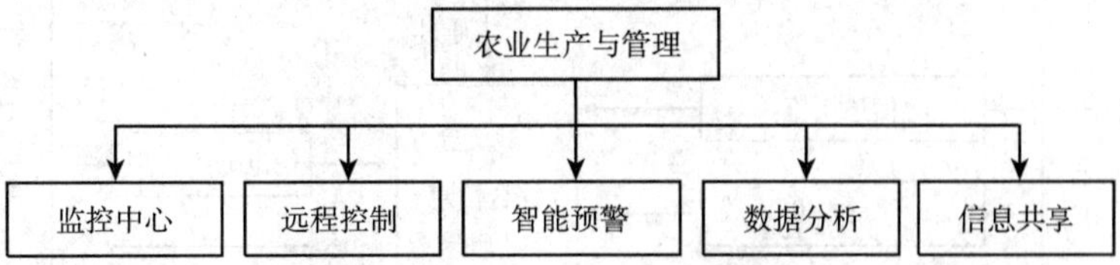

图 9-9　农业生产与管理功能结构

（1）监控中心。结合农业生产园区的平面图，监控中心可以直观地显示出农业生产现场的气象环境数据、土壤数据、农作物或畜禽状态以及设备状态。

气象数据包括空气湿度、空气温度、光照强度、日照时间、降水量、风向、风速、二氧化碳浓度、污染物浓度等。

土壤数据包括土壤温度、土壤张力、土壤含水率、土壤真菌、土壤 EC 值、土壤 pH

酸碱度等。

农作物状态包括病虫害状况、农作物长势、成苗率等。

设备状态包括水泵状态、阀门状态、水表流量、灯光状态、车辆位置等。

（2）远程控制。用户可以在系统中设定基础条件值，并通过智能化的远程控制系统远程控制各种农用设备和农机设施，实现自动化灌溉以及智能化温控。

（3）智能预警。不同作物所需的生长环境不同，通过农技百科的数据，对系统进行预警设置，例如高温预警、低温预警、高湿预警、低湿预警等，一旦有异常情况发生，系统会自动生成告警信息，并自动对农业生产现场的设备进行控制以处理异常情况或由管理员进行人工干预处理。

（4）数据分析。不同企业、不同地区的监控中心共同构成了一个庞大的物联网络，随着数据的不断积累，能够形成“大数据”量级，通过科学地分析能够反哺农业生产过程，提高农业生产的效率。

（5）信息共享。通过监控中心收集的数据可以服务农产品信息平台的其他子系统模块，例如农业科研与合作、质量监督与管理、农技百科等。

9.4.1.6 综合信息与服务

综合信息与服务用来完成对农业信息的发布、浏览、查询和订阅等功能。其主要内容包括相关政策法规、农业新闻资讯、产品信息、市场信息、农村生活信息、气象环境信息等。用户可以借助不同终端浏览相关信息并使用相关服务。综合信息与服务的业务流程如图 9－10 所示。

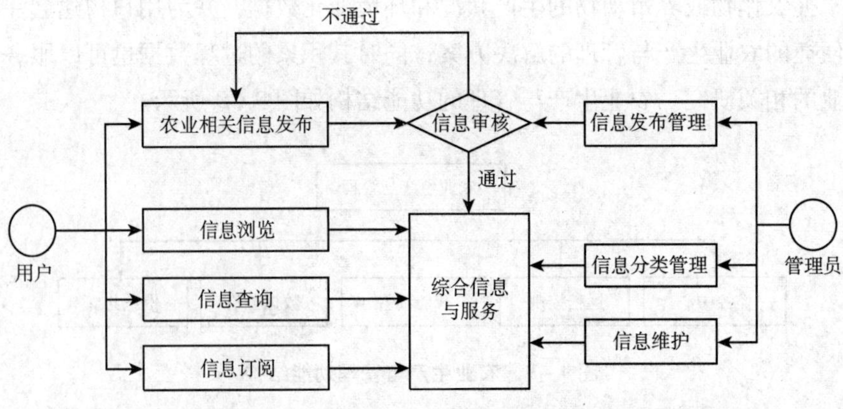

图 9－10 综合信息与服务业务流程

9.4.1.7 农业科研与合作

农业科研与合作提供农业科研领域的相关信息，例如科研动态、科研文献数据库、最新科研成果等。同时农业科研与合作提供项目申报和在线合作交流的能力，农业科研人员可以在线进行项目的申报、审批和备案，并通过加入自己科研领域的研究小组进行分工协作，共同促成科研项目的完成，并将科研成果及时通过平台传播给农业生产工作者，提高农业生产质量和效率。

9.4.1.8　质量监督与管理

质量监督与管理通过物联网和云计算技术的支持，融合政府监管、农业生产、消费服务等功能，构建了左右互通、上下相连的农产品质量安全管理和溯源平台。“质量监督与管理”和“农业生产与管理”“在线交易与管理”等模块紧密相连，共同完成农产品“从田间到餐桌”的全生命周期管理，建立农产品的“户口本”；同时为农产品质量监管部门和农业生产企业、农产品质量监管部门和消费者搭建了一座沟通的桥梁，共同促进农产品质量的向前发展。质量监督与管理的功能结构如图 9－11 所示。

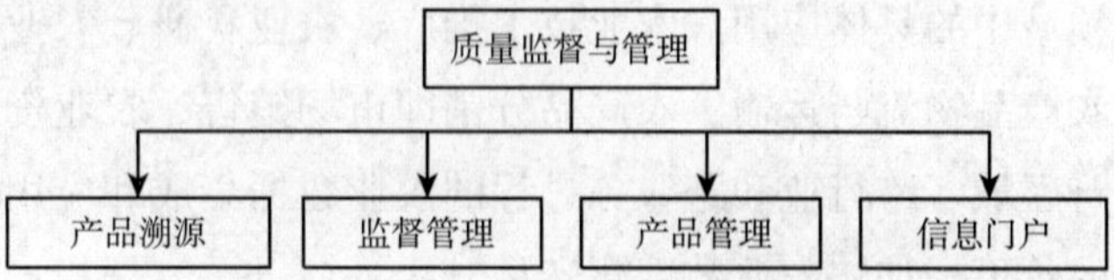

图 9－11　质量监督与管理功能结构

（1）产品溯源。消费者通过扫描产品包装上的二维码或者进入质量监督与管理模块后，输入相应的产品编码就可以查询丰富的农产品档案，包括生产者信息、生产地点、产品名称、产品介绍、产品认证信息、农产品生长期图片、肥料使用记录、农药使用记录等。

（2）监督管理。农产品监管部门也可以通过质量监督与管理模块对已经登记的相关农产品和生产者进行种植或养殖过程的全程监督和管理，针对出现质量问题的产品可以追根溯源，并在一定程度上保障食品的安全。

（3）产品管理。农业生产者可以自行维护产品以及企业基本信息，同时可以利用生产与管理模块中的监控中心等自动采集的环境信息、实时视频监控信息等，建立并完善丰富的农产品档案。同时与“在线交易与管理”模块结合，将自身优质的农产品品牌形象全面直观地展示在消费者面前，包括生产环节、产品品牌优势等，也能让消费者充分参与到农产品种植生产的监督过程中来。

（4）信息门户。对质量不合格的农产品进行及时的公开，同时支持消费者完成对农产品质量的申诉和互动。

9.4.1.9　农业论坛

有些农产品信息服务平台还带有农业论坛等功能。农业论坛包括了浏览模块、发帖和回帖功能，同时可以管理帖子以及用户个人基本信息。用户没有身份的限制，无论是农业生产者、消费者还是监管者，都可在农业论坛中分享、获取或讨论相关信息，加快了信息的流通，使大家交流更为方便。

9.4.2 农产品信息服务平台的大数据体系

9.4.2.1 农业大数据的含义

在移动物联技术快速发展的推动下，基于云计算技术的农产品信息服务平台可以实现实时地采集农业生产过程中的各类数据，形成农业产业中海量的“农业大数据”。高效地利用这些农业领域的大数据，是当今快速实现农业现代化、实现整个农业数字化和智能化转型升级的一个极其重要的手段。所以，农业大数据技术及其应用对于农业数字化智能化转型而言至关重要。具体地说，农业大数据技术指的是各种大数据应用技术、理论和方法在农业生产和服务领域中的具体应用。农业技术推广、农业科研、农业生产管理、农产品生产加工和存储、农产品物流与运输、农产品分销即市场销售、农业资源环境管理等农产品整个产业链实现跨区域、跨行业和跨业务过程的农业数据集成和应用，可以更加有效地挖掘农业数据资产的价值，加快农业数智化转型升级。

值得注意的是，农业大数据应用在当前急需解决的首要问题并非如何盘活存量的大数据，而是如何基于云计算、移动互联技术以及 RFID 等物联网技术支持来实现农业大数据的采集、存储和综合利用。农业大数据应用主要包括以下几个方面的含义：

（1）引入各类传感器、RFID 和图像或视频计算等构建的物联网在农业的生产管理、加工、仓储、物流运输、销售以及消费等各个环节中的具体应用，音频、视频、图形图像、文档或文本等非结构化、结构化和半结构化数据得以被随时随地地大量采集、记录和使用，使得农业大数据的采集与获取方式、获取时间、获取范围以及获取空间等均发生了极大的变化，极大地提高了农业大数据的获得能力与获得效率。

（2）跨学科、多结构交叉与关联，以及跨区域、跨行业综合的农业大数据共享平台，可以让人机交互、数据可视化和智能管理方式等在农业生产管理、农业环境监测、精准农业、农产品质量安全等环节大量地被应用。

（3）在整个农业产业链上存在各个相互关联的环节：农产品生产加工企业、种植或养殖户、各级政府的监管机构以及科研机构等，他们之间形成一种合作与竞争的平衡态势。而大数据思维也正在越来越多地被各级政府、农产品生产加工企业和种植/养殖户所接受。基于农业大数据分析越来越多地成为农业产业各种决策部门进行决策的依据，天气预报信息、动态变换的农产品消费者需求信息、农产品加工生产成本以及农产品质量安全等各类数据越来越多地被用来分析和预测农产品价格的走势、作物品种的优化、种植/养殖过程中质量安全的监管、产业结构优化与调整、耕地数量的严格控制等方面，政府各级监管部门的决策、生产加工企业的运营均可以从中获益。

9.4.2.2　农业大数据的来源

基于农产品信息服务平台的农业大数据来源于农业产业链中的各个环节——农业科研、农业生产、农产品加工、农产品流通、农产品销售等，根据各个环节职能的不同，可以将整个产业链各个环节分为农业生产前、农业生产和农业生产后三个阶段。

（1）农业生产前阶段。在农业生产前阶段，农业科研和农技推广是重要的工作。在这个阶段，农产品培育、农产品基因研究、农业技术推广、农业设施调配、农产品市场分析等都将产生海量的农业数据。

（2）农业生产阶段。农业生产阶段是整个农业产业链的核心阶段，以是否需要土地为基本生产要素，可以分为种植和养殖两大类。农业生产阶段中的各个环节均会产生大量的基础数据，包括农作物播种、施肥、灌溉、除虫、收割以及幼崽培育、饲养、屠宰等生产数据；农作物长势、动物生长状况、农作物收成等生长状况数据；与农业生产活动紧密相连的环境数据，例如水资源质量、土壤条件、地形条件、农业遥感数据等。

（3）农业生产后阶段。农业生产后阶段指的是农产品离开“田间”走向“餐桌”的整个过程，包括农产品加工、农产品包装、农产品存储、农产品流通以及农产品销售等环节。各个环节的数据呈现出各自特点。通常来讲，在农产品加工、农产品包装、农产品存储和农产品物流环节中主要是企业行为，而农产品的销售则是企业与消费者之间的互动行为。这些行为发生的同时也伴随着海量数据的生成。

9.4.3　农产品信息服务平台的大数据特征

农业大数据由结构化、半结构化和非结构化的数据组成，随着 RFID、视频监控等智能设备的应用，半结构化、非结构化的数据的采集量将大大超过结构化数据。农业大数据除了满足大数据的 5V 特点，即 IBM 提出的：大量（volume）、高速（velocity）、多样（variety）、低价值密度（value）、真实性（veracity）外，其特征还包括以下几个方面：

（1）普遍性。农业与人民的生活息息相关，从田间到餐桌，从科研工作者到普通农户，从五谷杂粮到猪马牛羊，任何地方都是农业大数据的来源，可见农业大数据无处不在。

（2）地域性。不同地域的地理位置、水分、光照、热量、地形等自然条件、生态环境以及技术条件和经济发展均不相同，而农业生产中的农作物和动物又充分依赖于光照、水、热量、土壤等自然条件，因此农业大数据具有明显的地域特征。

（3）周期性。农作物和动物的生长遵循一定的规律，同时也受到自然因素的影响，随着季节的变化，具有周期性特征，因此农业大数据也随着动植物自身的变化而表现出规律性的特征。

（4）多变性。农产品价格数据、气象环境数据、生产环境数据在不同时间维度下的差异都非常大，因此农业大数据也在无时无刻不变化着。

（5）分散性。农业大数据的分散性集中体现为数据组织分散，相互关联且完整的数据并不多。农产品产业链中的各个环节所产生的数据分散在生产、流通、加工、销售、监管等各个流通过程中，且每个环节的数据都属于不同单位。

（6）交叉性。农业大数据不仅仅涉及耕地、育种、播种、灌溉、除草、除病害、施肥、收割等作物的生产全过程，同时也涉及整个农业产业链中的气象、环境、资源、物流、市场、质量等。因此农业大数据表现出极强的交叉影响特征，例如气象环境影响农业生产、农产品流通及农产品市场价格。

（7）社会性。“王者以民为天，民以食为天”，自古以来，粮食便是民众生活中不可或缺的一部分，农业大数据是农业生产生活的集中体现，直接反映了社会的变化。

（8）综合性。数据间的综合性是数据的重要特征之一，农业大数据的综合性尤其显著。一个数据往往直接或间接地与多个数据相关联且相互作用、相互影响。例如农作物的长势数据实际上是受到土壤、施肥、农田管理和气候等的综合作用和影响的，而农产品价格也往往是农产品市场政策、市场需求、农业发展状况等综合因素影响下的结果。

9.4.4 农产品信息服务平台的大数据应用架构

随着智慧农业、物联网和云计算的不断快速发展以及深入应用，农产品方面的数据量也日益增长并蕴含巨大的价值。农产品信息服务平台的“大数据体系”，就是运用大数据的理论、技术和方法，解决农产品、涉农领域内数据的获取、存储、处理、分析和应用等一系列问题。

农产品信息服务平台的大数据应用架构体系由上而下可分为数据应用层、数据存储层和数据获取层。农产品信息服务平台的大数据应用架构如图 9－12 所示。

农产品信息服务平台建立了土壤、环境、气象等数据的自动采集或人工输入等获取机制，并通过数据规范化等预处理后进入由 HDFS 支持的 Hive、HBase 数据库进行原始数据的处理，经过数据抽取、清洗和转换后的数据随后便进入农产品数据仓库，为上层的数据分析和应用提供数据查询和处理服务。此外，在数据仓库接口的支持下，农产品数据分析模型对接口获取的数据进行深层次的挖掘分析，并将数据分析的结果发布到数据应用层的精准农业管理、农业自然灾害预测、农产品市场信息监测、农产品在线交易管理、农产品质量安全溯源等与用户交互的系统上。通过整合和加工各种内外部农产品相关数据，形成统一权威的农产品信息视图，为农产品质量监管部门、农产品生产企业、农产品生产以及农产品交易管理提供数据应用支撑。

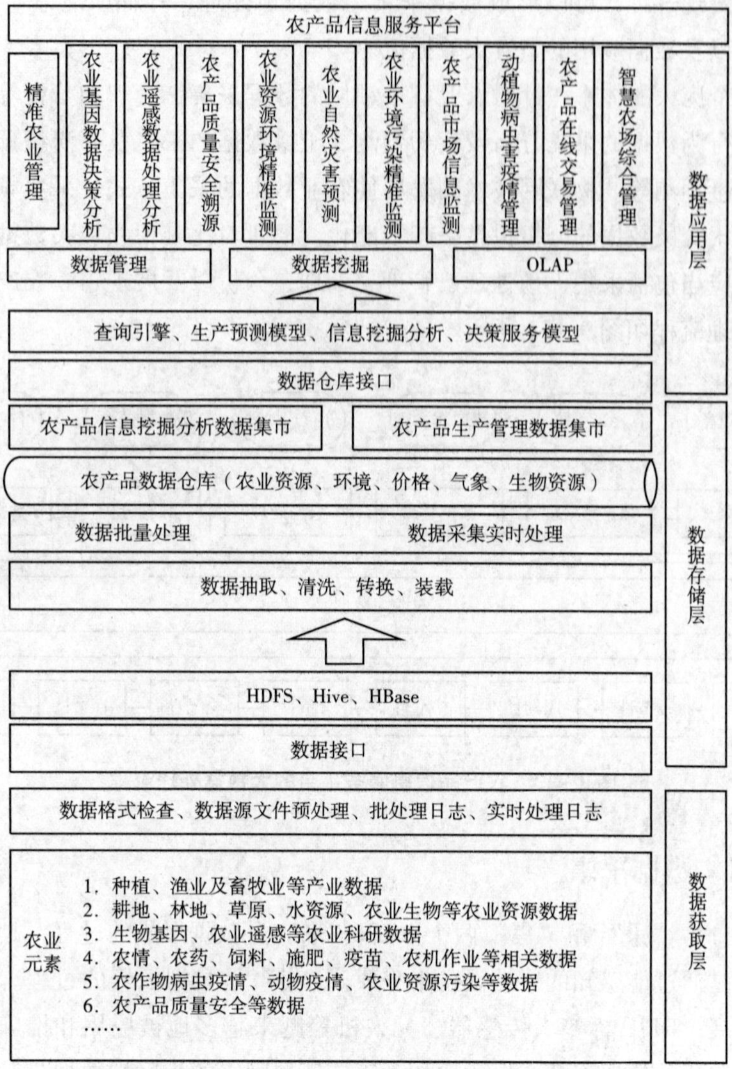

图9－12 农产品信息服务平台的大数据应用架构

9.4.5 农产品信息服务平台的大数据处理流程

任何事物都是有生命周期的，数据也是有生命周期的，从数据的产生一直到数据的消亡。一般情况下，流程理论被用于描述数据过程，数据生产过程被分为数据收集、数据存储和数据应用等阶段。在信息系统的设计流程中，可以通过数据流程来描述系统的逻辑功能、系统中数据的逻辑流向和变换。流程理论也同样适用于农业大数据。

拥有大数据的本身并不能创造出多大价值，大数据的处理目标就是使数据产生更多的价值，因此，需要建立一套完整的技术和工具去理解和分析数据，借助大数据采集、管理和分析等工具，把结构化、半结构化和非结构化的数据整合起来，实现数据的价值。围绕大数据的价值发现过程，可以形成数据采集、数据预处理、存储及管理、数据分析及挖掘、数据展现以及数据应用的整套大数据流。

农业是一个庞大的体系，针对农业各个领域的数据采集、管理和分析等都有相应的研究，例如动物行为数据的采集分析及疾病预测、土壤数据的采集及旱涝情预测、苗种数据采集分析及产量预测等。物联网技术的发展使农业数据的采集方式、采集频率、采集精度不断提高，基于交叉数据的分析也越来越智能化。通过对比其他领域大数据的分析，农业大数据的处理应当包括采集、预处理、管理、处理、分析以及展现等。农产品信息服务平台的大数据处理流程如图 9－13 所示。

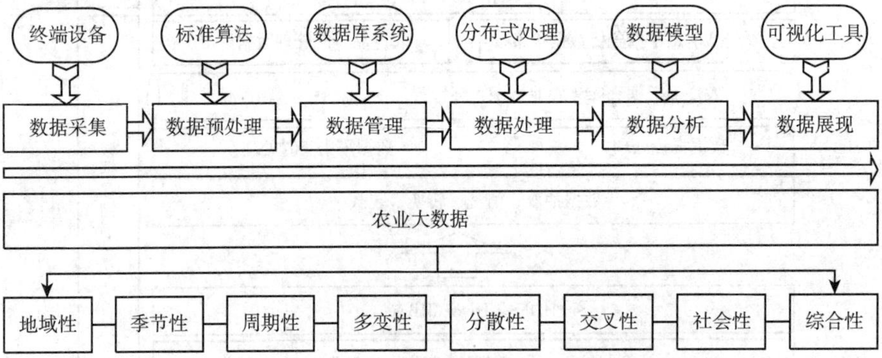

图 9－13　农产品信息服务平台的大数据处理流程

9.4.5.1　数据采集

数据采集分为“采”和“集”两个方面。“采”是数据形成的过程，是对现实的数字化表达，主要是通过能感知的终端设备来完成。“集”是数据汇聚的过程。随着物联网和电子技术的发展，RFID 标签、传感器、无人机等越来越多地被应用和推广，结构化、半结构化和非结构化的数据不断产生，比如基于传感器网络的小区域数据、基于无人机的区域尺度数据、基于卫星的农业遥感数据等。数据采集的方式越来越多，频率和精度越来越高，数据类型也越来越多样化。

9.4.5.2　数据预处理

数据采集过程中会出现大量杂乱、残缺、重复的数据，严重干扰后期的数据分析，导致分析偏差、决策失误。因此，数据的预处理至关重要。通常数据预处理所花费的时间在整个数据挖掘过程中占据 60%，数据预处理主要包括对采集数据的清洗、抽取、集成、变换和质量评估等。农业数据的预处理包含以下方面：

（1）数据清洗过程：重点清理脏数据、无关数据、遗漏数据等。

（2）数据抽取过程：通过数据抽取技术将数据类型及结构不一致的数据进行一致性处理和归一化表达。

（3）数据集成过程：通过集成实现数据模式层的一致。

（4）数据变换过程：通过规格化、旋转等操作对数据进行简化，定位数据特征。

（5）数据质量评估：通过对数据的一致性、完整性、准确性、最小性进行评价，来评估数据质量。

9.4.5.3　数据管理

数据管理指利用分布式文件系统和数据库技术对各种数据进行有效组织，实现快速索引和高效查询的目标。传统数据库技术以关系性数据库为主，无法有效处理半结构化和非结构化的数据，其扩展性也存在障碍。农业大数据形态各异、类型多样、量级庞大，可以通过列存储数据库、图存储数据库等非关系型数据库以及 New SQL 数据库等进行管理。

9.4.5.4　数据处理

与传统的数据分析理念不同，大数据的分析是基于全量数据而非抽样数据，其对数据处理的效率关注度高于数据精准度，对数据的相关性分析优于因果分析。尤其是在农业领域，海量数据的分布式处理以及联网数据的在线实时处理至关重要。

9.4.5.5　数据分析

对于大数据的研究最终都是围绕数据分析展开的，通过分析可以发现数据中隐藏的模式、关联、市场趋势，甚至社会规律等。在农业领域中，传统数据挖掘技术中的关联分析、聚类分析、偏差分析等依旧可用，一些新兴技术也不断在这个领域蓬勃发展。

9.4.5.6　数据展现

数据展现指将数据分析的结果以可视化的方式展现给用户，清晰有效地展示信息，帮助用户理解和应用，除了传统的柱状图、折线图、饼图等常见图形，气泡图、瀑布图、漏斗图以及 GIS 都可以被使用。

9.5　农产品信息服务平台的实施与保障

9.5.1　农产品信息服务平台的实施

我国的农产品信息服务平台是在充分整合全国农业信息资源的基础上，服务于整个农业系统的。该平台建成后，将从根本上解决农产品的“最后一公里”问题，使信息化薄弱的中西部地区实现跨越式的发展。因此，该农产品信息服务平台应当由政府牵头进行。相关部门应当从提高农业服务水平、建设公共服务平台的角度探索农业云模式、全面规划和设计农产品信息服务平台，解决重复建设的问题。

国外在云计算应用推动方面的案例颇多。2011年11月，英国政府宣布投资6000万英镑启动政府云服务项目，建立基于云计算的公共服务网络；2011年2月，美国发布《联邦云计算战略》白皮书，其中规定联邦政府的所有项目以云计算优先，并将25%的IT项目运算运用在云计算，同时要求每个联邦机构至少将三项IT应用向云计算转移，但与此同时云计算的复杂性以及服务平台的广泛性决定了政府无法独立完成建设工作[118]。因此我国的农产品信息服务平台的建设应当以政府为主导，政府对基础云设施和云环境进行管理。针对农产品信息服务平台的部署，可以将农户、农产品相关企业以及政府部门的需求进行集中管理，有针对性地提供不同的云计算应用和服务，同时开放IaaS层和PaaS层的能力给具备技术实力的企业进行定制开发，从而使中小企业和农户能够享受更加多元化的应用服务。

在农产品信息服务平台部署方面，可以参考美国联邦云计算的应用模式。美国政府根据不同的服务对象及不同的安全等级需求提供云计算服务，将其分为政府私有云和政府公有云。我国虽然在国家体制上与美国大相径庭，但是在政府职能上却是相似的。因此，对于农产品信息服务平台的部署，我们可以将农户、农产品相关企业以及政府部门需要的应用进行集中管理，有针对性地提供不同的云计算应用和服务。

其中对于政府部门和内部使用的人而言，农产品信息服务平台是被部署在私有云上，即通过将服务部署在专网上，与互联网物理隔离。政府对数据的安全性和服务质量有着最优的控制。采用私有云的部署方式，有利于对重要且敏感的数据进行保护。对于农户或者相关企业而言，农产品信息服务平台是被部署在公有云上的。政府通过组建云计算中心，向各大企业、科研机构甚至是有实力的农户提供数据存储和平台开发、测试等服务。公有云的部署方式，能够最大程度地促进资源的共享和工作的协同。这种私有云与公有云结合的混合云方式，极大地保障了关键数据的安全性和稳定性，同时又不会限制平台的开放性和扩展性。

同时，由于我国农产品信息化程度较为落后，特别是农产品物流产业，社会整体的物流信息基础设施更为滞后，对于经济不发达的农村地区尤其低下，而且我国农户以及部分农产品企业工作者缺乏技术类的专业知识，农产品企业信息化程度也不高，特别是农户很少接触系统、平台等电子产品。因此，政府需要建立高效的基础设施网络，加强对相关人员的培训，并培养各级各类具备专业知识的专门人才，制定基础性、通用性的信息标准。我国云计算处于发展阶段，政府需要牵头建立云计算的安全、隐私以及服务等标准，充分研究并解决现有信息系统建设中存在的信息管理标准不规范、分散和体系众多等问题。

9.5.2 农产品信息服务平台标准体系的建立

基于云计算的特性，农产品信息服务平台能够为用户提供集成化的农业信息服务，实现农业信息的共享服务。在现代计算机及网络技术发展的大环境中，对于标准体系的建立早已不再是其自身的建设了，需要同时涉及多个相互支撑的技术层次和领域，例如计算机、网络通信、应用服务、信息共享、信息资源开发等。同时也需要涉及其他相关领域，例如电子政务、电子商务、数据科研、在线教育培训等标准规范。因此需要建立农业信息共享的标准体系来推动科学农业的发展。农业信息共享标准体系包括基础数据标准、业务建模标准、农业产业链标准、信息资源元数据标准、数据维护及管理标准、业务文档格式标准等。

9.5.2.1　基础数据标准

基础数据标准包括数据元和信息分类编码。农产品信息数据元指的是农业生产、流通、交易及监管过程中涉及的所有数据单元，数据元标准化主要是通过特定的规则对不同来源及类型的数据进行有效的标识和组织，从而实现数据在不同功能模块间的共享。信息的分类编码是指根据信息的属性或特征的不同进行分类，并遵循特定的原则和方式来标识，从而实现资源的共享、信息的互联互通以及在不同系统或模块间进行处理。

9.5.2.2　业务建模标准

业务建模是指农业领域科研机构或专家学者利用业务建模方法，采用关键的建模技术，对涉农领域的业务信息和业务流程进行抽象化的分析，从而建立满足农业大数据分析的服务模型，同时也为数据元的提取和业务文档的涉及奠定基础。

9.5.2.3　农业产业链标准

农业产业链标准围绕农业产业链进行设计，包含农技推广、农业生产、农产品加工、农产品流通、农产品存储、农业科研、农业市场等标准。围绕某个具体点可以进一步扩展，例如农业生产可以细分为设施园艺、畜禽养殖、水产养殖、作物种植等。

9.5.2.4　信息资源元数据标准

信息资源元数据标准指的是按照特定的数据标准，从数据仓库中抽取出符合标准的数据，并组成一个标准数据元素集合，例如农业质量安全数据、农业生产环境数据、农业贸易数据、农业综合信息数据等。这种标准化数据集合可以准确地说明数据仓库中数据的不同特征。通过信息资源元数据标准对农产品信息服务平台中的数据资源进行科学组织，有利于用户快速获取所需信息，实现资源的共享。

9.5.2.5　数据维护及管理标准

数据维护及管理指的是经过标准化主管部门授权的维护机构，依据既定的技术评审指南、评审规范和维护程序，对数据类标准中的数据项进行动态注册、维护和管理，并定期更新相应的技术规范。

9.5.2.6 业务文档格式标准

构建农产品信息服务平台的业务文档主要指的是电子文档格式。电子文档是指按照相关技术和一定的规范对文档的结构、内容和描述进行处理后的文档。其中，XML是电子文档格式的标准，文档中的数据元和相关代码具有很强的层次结构。

9.5.3 农产品信息服务平台标准体系的安全策略

基于云计算的农产品信息服务平台是软硬件的结合体，需要构建强大的安全策略来保证平台中的数据和信息资源的安全。因此，在农产品信息服务平台建设过程中需要从物理安全、网络完全、信息安全、安全管理和服务以及应急管理等几个方面考虑。

（1）物理安全。物理安全是平台建设中最重要的一个部分，缺少物理安全保障，整个平台的运行就无法安全。物理安全包括设备安全、环境安全、介质安全等几个方面。相比于传统硬件设施环境，云计算环境下硬件资源的集中式分布管理需要建立更加完善的机房管理方案和突发事件应对措施，确保是被正常运行。

（2）网络安全。通过建立防火墙系统、漏洞扫描系统、病毒防护系统、访问控制系统、入侵检测系统等保证平台网络环境的安全运行。

（3）信息安全。根据数据的类型不同，系统需要在多个层次实现数据的安全备份，充分保证重要的数据能够得到备份和及时恢复。因此需要加强对重要信息的管理，建立完善的备份机制和备份档案。

（4）安全管理和服务。一个完整的安全策略中，安全管理和服务是不可或缺的，在农产品信息服务平台建设中，必须健全管理机构，并能够依据管理制度和流程对日常操作、运行维护、审计监视等进行统一管理。由于安全漏洞和新的威胁会不断出现，在实际运行过程中，需要不断地调整安全策略。因此，在平台建设过程中应当采用自身技术力量和外部提供的安全服务相互结合的方式，建立完整的体系。

（5）应急管理。在信息安全领域没有绝对的安全，事故难免会发生，关键是如何在事故发生时将损失降到最低，这就需要从技术上、管理机构、管理制度上建立应急机制，通过培训、预防等方式消除安全隐患。

参考文献

[1] 吴砚峰，尚书山. 农产品检验与物流安全 [M]. 北京：北京理工大学出版社有限责任公司，2018.

[2] 王莉婷，李太平. 农产品含义与分类的国际比较 [J]. 世界农业，2017 (1)：137-141.

[3] 冯忠泽，李庆江，任爱胜，等. 中国农产品及农产品市场特点分析 [J]. 中国农学通报，2008 (9)：99-104.

[4] 黄晓英，周茜. 基于生命周期的农产品质量安全管制 [J]. 江苏农业科学，2014，42 (4)：367-370.

[5] 王静. 发展优势农业需要物流战略 [J]. 农场经济管理，2004 (2)：46-47.

[6] 张京卫，张兆同. 现代农产品物流发展对策研究 [J]. 山西农业科学，2007 (4)：7-10.

[7] 中华人民共和国国家统计局. 中国统计年鉴 [M]. 北京：中国统计出版社，2021.

[8] 陈明泉. 基于价值链管理理论的农产品物流园区发展研究 [J]. 价格月刊，2017 (6)：73-76.

[9] 马红军. 电子商务发展与鲜活农产品物流模式的选择研究 [J]. 农业经济，2019 (2)：130-132.

[10] 李雷，熊炜，董欢欢. 农产品物流服务商的 ANP 评价模型 [J]. 统计与决策，2011 (14)：59-62.

[11] 杨璐璐. 美国农产品供应链模式借鉴及政策建议 [J]. 世界农业，2019 (10)：31-39.

[12] 姜方桃. 农产品产业供应链创新模式及其对策研究 [J]. 经济问题，2009 (12)：81-84.

[13] 刘晓峰，王俊雷. 我国农产品供应链研究现状与发展趋势分析 [J]. 江苏农业科学，2018，46 (10)：1-4.

[14] 王杏. 基于复杂网络的农产品供应链建模与网络风险传播研究 [D]. 长春：吉林大学，2017.

[15] 杨静，周荣荣. 新常态下农产品物流运作方式创新研究 [J]. 市场周刊 (理论

研究)，2016 (11)：19 -22.

[16] 胡天石．中国农产品电子商务模式研究 [D]．北京：中国农业科学院，2005.

[17] 艾小玲．农产品物流的发展对农业产业化的促进机制研究 [J]．物流科技，2014，37 (6)：7，51 -53.

[18] 王静．我国农产品产销困境下建立物流链支撑体系对策研究 [J]．思想战线，2012，38 (1)：71 -75.

[19] 姜增伟．农超对接：反哺农业的一种好形式 [J]．求是，2009 (23)：38 -40.

[20] 沈敏．"农超对接" 的典型模式与发展的政策目标选择 [J]．新闻世界，2011 (6)：285 -286.

[21] 陈佳丽．基于 O2O 模式的农产品物流配送研究 [J]．中国管理信息化，2019，22 (13)：126 -128.

[22] 齐云英．O2O 模式连锁企业农产品物流配送路径优化 [J]．商业经济研究，2018 (10)：91 -93.

[23] 刘阳．生鲜农产品冷链物流配送路径优化策略探讨 [J]．山西农经，2021 (17)：168 -169.

[24] 李学工．我国农产品冷链物流现状及发展趋势 [J]．综合运输，2010 (4)：45 -49.

[25] 张春颖，王秀云，李娜，等．我国西部特色农产品冷链物流的发展现状与策略研究 [J]．物流科技，2010，33 (10)：50 -54.

[26] 杨钧．中国农产品冷链物流发展模式研究 [J]．河南农业大学学报，2013，47 (2)：222 -226.

[27] 丁九桃．鲜销农产品物流模式选择问题研究 [J]．物流技术，2014，33 (1)：190 -192.

[28] 张莉，郝美存．供应链环境下生鲜农产品物流运作模式 [J]．金陵科技学院学报 (社会科学版)，2017，31 (2)：41 -44，53.

[29] 赵永全，刘文．农产品冷链物流的运作模式分析 [J]．科技视界，2018 (11)：227 -228.

[30] 吴笑斐，朱长宁，唐宇晴．后疫情时代食品冷链物流断链成因及对策分析 [J]．全国流通经济，2022 (3)：4 -7.

[31] 杨路明，马小雅．生鲜农产品冷链物流断链成因及规避路径研究 [J]．青海社会科学，2015 (6)：66 -70，82.

[32] 于怀智，潘洪民．基于电子商务的生鲜农产品品控物流技术重点研究 [J]．物流技术与应用，2016，21 (2)：121 -123.

[33] 郑铮铮，李学工．生鲜农产品的分类标准及其冷链物流品控管理 [J]．标准科学，2017 (1)：31 -36.

[34] 宋薇，李红. 基于SWOT分析的新疆出口农产品冷链物流发展策略 [J]. 经济研究导刊，2014 (10)：96，233 -235.

[35] 钦方. 农产品冷链物流运作风险分析及发展策略 [J]. 湖北农业科学，2017，56 (1)：178 -181.

[36] 韩喜艳. 我国农产品物流的制约因素及对策探讨 [J]. 中国市场，2007 (19)：23 -34.

[37] 韩喜艳，李锁平. 稳定农产品价格：基于补贴流通的思路 [J]. 中国流通经济，2012，26 (7)：62 -66.

[38] 刘冬梅，绍砾群. 农产品市场信息不对称问题及解决思路 [J]. 农村经济，2005 (2)：112 -113.

[39] 郑风田，孙瑾. 我国农产品产业链中利益错位问题研究 [J]. 价格理论与实践，2008 (12)：26 -27.

[40] 祁之杰. 农产品流通组织结构与食品安全关系研究 [J]. 商场现代化，2005 (17)：10 -11.

[41] 易君丽，庞燕. 基于AHP的农产品物流金融风险评价 [J]. 企业经济，2012，31 (8)：124 -128.

[42] 唐立新. 农产品物流风险分析 [J]. 江苏商论，2011 (4)：84 -86.

[43] 肖燕飞. B2C电子商务末端物流采用共同配送模式的研究 [D]. 广州：暨南大学，2013.

[44] 孙茂竹，文光伟，杨万贵，等. 管理会计学（第五版）[M]. 北京：中国人民大学出版社，2009.

[45] 中国注册会计师协会. 会计 [M]. 北京：经济科学出版社，2016.

[46] 刘敏. 基于收益共享的农超对接模式及利益分配问题研究 [D]. 杭州：浙江工业大学，2013.

[47] Petruzzi Nicholas C，Dada Maqbool. Pricing and the Newsvendor Problem：A Review with Extensions [J]. Operations Research，1999，47 (2)：183 -194.

[48] 朱敏茹，汪贤裕. 公平熵下制造商占主导地位的利润分配研究 [J]. 统计与决策，2008 (13)：46 -47.

[49] 刘伟华. 三级物流服务供应链最优收益共享系数确定方法 [J]. 西南交通大学学报，2010，45 (5)：811 -816.

[50] 肖玉明. 考虑利润分配公平性的供应链激励模型 [J]. 预测，2009，28 (1)：42 -47.

[51] 康彪. "农超对接"农产品供应链风险管理研究 [D]. 北京：北京交通大学，2011.

[52] 刘文杰. 医院药品供应链的利益分配机制研究 [D]. 北京：北京交通大

学，2010.

[53] 孙晓梅．生鲜农产品供应链绩效评价研究［D］．大连：大连海事大学，2012.

[54] 杨平．基于供应链的湖北农产品物流服务体系研究［D］．武汉：华中农业大学，2008.

[55] 杨建立，赵雄伟．农产品物流社会化服务现状及其完善对策研究［J］．物流技术，2012，31（13）：97－98，151.

[56] 于国庆．优化农产品物流服务体系完善产业经济效应分析［J］．辽宁经济，2010（3）：87.

[57] 杨怀珍，熊炜．基于ANP的农产品第三方物流服务商评价研究［J］．商业研究，2011（3）：171－176.

[58] 刘小兰，张悟移．基于DEA－AHP的农产品物流服务商评价与选择［J］．昆明理工大学学报（社会科学版），2013，13（3）：68－72.

[59] 马庆国．管理科学方法［M］．北京：高等教育出版社，2008.

[60] 沈超．基于云计算的农产品信息服务平台构建策略研究［D］．杭州：浙江工业大学，2017.

[61] 姚斌．生鲜农产品O2O运作模式的研究——以O2O便利店为例［D］．杭州：浙江工业大学，2015.

[62] 柯杨，马瑜，李勃，等．农产品质量安全现状及其检测与追溯技术研究进展［J］．食品工业科技，2017，38（24）：24，315－319.

[63] Liu Y，Shen D，Li S，et al. Residue levels and risk assessment of pesticides in nuts of China［J］．Chemosphere，2016（144）：645－651.

[64] 郭鹏菲．多主体参与下农产品质量安全监管机制演化博弈分析［D］．济南：山东师范大学，2018.

[65] 李宛，徐凤花，程爱华，等．浅析我国农产品质量安全监控体系建设要点［J］．黑龙江农业科学，2012（11）：132－135.

[66] 兰栋梅，张蓉．农产品质量安全监管对策研究［J］．现代农业科技，2011（12）：335－336.

[67] 赵涛，郝红，管晓玉，等．生物传感器研究及应用进展［J］．化学研究与应用，2009，21（11）：1481－1485.

[68] 林永增，姚明印，陈添兵，等．激光诱导击穿光谱检测赣南脐橙种植土壤的Cu和Cr［J］．激光与光电子学进展，2013，50（5）：208－212.

[69] 王豹，余建新，黄标，等．便携式X射线荧光光谱仪快速监测重金属土壤环境质量（英文）［J］．光谱学与光谱分析，2015，35（6）：1735－1740.

[70] 张国庆．依法打造农产品质量安全屏障——解读《中华人民共和国农产品质量安全法》［J］．生态经济，2006（10）：29，115－117.

[71] 王晓林. 农产品安全有了新法护航——解读《中华人民共和国农产品质量安全法》[J]. 大众标准化, 2007 (1): 43-45.

[72] 王爱兰, 蔡玉胜. 国外农产品质量安全源头监管法律法规及其借鉴启示 [J]. 农村经济, 2014 (1): 125-129.

[73] 陈松. 中国农产品质量安全追溯管理模式研究 [D]. 北京: 中国农业科学院, 2013.

[74] 陈杰, 杨俊, 吴军辉, 等. 农产品安全追溯系统发展现状与趋势 [J]. 农学学报, 2018, 8 (9): 89-94.

[75] 钱建平, 吴文斌, 杨鹏, 等. 新一代信息技术对农产品追溯系统智能化影响的综述 [J]. 农业工程学报, 2020, 36 (5): 182-191.

[76] 张驰, 张晓东, 王登位, 等. 农产品质量安全可追溯研究进展 [J]. 中国农业科技导报, 2017, 19 (1): 18-28.

[77] 陈昌雄, 赵辉. 美国食品安全法律制度综述 [J]. 中国卫生法制, 2005 (5): 4, 45.

[78] 高姗姗. 美国、欧盟与日本食品安全监管体系与机制 [J]. 世界农业, 2013 (3): 33-36.

[79] 赵荣, 陈绍志, 乔娟, 等. 美国、欧盟、日本食品质量安全追溯监管体系及对中国的启示 [J]. 世界农业, 2012 (3): 1-4, 25.

[80] 胡云锋, 孙九林, 张千力, 等. 中国农产品质量安全追溯体系建设现状和未来发展 [J]. 中国工程科学, 2018, 20 (2): 57-62.

[81] 张梅. 欧盟、美国和日本农产品物流追溯体系分析与比较 [J]. 世界农业, 2014 (4): 136-141.

[82] 杨彦, 廖洪波. 国内外食品追溯标准化工作现状分析与建议 [J]. 西南农业大学学报 (社会科学版), 2009, 7 (5): 27-29.

[83] 郑火国. 食品安全可追溯系统研究 [D]. 北京: 中国农业科学院, 2012.

[84] 曲世敏. 食品安全的质量标准规制: 理论与政策研究 [D]. 大连: 东北财经大学, 2013.

[85] 连静. 湖南省农产品质量安全体系的研究 [D]. 长沙: 湖南农业大学, 2007.

[86] 陈书明. 基于信息不对称理论的河南农产品质量安全体系现状分析及发展对策 [J]. 粮食加工, 2016, 41 (6): 5-8.

[87] 马英, 娄一平. 我国农产品市场信息不对称问题策略研究 [J]. 中国管理信息化, 2020, 23 (4): 142-143.

[88] 周适, 刘泉红, 付文飙, 等. 实现优质优价的问题、根源和对策研究 [J]. 价格理论与实践, 2018 (9): 14-19, 73.

[89] 范毅, 薛兴利. 试论信息不对称条件下我国农产品的质量控制 [J]. 农业质量

标准，2004（1）：26－28.

［90］赵阳，邢华．农产品质量安全控制与农药残留检测技术研究［J］．食品安全导刊，2017（23）：69.

［91］齐卫东．农残速测技术在基层农产品质量安全检测中的应用［J］．山西农经，2016（16）：50.

［92］王伟民，马志超．农药产品在使用中存在的主要问题与对策［J］．农民致富之友，2014（14）：43.

［93］雷涛．农产品质量安全检测体系对现代农业发展的重要性、存在问题及改进措施［J］．世界热带农业信息，2020（5）：14－15.

［94］李孟芯，罗利容，钟静．农产品质量安全检测对现代农业发展的重要性［J］．农家参谋，2021（21）：72－73.

［95］展云娟．农产品质量安全检测对现代农业发展的重要性［J］．农业开发与装备，2021（10）：158－159.

［96］刘鹤．农产品质量安全检测技术现状及发展趋势［J］．新农业，2022（3）：68.

［97］刘尚伟．浅谈农产品质量安全检测体系建设中的问题与对策［J］．农业开发与装备，2020（7）：5，113.

［98］刘建平，马庆，房健，等．新形势下基层农产品产地检测体系的标准化研究［C］//第十八届中国标准化论坛论文集，中国广东佛山，2021.

［99］杨柳东．基于系统动力学的我国食用农产品检测体系信息共享研究［D］．杭州：浙江工业大学，2015.

［100］段尧清，汪银霞．我国政府信息公开纵向透视［J］．情报科学，2006（6）：955－960.

［101］诸云强，刘润达，冯敏，等．分布式地球系统科学数据共享平台研究［J］．计算机工程与应用，2009，45（1）：245－248.

［102］蒋韵．卫生信息共享模式及其关键技术研究［D］．镇江：江苏大学，2010.

［103］袁海波．农产品检测信息共享平台的设计与实现［D］．杭州：浙江大学，2015.

［104］Mell P，Grance T. The NIST Definition of Cloud Computing［J］．Communications of the ACM，2010，53（6）：50.

［105］Knorr Eric，Gruman Galen. What cloud computing really means［J］．InfoWorld，2008，4（17）：7－16.

［106］Danleson Krissi. Distinguishing Cloud Computing from Utility Computing［J］．Ebizqnet，2010，8（24）：22－30.

［107］崔文顺．云计算在农业信息化中的应用及发展前景［J］．农业工程，2012，2

(1): 40 - 43.

[108] Zhang Yanhong. Research of cloud computing multi-integration services in the mobile environment [J]. Telecom Engineering Technics and Standardization, 2009 (1): 18 - 29.

[109] Armbrust Michael, Fox Armando, Griffith Rean. A view of cloud Computing [J]. Communications of the ACM, 2010, 4 (53): 50 - 58.

[110] 罗军舟，金嘉晖，宋爱波，等. 云计算：体系架构与关键技术 [J]. 通信学报，2011，32 (7)：3 - 21.

[111] M Almorsy, J Grundy, I Muller. An analysis of the cloud computing security problem [J]. Proceedings of the 2010 Asia Pacific Cloud Workshop, Collocated with APSEC 2010, 2010.

[112] 蒋永生，彭俊杰，张武，等. 云计算及云计算实施标准：综述与探索 [J]. 上海大学学报（自然科学版），2013，19 (1)：5 - 13.

[113] Weis A Stephen. RFID (Radio Frequency Identification): Principles and Application [J]. MIT CSAIL, 2007.

[114] 游战清，李苏剑. 无线射频识别技术（RFID）理论与应用 [M]. 北京：电子工业出版社，2004.

[115] 施连敏，陈志峰，盖之华，等. 物联网在智慧农业中的应用 [J]. 农机化研究，2013，35 (6)：250 - 252.

[116] 刘春红，张漫，张帆，等. 基于无线传感器网络的智慧农业信息平台开发 [J]. 中国农业大学学报，2011，16 (5)：151 - 156.

[117] Simmhan Yogesh, Ramarishnan Lavanya, Antoniu Gabriel. Cloud computing for data-driven science and engineering [J]. Concurrency and Computation Practice and Experience, 2015, 10 (9): 147 - 150.

[118] 郭丰，李晨. 美国政府发布云计算战略试图在全球保持领先优势 [J]. 世界电信，2011，24 (6)：6，22 - 25.

[119] 宋文杰. 渤海海洋环境司法保护法律问题研究——以渤海 2011 ~ 2019 年海洋污染案件为分析对象 [J]. 天津法学，2021，37 (1)：51 - 60.